Jabłko Olgi, stopy Dawida

Marek Bieńczyk

Jabłko Olgi, stopy Dawida

WIELKA LITERA

Projekt serii
WKDesign

Opracowanie graficzne okładki
Ania Kowalska

Zdjęcie na okładce
Augustino/Shutterstock

Zdjęcie autora na okładce
Krzysztof Dubiel

Redakcja
Małgorzata Holender

Korekta
Jadwiga Piller
Justyna Kulesza-Nguyen

Wielka Litera Sp. z o.o.
ul. Kosiarzy 37/53

Druk i oprawa
CPI Moravia Books

ISBN 978-83-8032-007-9

I

Wstęp

Jabłko Olgi

Miała już szesnaście lat i sierpniowe słońce zaczynało coraz śmielej wnikać do przedziału, rysując na suficie i na walizkach najpierw cienką linię, później jasne kwadraty, aż wreszcie rozlewające się pod sufit plamy światła; mocna, złotożółta inwazja. Obok siedział brat, zaplątany wciąż w resztki dzieciństwa komiksami trzymanymi kurczowo przy sobie i sumiennymi podkolanówkami na łydkach; czuła przy boku jego ciepłe ciało, które miała obowiązek jeszcze chronić, zawieźć do celu podróży. Wyglądali zapewne tak młodo, pacholęta za bramą miast, na bezdrożach w pierwszej samotnej pielgrzymce i starsza, otyła kobieta rozparta naprzeciw w barwnej chustce na głowie o coś Olgę zapytała, uśmiechając się aż za tkliwie, jak do dziecka. Dokąd jadą, chyba nie pierwszy raz w tych okolicach, czy podobnie. Chętnie odpowiadała, mogła wyznać każdy sekret, dać jej wszystkie słowa, wysłać naprzeciw otwarte dłonie: zaczynała już nieśmiało nimi machać, wpuszczać w swe ruchy dorosłość. I wtedy kobieta wyciągnęła z torby parę jabłek. Brat nie chciał, grzecznie odmówił, Olga wzięła jedno z ochotą, tak chętnie, jak brała tego dnia w siebie słowa; jabłko było jak jeszcze jedno zdanie, zdanie było jak jeszcze jeden dotyk ciepła, ciepło było jak cały ten dzień, dzień był jak długie życie przed nią.

Ale zdarzyło się coś więcej. Smak jabłka. Nie przyszedł, a wtargnął w jej usta; nigdy nie jadła tak pysznego jabłka, czegoś tak pysznego nie jadła w ogóle. Smak ją zauroczył, pochłonął, był, mówiła po latach, po tylu latach, cudowny, nie do opisania, nadzwyczajny. Wspaniały, niesamowity, młody, słodycz słodyczy, rześkość rześkości, czystość czystości. Mówiła i uśmiechała się do niego, do tamtego jabłka z tamtego przedziału, od tamtej życzliwej ręki, uśmiechała do tamtego dnia w jej pamięci, wciąż oczarowana, na nowo przejęta, uniesiona, tak jakby wspomnienie smaku było w niej silniejsze niż wiedza, że w tej postaci nie powtórzył się on więcej. Jej wargi niemal drżały, bliskie rozchylenia się, lecz jeszcze zwarte, jak u ryby, która nie śmie w pełni oddychać.

Później stali na peronie niewielkiej stacyjki zagubionej w lesie, pociąg odjeżdżał i Olga długo za nim patrzyła, wypełniona smutkiem rozstania (zawsze to samo: do następnego razu, do zobaczenia, może jeszcze kiedyś się spotkamy); smutek, zachwyt i smak mieszały się ze sobą, brat cierpliwie czekał, aż weźmie go za rękę i przeprowadzi przez tory, gdzie stał stary, mocno zdezelowany samochód kuzyna. Przedłużała chwilę, zwlekała, smak i zachwyt wiązały ją z tym wąskim peronem i czuła cały ich ciężar, gdy wsiadała do pordzewiałej łady. Ruszyli,

8

czas zaczął biec i destylował ten melanż przez całą jej młodość i później, po dziesiątkach lat, gdy wspomniała tamtą chwilę, czuło się, że stężył go i zgęścił tak bardzo, iż cała reszta była przy nim niczym, pustą wodą mijających dni.

Był wczesny ranek, nieco ckliwe milczenie, i ten jej kruchy gest, lekko skulona dłoń, jakby w niej chowała listek czy gniazdeczko.

Stopy Dawida

Widziałem go już wcześniej, długie lata temu, lecz dopiero teraz, gdy stanął w moim mieszkaniu, zauważyłem, jak bardzo jest niski; przerastałem go o dobre dwie głowy. Wtedy, na jego terenie, w jego mieście, nie zdążyłem mu się przyjrzeć, było mało czasu, przybiegł późnym wieczorem do hotelu, tak na chwilę, poruszał się mimo wieku jak fryga, szybki, kłusujący kuc, nie wiedziałem, czy mam mówić do niego wprost po imieniu, czy dodawać „pan"; później siedzieliśmy pochyleni przy stole w jego mieszkaniu, było ciemno, niewielkie żarówki ledwo oświetlały talerze, a same twarze mało różnią się wzrostem.

Zapukał do drzwi nieśmiało, nic nie słyszałem, dopiero po dłuższej chwili, gdy szmer wreszcie doszedł uszu, otworzyłem. Uparł się, że zdejmie buty, chyba rzadko jeździł w gości, myślał, że ważne są jeszcze rytuały, trzeba być skromnym, nieco zakłopotanym i przede wszystkim stanąć w skarpetkach. Więc je zobaczyłem, zobaczyłem

11

te drobne stopy, o których przyszło – przyszło! – mi tyle razy myśleć. Wyobrażać sobie, jak drobią kroki, idą bez przerwy, przez dzień cały, przez dni czterysta czy pięćset, w świątek i piątek, jak skręcają raz w lewo, raz w prawo, zawracają i prowadzą znów prosto.

Setki kilometrów w niewielkiej przestrzeni, w której ulice powtarzały się jak godziny. Cóż znaczą przy nich pasja chodzenia, umiłowanie pieszych wędrówek, słodkie włóczykijstwo; czym było przy nich moje uparte łazikowanie po miedzach i bulwarach, jeżdżenie szosami na oślep. Znowu siedzieliśmy przy stole, raz jeszcze mi o tym opowiadał, może nawet bardziej szczegółowo, nie wiedziałem, co z tym zrobić, nagrać, zapamiętać każde słowo? Otwierałem magnetofony, komputery, dyktafony; gasły puste. Skoro jego kroki dryfowały, parły do przodu, biegły na bok, chwilami się cofały, niech i we mnie słowa kroczą bez ładu, zacierają się, znikają, by nastąpiły kolejne; niech będą nieuchwytnym pasmem, brudną wstęgą ulic, a nie spisanym zbiorem, dokumentem z sygnaturą.

Jadł ze smakiem, choć niewiele, patrzył na sery jak na egzotyczne ptaki pod szklaną wolierą, francuskie sery, mówił z powagą, ze swoją, jak zawsze, nieprzekupną powagą okraszoną niepełnym, trochę doklejonym uśmiechem, tam, we Francji, tak dobrze mają, do każdego dania podają inny ser, i czułem zakłopotanie, nie umiałem zmierzyć odległości między jego stopami a jego istnieniem codziennym, jego myślami naprzeciw, jego ustami, które żywiły to skromne ciało.

Żył długo, do setki zabrakło niezbyt wiele, parę lat

ledwie, tak jakby zostało mu dane w czasie to, co zostało zabrane innym, tym, którzy przy nim, obok niego, wraz z nim nie przeżyli. Tak jakby nagrodzono go za to, że chciał żyć, że jemu się udało, tak jakby jego życiem, które nie chciało się skończyć, los odbijał krzywdę zabitych, odrabiał swą ludzką wredność, wykazywał skruchę. Albo może tak, jakby chciał go ukarać za złamanie pieczęci; przez ostatnich dziesięć lat Dawid cierpiał okrutnie, samotnie, jeśli udało mu się stanąć i zrobić parę kroków, to tylko o kulach i z najwyższym trudem; jego stopy nie mogły już go nieść.

Więc wtedy, gdy miał lat dwadzieścia jeden, uciekł. Przygotowywał ucieczkę dokładnie, z namysłem, udało się. Pierwszy wieczór, jakże straszliwie niepewny – tamtej łapie z bagnetem zabrakło pół metra do jego ciała skrytego w słomie – dobiegł końca, drugi wieczór, trzeci, wciąż żył. Więc może? Lecz aby przeżyć, trzeba było po mieście chodzić od rana do wieczora. Bo tylko w ruchu twarz człowieka zaciera swe rysy. Tylko w przelocie jest mniej poznawalna, nie tak charakterystyczna, bardziej podobna do wszystkich. Nocami włamywał się do piwnic, w dzień chodził, nieustannie, bez przystawania. Przystanek znaczył śmierć, krok przedłużał życie. Przechodził cztery pory roku, miał pod stopami śnieg i liście, wodę i lód, piasek i gorący bruk; jakoś dotrwał. Później zrozumiałem, że odkąd o nim usłyszałem, dołączyłem do niego, skrobię mu marchewki, chodzę za nim krok w krok, jestem jego cieniem, zrywam na noc kłódki w piwnicach, mrużę oczy, wychodząc na poranne światło.

Leżał teraz w drugim pokoju i słyszałem jego senny oddech. Przeszedłem na palcach do kuchni i zobaczyłem drobną sylwetkę wybrzuszającą kołdrę. Czułem, że jest mu ciepło, bezpiecznie i swojsko, trochę u siebie, i że dobrze śpi. Byłem poruszony czy trochę zdziwiony, stopy trzymał lekko rozstawione, pomyślałem, że gotowe do marszu.

II

Gesty, kroki, dźwięki

Dłonie na wietrze

1

Niekiedy lepiej nie mieć długów. W drugim tomie *W poszukiwaniu straconego czasu* młody Marcel uczestniczy w kolacji wydanej przez rodziców na cześć pana de Norpois, wysoko postawionego ambasadora. Gość obiecuje wspomnieć o jego osobie pani Swann, w której córce, Gilbercie, Marcel się kocha. Zachwycony tą obietnicą czuje ogromny przypływ wdzięczności do dobrodzieja, choć wcześniej nie miał dla niego za grosz sympatii: „ledwie mogłem się wstrzymać, aby nie ucałować jego miękkich, białych i pomarszczonych rąk wyglądających tak, jakby za długo leżały w wodzie. Niemal uczyniłem ten gest, który (tak mi się zdawało) ja jeden zauważyłem".

Kilka lat później podczas pewnego eleganckiego przyjęcia Marcel natyka się na pana de Norpois i, nieco zagubiony w salonie, szuka bezskutecznie jego towarzystwa. Po wyjściu ambasadora dowiaduje się ze zdziwieniem, że tenże na widok Marcela napomknął któremuś z uczestników spotkania o dawnym wieczorze, w czasie którego czuł, że Marcel „za chwilę ucałuje mu ręce". Marcel wyciąga z tego przykrego zdarzenia następującą lekcję: nie umiemy przewidzieć, w jakiej skali nasze gesty (a także słowa) objawiają się innym ludziom. „Wyobrażamy sobie, że nieważne szczegóły naszej mowy i naszych gestów ledwie przenikają do świadomości osób, z którymi rozmawiamy, a tym bardziej nie pozostają w ich pamięci".

Lecz właśnie nieraz i w większym stopniu niż cokolwiek innego zostanie z nas zapamiętana (bądź zapamiętamy z innych) ledwie poruszona brew, sposób dotykania się w głowę i odsuwania czupryny czy, dajmy na to, nagle uniesiona dłoń, gest zatem lub cień gestu, który wykonany w jakiejś sytuacji zaskoczył patrzącego, nie uszedł jego uwagi, uruchomił w nim błyskawiczny proces interpretacyjny. Coś się stało, objawiło w niemy, lecz wystarczająco mocny sposób, by szukać znaczenia gestu, zrozumienia tego, co zostało ukazane – i by przez lata nieść to w pamięci.

Marcel na zawsze zostanie dla pana de Norpois niedoszłym sługą jego dłoni. Portret Anne, poznanej dekady temu na autostopie, który niespodziewanie przedłużył się o dwa lata, otwiera w pamięci ten nieznaczny ruch głową, jakim zabierała nagle oczy w bok, by patrzeć w swoją nieskończoność dla mnie tak obcą i niedosiężną; zdawało się, że dostrzega coś niewidzialnego, ale co? Gdy myślę o dawnym, zmarłym już kumplu, Pawle, widzę najpierw charakterystyczne poruszenie ramion, którym poprzedzał podanie ręki. Pamiętam lepiej niż cokolwiek innego ten dziwny gest matki, wykonany na mój widok po raz pierwszy i jedyny w dziewięćdziesiątym drugim roku jej życia i wyrastający jak promień z długiej depresyjnej nocy: dłoń podaną oficjalnie i zarazem półżartobliwie na powitanie i energicznie ściskającą moją, jakbym był delegatem obcego państwa, który przybył tu na rozmowy; to resztka jej woli życia witała się ze światem. Nawet gdy wspominam ojca, jeden z pierwszych obrazów, jaki się pojawia w pamięci, przedstawia go grającego w brydża i wykonującego filuterny, wesołkowaty ruch dłonią, gdy zastanawiał się, spod którego palca zawistować; towarzyszyła temu próba gwizdnięcia, kończąca się półsłowem-półświstem „fiu, fiu, fiu". Nigdy nie był filuterny i nigdy nie pogwizdywał; nie otwierała się przed nim przestrzeń beztroski, której nigdy nie umiał się oddać, z wyjątkiem tych rzadkich chwil, kiedy starał się o to niezdarnie, z kartami w ręku. Najczęściej kiepskimi, karta nigdy mu nie szła.

To jest chyba najbardziej w gestach intrygujące. Dostrzec ten moment, gdy w pewnej ciągłości naszego przedstawienia, jakie ujawniamy oczom innych, coś niezauważalnie pęka. Pojawia się gest zdradzający nas w dosłownym znaczeniu. Ten gest jest szczeliną, przez którą widać w nas coś, czego nie chcemy pokazać, albo coś, o czym nie wiemy, albo coś, co się w nas niezależnie toczy, nie wywołując naszej uwagi, gdyż nie należy do sedna spektaklu siebie, który wystawiamy. Kiedy jesteśmy na scenie, na widoku, machamy łapami, uśmiechamy się, tworzymy dość szczelną zaporę i dajemy przez nią do zrozumienia: oto jestem tutaj pełen humoru i werwy, staram się, jestem, jestem pełny aż do granic. Ale uważny obserwator gestów wypatrzy pod tym baletem dłoni i lawiną uśmiechów jakieś raptowne załamanie, gest innej natury, z innej bajki, którą ciało opowiada, i tylko on go zainteresuje.

Zainteresuje czy raczej pochłonie całego, tak jak Marcela. Trudno sobie wyobrazić bardziej pilnego obserwatora gestów; jego uwadze nie ucieka najmniejszy grymas, spojrzenie, ruch palców, kiwnięcie głową. To już nie jest nawet próba ich uchwycenia, to jest obłęd patrzenia i delirium rozumienia. Pójść za gestem tak daleko, jak się da, wyprowadzić z niego wszelkie znaczące niuanse i rozpalić przy tym własną wyobraźnię, której zawarte w geście możliwości znaczeń nie dają spokoju. Bo ciało zawsze mówi coś obok i coś więcej, jeszcze i jeszcze więcej; ciało zawsze przesadza i tej przesadzie chce się sprostać przesadą rozumienia.

Jak choćby sprostać żołnierskiemu ukłonowi Roberta Saint-Loup, przyjaciela Marcela. „Saint-Loup ukłonił się i unieruchomił wieczną ruchliwość swego ciała, na czas, przez który trzymał rękę przytkniętą do kepi. Ale wyrzucił ją z taką siłą, prostując się ruchem tak suchym, natychmiast zaś po ukłonie opuścił dłoń gestem tak nagłym, zmieniając wszystkie pozycje ramienia, nogi i monokla, że ten moment był nie tyle chwilą nieruchomości, ile drgającym napięciem, w którym neutralizowały się nadmierne ruchy poprzednie i te, które miały nastąpić".

Marcel, obserwator obsesyjny, nie przegapi nigdy żad-

nego szczegółu, ale też w jego francuskim arystokratycz-
nym świecie niektóre gesty – zwłaszcza te najbardziej
automatyczne, wyuczone przez ciało w wyniku długiej
salonowej edukacji – mają również swoją społeczną rolę
do odegrania, uczestniczą aktywnie w teatrze życia codziennego. Zdarzyło mi się być kiedyś z przyjaciółką
w ogrodach ambasady francuskiej na przyjęciu z okazji
święta narodowego. W pewnym momencie na naszej
drodze stanął attaché kulturalny, z którym spotykali-
śmy się wcześniej parokrotnie, gdyż wspólnie organi-
zowaliśmy jakieś literackie wydarzenie. Chcieliśmy się
serdecznie przywitać, w końcu spędziliśmy sporo czasu
razem przy stole, lecz nie było z kim. Attaché wykonał
bowiem tak nieprawdopodobny – nieprawdopodobny
z anatomicznego punktu widzenia – obrót oczami, które
dosłownie zatoczyły krąg po peryferii, nie widząc tego, co
w środku, czyli nas, że stanęliśmy jak wryci, a po chwili,
gdy attaché już nas minął, aby uścisnąć dłoń o wiele ważniejszym gościom, usiedliśmy pod ciężarem wrażenia na
ławce, zanosząc się długim śmiechem.

Nieraz myślałem o idiotycznej arcydzielności gestu
pana attaché, aż któregoś dnia wpadłem u Prousta na
identyczny niemal opis – Legrandina próbującego nie zauważyć przed sobą ojca Marcela w sytuacji, w której nie
zauważyć go niepodobna. Oto Francja (Francja przede
wszystkim), odwieczna kraina dworskich przepychanek,
światowych komedyjek, okazywania szczególną gimna-
styką ciała tego, czego nie da się powiedzieć wprost. Przez
całą powieść Prousta powraca zwłaszcza jeden gest – gest
powitalny, gest podawania ręki; narrator nie przegapi

żadnej okazji, by go opisać. Ten sposób, w jaki witają się Guermantesowie, ród z najwyższych szczebli społecznej drabiny. Książę „komponował własną sylwetkę, stworzoną z chwiejnej równowagi asymetrycznych i cudownie zharmonizowanych ruchów", przekazując swym ukłonem wyższość własnej kondycji nad kondycją witanego. Jeśli nawet uznawał kogoś za godnego znajomości, „ręka jego, zwrócona do ciebie na końcu wyciągniętego na całej długości ramienia, robiła wrażenie, że ci podaje floret dla spotkania wręcz; i w rezultacie ręka ta znajdowała się w tej chwili tak daleko od Guermantesa, że kiedy równocześnie schylał głowę, trudno było zgadnąć, czy on kłania się tobie, czy własnej ręce".

Rody i ludzie niżej postawieni, również trawieni czerwem prestiżu i uznania, usiłują naśladować najlepszy wzór: gesty Guermantesów i im równych. Gesty są przekazywalne jak choroby; sami Guermantesowie, a dokładniej kobiety Guermantesów przejęły w dość już odległych czasach sposób kłaniania się – istotne jest unieruchomienie bioder – od boskich Courvoisierów; Legrandin, typ aspirujący do wyższych kręgów, naśladuje gest (istotne jest cofnięcie grzbietu poza wyjściową pozycję) wyuczony od męża swej siostry, pani de Cambremer. Na salonach – lecz przecież nie tylko – ciała szaleją, stoją przy swych panach jak pies strzegący ich interesów i bezpieczeństwa; nikt tu nie przetrwa, jeśli nie przejdzie przez szkołę gestu.

Arystokratyczny świat Proustowskiej Francji, który stworzył podwaliny dla socjotechniki gestu, choć mocno przetrzebiony, jakoś przetrwał. Przestał jednak istotnie się liczyć. Gdy dzisiaj mówimy o szkole gestu, mamy na myśli kreatorów wizerunku, którzy kształcą polityków, edukują ich w tak zwanej mowie ciała. Treserzy gestów bywają nader skuteczni (pamiętajcie w studio telewizyjnym o rękach skrzyżowanych na piersi, o łokciu postawionym na stole w chwili, gdy zadajecie pytanie, o szeroko rozwartych palcach, gdy wygłaszacie jakąś opinię), lecz jest to tematem na inną opowieść. Albo na wzruszenie ramion. Lepiej wracać do gestów w ich mniej świadomej lub całkiem bezwiednej postaci, piękno rzadko mieszka w wyrachowaniu.

2

Wielkim interpretatorem takich gestów jest Elias Canetti. Interpretatorem z zupełnie innej strony niż Proust. Nie interesuje go salonowy, wystudiowany teatr ciała; jego uwagę przyciąga przede wszystkim ciało bezbronne, nędzne, często wygłodniałe, nieposiadające niekiedy niczego innego, żadnego dobra, poza możliwością gestu. O takim ciele pisze w *Głosach Marrakeszu*. To Canetti niejako z własnych marginesów, nie autor wielkiej powieści *Auto da fé*, nie autor *Masy i władzy*, jednej z najważniejszych rozpraw XX wieku, nie autor epickich tomów autobiograficznych, a ledwie paru zapisków z egzotycznego wypadu. Lecz zarazem w nich właśnie to Canetti fundamentalny, najbardziej może przejmujący i najbliższy zmysłowych źródeł swojego pisania. Bo też Canetti jest pisarzem upartym, krążącym wokół kilku obrazów. Ujmującym po wielekroć i na różne sposoby jedno: gesty klęski, gesty słabości, gesty kruchego, naruszonego życia; gesty nędzy, przetrwania, zagadywania rozpaczy, walki o ciąg dalszy, gesty znojnego przenoszenia istnienia z jednego dnia na kolejny.

Ślepcy i żebracy – to są jego bohaterowie. Ci, którzy swym ciałem wypadli z ludzkiej średniej, przytulili się do ścian, do ziemi, do skrawków chodnika. I sami nieraz stali się skrawkami, jak ów człowiek-kadłub, „brązowy tobołek" bez rąk i nóg – do tego widoku Canetti powraca obsesyjnie – pojawiający się dzień w dzień na śródmiejskim placu, lekko kiwający się i wydający z siebie jeden nieustanny i nieforemny jęk, który nie układa się w żadne wyraźne (ewentualnie dosłuchać się można: „Allah") słowo. „Jednak – pisze Canetti – żył i z nadzwyczajną pilnością, i wytrwałością powtarzał swój jedyny dźwięk, powtarzał godzinami, dopóki na wielkim i rozległym placu nie pozostał tylko ten jeden dźwięk, który potrafił przeżyć wszystkie inne".

Canettiego porusza i mobilizuje niewstrzymany stukot serca, tłok, który pracuje niezmordowanie w każdej okoliczności. Niepojęta dla niego i zarazem unosząca go, wypełniająca wzniosłym zdziwieniem mrówcza pilność życia, ujawniająca się najmocniej tam, gdzie jest ono najbardziej zagrożone albo najbardziej, wydawałoby się, nieistotne. Wyobraźnią wstrząsa chwytanie się przez poniżonych i wykluczonych tego właśnie – gestów życia. Uderza ją rozpaczliwa, lecz nieprzeparta praca ciała słabego lub kalekiego – namiastki czynności, wysiłek mięśni, rozpaczliwe ruchy kończyn – zastępcza wobec działań „normalnych", prowadzonych przez ludzi widzących i sytych. Ten ślepy żebrak żujący rzuconą mu monetę, aby móc określić jej wartość; od tego dokładnego ruchu ust, wzmożonej pracy żuchwy można oczadzieć ze smutku i zarazem wzruszenia: to cała pilność świata zaprzęgnięta do owej jednej, krótkiej chwili. Ta szalona kobieta z pręgowaną twarzą wbitą w kratę okna, wystawiająca dłoń i powtarzająca przez cały dzień tę samą litanię kilku sylab. Ci nędzarze usiłujący cokolwiek sprzedać, czy raczej naśladujący sprzedawanie, czepiający się gestu sprzedawania, pokazywania dłonią, że jest, że się ma, że tanie i że warto kupić.

Żebraków Canetti nazywa „świętymi powtórzenia"; powtórzenie tego samego dźwięku, jednego, identycznego gestu jest dla Canettiego sednem istnienia, porażającym i nieodzownym zarazem. Żebracy w radykalny sposób unaoczniają to, jak żyje cała ludność Marrakeszu i za nią, dalej, cała zapewne ludzkość jako taka. „Jak dużo lub jak niewiele urozmaicenia miały w sobie czynności rzemieślników, których widziałem pracujących w swoich budkach? A targowanie się kupców? A kroki tancerzy? A niezliczone filiżanki miętowej herbaty, którą piją tu wszyscy goście? Ile urozmaicenia jest w pieniądzach? A ile jest w głodzie?". I ile jest go w tylu innych codziennych czynnościach, które Canetti opisuje jak nabożny, przejęty świadek widzący wszystko, wszystko aż do zawrotu głowy? Choćby w wystawianiu nędznego towaru na chodniku, czy w rytuale targowania się, czy w wybieraniu chleba na targu – ach, to opisane w każdym szczególe obmacywanie bochenka, podrzucanie go w górę, by sprawdzić jego wagę, jakby chodziło o najważniejszy wybór, decydujący o całej przyszłości. Wciąż widzę te ręce z rozcapierzonymi palcami łapiącymi opadający chleb: w tym krótkim locie i lądowaniu na dłoni wybucha cała nędza i zarazem siła ludzkiego żywota.

Canetti rezygnuje z ostentacyjnej literackiej obróbki zapisków, by wypowiedzieć wprost swoje uczucia, najczęściej miłości i dumy. Nie litości, nie żalu, a dumy. „Byłem dumny z tobołka, że żyje". Tak, Canetti jest dumny z życia, które przebija się przez śmierć, przez niemożność, przez najgorsze zagrożenia. Nawet ten najnędzniejszy osioł w mieście, stojący wciąż w jednym miejscu, wysuszony do cna, mniej niż nic nie wiedzieć jak trwające jeszcze przy życiu. Nagle, któregoś dnia, Canetti spostrzega, że osioł doczekał się erekcji. Niczego się już po nim nie można było spodziewać, a tu proszę. Ten widok nawiedza pisarza, nie daje mu spokoju. I dlatego to właśnie z osła jest dumny. Bo nawet w najgorszej nędzy wyzwolić się może żądza i tęsknota za rozkoszą, życie upomina się o swoje. Tak patrzy Canetti, inni widzą co innego: kupa śmiechu z tym osłem. A dla niego nie, to czysty cud życia.

Wydaje mi się, że dobrze rozumiem – choć nie dumny się czuję, lecz porażony – litość czy współczucie dla tych gestów życia wypływających z ciał skrzywdzonych, na zawsze czy nawet na chwilę tylko. Pamiętam z dzieciństwa, ten obraz siedzi w mej pamięci jak kamień, widok ślepca jedzącego w cukierni lody, na chybcika, zachłannie, starannie, tak by nic z nich nie uronić. Jego niezręczne ruchy mające zapobiec ochronie słodkiego bogactwa, wypłynięciu poza rożek śmietankowych lepkich smug.

I pamiętam, aż do bólu w gardle, jak wtedy na ławce jadła luksusowe, drogie ciastko, na które nie mogła sobie pozwolić; nadchodziły dla niej trudne, jeszcze gorsze chwile, długi czas samotności, lecz ciastko było pyszne i można było dostrzec na jej twarzy grymas przyjemności i uważności, o których wiedziałem, że trwać będą ledwie sekundę, dwie. Palce nieco niezręcznie, lecz z determinacją tworzyły wokół serwetki zaporę dla odpadających okruszków, poruszały się lekko, jakby uderzały w niewidzialne klawisze, by wywołać z nich dźwięki usilnej melodii, knykcie na napiętej skórze napinały swe bruzdy, i czułem dla tych znużonych wyżłobień psią wierność, pojmując, że tego widoku nie wolno zdradzić.

3

W roku 2011 przed Centrum Pompidou stanęła – dziś już zdemontowana i przeniesiona do Włoch i pewnie dalej kontynuująca podróż – sześciometrowa rzeźba z brązu autorstwa algierskiego artysty Adela Abdessemeda. Już na pierwszy rzut oka nasuwa ona na myśl przedstawienia greckich herosów walki; zawarty w niej ruch i ekspresja twarzy (twarzy ofiary i agresora) przypominają choćby Grupę Laokoona czy rzeźbione zmagania antycznych zapaśników lub gladiatorów wczepionych w siebie choreografią jednej figury. Ofiara jest zarazem prowokatorem agresora i jej krótkie cierpienia – cios głową w piersi – tworzą tylko konieczne dla dramatyzmu całej sceny tło. To atakujący – łysy, pochylony łeb, zaciśnięte usta, zacienione oczy – zdaje się mieć rację, swoje racje i przewodzić przedstawieniu. Niektórzy mu tego gestu nie wybaczą, wielu innych unosi w powietrze, jak uniósł on ofiarę. Materazzi wzleciał i upadł, my, interpretatorzy, lewitujemy nadal.

Słynny gest Zinedine'a Zidane'a ze sto dziesiątej minuty meczu Francja–Włochy w finale mistrzostw świata przeszedł do dziejów sportowych jako odrębne wydarzenie, i w przeciwieństwie do większości wyników ma szansę pozostać na długo w zbiorze powszechnie dzielonych wspomnień, który zwykliśmy nazywać pamięcią zbiorową. Kilka gestów z boisk i z aren zyskało podobną famę, ręka Maradony, gest tryumfu Platiniego po strzeleniu karnego na stadionie Heysel, na którym trzy godziny wcześniej zostało stratowanych ponad trzydzieści osób, czy gesty protestu wkraczające, świadomie lub mimowolnie, w przestrzeń polityki, jak uniesione w czarnych rękawiczkach dłonie amerykańskich czarnoskórych sprinterów na podium w Meksyku podczas olimpiady w 1968 roku, czy jak – jednak na tysiąckrotnie mniejszą skalę – pomalowane w kolory tęczy paznokcie szwedzkich sportsmenek podczas ostatnich lekkoatletycznych mistrzostw świata w Moskwie, by protestować przeciwko homofobicznym ustawom. Albo the last but not the least „nasz" gest Kozakiewicza. Jednak Zidanowskie uderzenie z byka stawia przed zagadkami wyższego rzędu, to znaczy w o wiele większym stopniu daje do myślenia i do interpretowania.

Ale i sprawa Kozakiewicza nie jest wcale tak jednoznaczna, jak przywykło się sądzić. Obejrzałem kilkanaście razy migawkę z moskiewskich igrzysk roku pamiętnego: Kozakiewicz na zeskoku po pokonaniu poprzeczki.

28

Dopiero teraz zauważyłem pęknięcie w jego sławetnym geście. Pęknięcie, gdyż wykonują go dwie niejako osoby: Kozakiewicz spontaniczny i Kozakiewicz wahający się. Przez co całość gestu, by pozostać przy metaforyce roku 1980 i czasów „Solidarności", może się wydać samoograniczającą się rewolucją.

Gest „tu mi się zgina" składa się, o czym wie nie tylko ordynus, z dwóch ruchów. Jedna ręka wyprostowuje się, zaciskamy w niej pięść i to najmocniej w tym geście wyraża intencję agresywną; następnie, ułamek sekundy później, druga ręka posłuży za dźwignię, wywołującą zgięcie się w łokciu ręki pierwszej, co nadaje całości charakter ludyczny, prześmiewczy. Bo w końcu gest nie jest po to, by kogoś dosłownie uderzyć, lecz by obśmiać, walnąć inaczej.

Otóż u Kozakiewicza ręka lewa mająca swym wyprostowaniem grozić, pokazać agresję, przez co powinna, jak każe niepisana klasyka gestu, na mgnienie oka zastygnąć, zaczyna się kiwać, machać, majtać, zatem przechodzić od razu, zbyt szybko, na stronę ekspresji radosnej – hej ho, skoczyłem! wygrałem! pobiłem rekord! – którą w podskokach wyraża już całe ciało. Tak jakby Kozakiewicz w trakcie wykonywania swego gestu uświadomił sobie błyskawicznie jego zbyt daleko posuniętą obrazoburczość i tak jakby jego ciało spróbowało cokolwiek niezręcznie przewekslować wymowę gestu z: „o, takiego wała!", na: „ale jest fajnie!".

W analitycznych terminach można by rzec, że początek gestu Kozakiewicza jest performatywem krzywdzącym, czyli celowym działaniem, tu mającym przynieść

29

ujmę tym, ku którym jest skierowany, gwiżdżącej publice na Łużnikach, a jego koniec jest performansem, czyli widowiskiem, spektaklem pozbawionym krzywdzącego zamiaru. Ale dla nas przed telewizorami wymowa gestu była cudownie jednoznaczna i cudownie celna: takiego wała, jak Polska cała.

4

Lubię gest Zidane'a, lubię go zwłaszcza tak, jak mówi o nim Jean-Philippe Toussaint w parostronicowym eseju *La Mélancolie de Zidane* [Melancholia Zidane'a] (pisał o nim Tomasz Szerszeń w „Kontekstach"; dziękuję mu za podszept).

Toussaint wykorzystuje do swojego mówienia o Zidanie topos melancholii. Posuwa się do bardzo poetyckich metafor, pisząc, że sędzia wyjął z kieszeni nie czerwoną, lecz czarną kartkę, czarną kartkę melancholii (jak czarna jest żółć i czarne jest słońce melancholików), ale też daje swoją dość szczegółową melanchologiczną interpretację. Gest przemocy, który Zidane wykonuje, powalając na ziemię Materazziego, przynosi, mówi Toussaint, uwolnienie czy ucieczkę od napięcia, któremu Zidane uległ, i to uległ o wiele wcześniej, nim doszło do ciosu.

Napięcie to czy, jak kto woli, egzystencjalny kryzys, wynikałoby z doświadczenia melancholijnego Zidane'a, z dwóch jego źródeł. Jedno to doznanie przemijania, straty, której Zidane od dawna nie może uznać, wciąż grając ostatni mecz życia, który nigdy nie okazuje się ostatni. Ten rzeczywiście miał być ostatnim, a nadchodzące – prawdopodobnie – spełnienie: zdobycie mistrzostwa i chwycenie pucharu w ręce, aby pokazać go *urbi et orbi*, wyraziłoby zgodę na własną śmierć, nieodwracalną ostateczność.

Równolegle i zarazem przeciwlegle narasta w Zidane najbardziej czyste pragnienie melancholijne, które mu szepcze: odejdź, odejdź stąd, uciekaj. Zidane już tu nie może i nie chce być, ma dosyć, ma dosyć przeciwników i siebie, ma dosyć tego meczu, w którym, już to wie!, nie strzeli więcej bramek, ma dosyć wszystkiego; nawet ta cholerna opaska kapitana nie chce się na nim utrzymać, ciągle mu zsuwa się z ręki i od początku meczu musi ją podciągać.

I w tej berlińskiej nocy, nocy, która usidliła go, wepchnęła w kosmiczną ciemność, coś w nim postanawia odejść, zdezerterować z meczu, z własnej w nim obecności, z własnej roli, z widowiska, z wszystkiego. Popełnia więc swój gest, swój wielki gest melancholijny. Jean-Philippe Toussaint to wie; nie musi nawet tego dowodzić, on to wie. Melancholia Zidane'a jest moją melancholią, pisze, znam ją, doznawałem jej i jej doświadczam. Podobnie jak bohater jego powieści *La salle de bain* [Łazienka], który powie: „odszedłem gwałtownie, nikogo nie uprzedzając", Zidane odmawia bycia tu, wśród innych i ze wszystkimi. „Na gest fizyczny – pisze Toussaint – odpowiedziałem gestem literackim. Gestem, który miesza gatunki i środki ekspresji. Który oscyluje między pierwszą a trzecią osobą".

5

O tym, że z gestu może wyrosnąć opowieść, a nawet cała powieść, mówi Milan Kundera w swej ostatniej pisanej po czesku książce *Nieśmiertelność*. Oto pisarz odpoczywa nad basenem i obserwuje pływającą w nim kobietę w wieku bardziej niż balzakowskim; lekcji udziela jej młody instruktor. „Kobieta w kostiumie kąpielowym szła wzdłuż basenu ku wyjściu i gdy znalazła się cztery czy pięć metrów za instruktorem, zwróciła ku niemu głowę, posłała mu uśmiech i skinęła dłonią. Ścisnęło mi się serce. Ten uśmiech i gest należały do dwudziestoletniej dziewczyny! Jej ręka wzniosła się z zachwycającą lekkością. Tak jakby w trakcie zabawy rzuciła do kochanka kolorową piłkę. Uśmiech i i gest były pełne wdzięku, choć nie miały go już w sobie ani twarz, ani ciało. Był to gest wdzięku zatopionego w ciele bez wdzięku (…). W tym geście istota jej wdzięku, którym czas nie władał, odsłoniła się w okamgnieniu i olśniła mnie".

Z gestu zrodzi się, niczym Afrodyta z morskiej piany, bohaterka powieści imieniem Agnès, kobieta o trzydzieści lat młodsza. Nie będzie miała nic wspólnego ze starszą panią na basenie, lecz będzie spadkobierczynią jej gestu – dłoni wdzięcznie uniesionej na pożegnanie, machającej na wietrze. Obraz ten stanie się estetyczną podwaliną powieści, będzie powracał w wykonaniu kolejnych jej bohaterek, niczym wzajemnie pożyczany przedmiot, lecz niech to jego konceptualne, abstrakcyjne wykorzystanie dla budowy powieści, dla jej estetycznej spójności, nie przysłoni konkretności zdarzenia, konkretnej mocy gestu.

Gesty rosną z nami. Niekiedy mają tyle lat, ile mamy my sami: są gesty dwudziestolatków, buchające żywością i energią osób w tym wieku, są te same gesty ludzi starych, odpowiednio w ich przypadku znużone i powolne. Obserwowałem niedawno w restauracji mikrozdarzenie: dwóch osiemdziesięciolatków z hakiem, wielkich skądinąd, światowej sławy artystów, dojrzało się na dwóch krańcach niewielkiej sali. Nie chciało im się wstawać i witać, był zresztą tłok, i przekazali sobie pozdrowienie. Ujrzałem dwie niemal identycznie poruszające się dłonie w znanym geście przypominającym ścieranie tablicy. Było w tym coś patetycznego i niemal wzruszającego: dłonie kiwały się z lewa na prawo, z prawa na lewo, w zwolnionym zdawało się tempie i z mechaniczną dokładnością, w której odczuwać się mogło naśladowanie. Naśladowanie gestu pozdrowienia, jakim powinien być, jakim się go zapamiętało. Ciało było już znużone i niezdolne do wykonania tego gestu w dawny, energiczny sposób, więc tylko je udawało i przez chwilę miałem niezwykle melancholijne wrażenie, że wydobywa się ono z dwóch manekinów czy też z dwóch osób, które powoli, nieubłaganie zastygają i sztywnieją w gorsetach swych ciał.

Ich gest zestarzał się tak, jak zestarzały się ich twarze i mięśnie. Co przypomina, gdy sprowadzimy to stwierdzenie do przykrej dosłowności, trudną dla naszej zbiorowej pamięci (choć może trafnie i okrutnie streszczającą, o co Polska walczyła) reklamę maści na ból ścięgien, w której to Kozakiewicz powtarza ćwierć wieku później swojego „wała" z grymasem cierpienia na twarzy. Ale też zdarza się, że gest, jak to opisuje Kundera, potrafi zachować swą witalność, dziecięcość, i nas zachwycić, zauroczyć, zwłaszcza gdy ujawnia się w ciele starym, do którego nie powinien już należeć. To zetknięcie się dwóch odmiennych porządków bywa magiczne i poetyczne; jeśli jest jakaś poezja ciała, to rodzi się ona ze sprzeczności w nim ujawnionej, a nie z posągowej jedności, z pięknej budowy młodej sylwetki.

6

Pisarz, myśląc o młodym geście starej kobiety, nie jest wszak pewien, czy to gest odsłonił istotę kobiety, czy to raczej kobieta ujawniła istotę gestu: gestu, który przechowuje urok, nostalgię, łagodne piękno nieodwracalności, gestu, który ma zdolność, jak każde piękno, niedialektycznie rozwiązywać sprzeczności.

Kundera powiada, że ludzi jest wielu, lecz gestów mało. Każdy z nas ma inną osobowość, inny charakter, natomiast nasze gesty są powtarzalne. „Skoro po naszej planecie stąpało osiemdziesiąt miliardów ludzi, niepodobna, aby każdy z nich miał własny repertuar gestów. Arytmetycznie jest to nie do pomyślenia. Bez najmniejszej wątpliwości: w świecie jest mniej gestów niż osób. Co prowadzi nas do szokującego wniosku: gest jest bardziej pojedynczy niż jednostka. Ujmijmy to w formę porzekadła: wielu ludzi, mało gestów". I to jeszcze: „Nie można uważać gestu ani za własność jednej osoby, ani za jej dzieło (nikt przecież nie jest zdolny do stworzenia własnego, całkowicie oryginalnego, należącego tylko do niego gestu), ani nawet za jej narzędzie; w rzeczywistości jest odwrotnie: to gesty posługują się nami; jesteśmy ich marionetkami, ich narzędziami, ich wcieleniami".

Nie należy brać tych ludycznych, żartobliwych rozważań za dosłowną wykładnię natury gestu, choć powieść Prousta potwierdza je z całą powagą. Kunderowskie odwrócenie sytuacji – to „tu mi się zgina" rządziło Kozakiewiczem, to walnięcie z byka rządziło Zidane'em – ma natomiast tę zaletę, że ukazuje w gestach nieubłaganą siłę: gdy już powstały, gdy już wystartowały, trudno o odwrót, negocjacje z nimi są trudne, wzięły nas w swoje obroty i pokazują naszymi ciałami to, czego nasze milczenie nie umie odpuścić. Jedyną zemstą na nich jest fakt, że i one się zużywają, stają się wyświechtanymi cytatami, bo jak tu, Polaku, zagrać raz jeszcze Kozakiewicza. Wzięte w jasyr popkultury i netkultury, zamieniają się w medialny towar, ikonkę, wydmuszkę wymytą z pierwotnych znaczeń, nie dziwi więc, że Materazzi rozdaje od lat autografy na zdjęciach przedstawiających zdarzenie z berlińskiego boiska.

Kundera, któremu zawsze było bliżej do Junga niż do Freuda, dostrzega w gestach ich stronę archetypiczną, powtarzalną. Jednym z jego tematycznych koników pozostaje z książki na książkę demistyfikacja „ja" jako ośrodka niepowtarzalnej, jedynej w swym rodzaju tożsamości, przeto też demistyfikacja „ja" jako twórcy własnych, osobistych i wyjątkowych gestów.

Kiedy się zakochujemy w czyimś geście czy tylko nim zauroczymy, a w każdym razie go zauważamy, ulegamy estetycznemu złudzeniu: wydaje się on skrojony na tę jedną osobę, wyłączny, wyjątkowy, podczas gdy jest on zawsze w drodze, od jednej osoby do drugiej. Sam wolałbym jednak myśleć o tym złudzeniu jako o aporii, niejasnym spotkaniu archetypu i nowości, bo przecież wierzę, tak bardzo chcę wierzyć, że widziałem gesty niepowtarzalne. Jeśli gest ma szansę być jednostkowy, wybić się na wyłączność, okazać niepowtarzalny, świat przestaje być więzieniem i zachwycający nas gest ukazuje jego kruchą, lecz piękną i zbawienną nieskończoność.

7

Wokół gestu Zidane'a narosło, jak wspomniałem, mnóstwo komentarzy. Oczywiście usunięcie Zidane'a z boiska na dziesięć minut przed końcem spotkania wywołało wśród Francuzów przede wszystkim żywiołową wściekłość osłabieniem drużyny w chwili, gdy decydowało się mistrzostwo świata. Niektóre francuskie opinie, zwłaszcza te powstałe na świeżo, były jednoznaczne: Zizou nie powściągnął emocji i zachował się niczym chuligan, cholerny kibol, skompromitował się jako doświadczony piłkarz i gwiazda sportu, mogliśmy przecież zdobyć mistrzostwo i on nam tę szansę zmarnował.

Ale z czasem zaczęły się pojawiać, szczególnie ze strony ludzi niezwiązanych zawodowo z piłką, głosy, które brały Zidane'a w obronę, nadając mu, jak w przypadku eseju Toussainta, w coraz większym stopniu pozasportowe, coraz bardziej literackie, społeczne, filozoficzne sensy.

Jednym z ciekawszych tropów jest próba egzegezy słów, które usłyszał Zidane od Materazziego; egzegeza niemożliwa, nieskończona, gdyż słowa te należą, jak to ujął Tomasz Szerszeń, do porządku tajemnicy, do porządku-nie-do-opisania; stąd zapewne duża ilość apokryfów, które krążą w sieci. Ale też słowa te należą do gestu, są jego nieodłączną częścią, są jak ruch ciała czymś niewypowiedzianym, niewypowiadalnym, choć przeznaczonym do wysłuchania.

Uwagę przyciąga sama postać, czy raczej osobowość Zizou, obcego ze względu na pochodzenie we własnym kraju, ale też obcego w duchowym czy psychologicznym sensie, wilka chadzającego własnymi drogami. Zdaje się on istnieć – sam o tym mówi w wywiadach – na granicy pewnej normalności, na granicy bardzo wyostrzonej percepcji. Zapewnia na przykład, że „zdarza mu się w trakcie meczu usłyszeć, jak kibic wierci się na swoim siedzeniu i że słyszy nawet dźwięk tykającego zegarka". Słowa Materazziego okazują się w tej perspektywie tylko katalizatorem czy pretekstem gestu, który w swym głębokim znaczeniu oznacza wolę rozrachunku z egzystencją, imperatyw wyjścia z własnej kondycji zupełnie nieoczekiwanymi drzwiami.

Już sam gest, jak zauważa Ollivier Pourriol, autor książki poświęconej pochwale „złych gestów" w sporcie, jest z technicznego punktu widzenia, nieortodoksyjny. Zwyczajowe, klasyczne uderzenie bykiem mierzy w twarz, w szczękę i w zęby, w usta, to ono staje na poziomie obrazy: celuje się w to, co wypowiada obelgę.

Ale Zizou w dziwny sposób oszczędza twarz Materazziego, którą powinien spotwarzyć; uderza skutecznie, wszak niżej, w klatkę piersiową. Nie z „byka" już, a z niskiego, niższego estetycznie, bardziej pierwotnego „barana". Albo z byka, który rezygnuje z uroków

37

rozwalonej gęby. Materazzi ma się przewrócić, Zizou uderza zatem pochyloną głową, nisko, precyzyjnie w korpus, zna się przecież na główkowaniu. Uderza z dużym skupieniem, nie raniąc, nie rozlewając krwi, lecz powalając na ziemię. W samej tej figurze, w wyborze ciosu, który ma być zadany, tkwi coś szczególnego; ten sposób wymierzenia kary mówi coś więcej niż „zwykłe" strzelenie w mordę.

Od początku meczu, pisze Pourriol, coś wisi w powietrzu, już strzelając karnego, który daje Francji prowadzenie, Zizou popełnia małe szaleństwo, gdyż wybiera trudne uderzenie „panenką", co w takim meczu jest wyczynem jednak ogromnie ryzykownym. Nieco później – główką czy, chciałoby się powiedzieć, bykiem – wyrównuje Materazzi; bohaterowie dramatu zostali już wybrani i namaszczeni. Jest 1:1, „panenka" Zidane'a nie przejdzie do historii, trzeba grać dalej. Będą inne okazje, żeby wtargnąć w dzieje. Na przykład walnąć kogoś z byka.

Wracam po raz kolejny do słów Materazziego. Nie znamy ich, domyślamy się. Zidane wyzna: „Wolałbym dostać w twarz niż je usłyszeć". Ale nigdy nie będzie mówił o swym żalu, nie będzie żałował. Co tam dzieci, że zły przykład, co tam nerwy, nad którymi nie dało się mimo doświadczenia zapanować, co tam duch ekipy i zwycięstwo, co tam nieśmiertelny tryumf Francji – nie będzie skruchy, nie ugnie się przed moralizatorami. „Te słowa dotknęły coś we mnie najgłębszego", sedno ja, serce. Będzie przepraszał kolegów w szatni, ale powie: „nie żałuję, wolałbym umrzeć". Trzeba zauważyć, że w chwili kiedy Zidane mija Materazziego, jeszcze zanim podejmie decyzję o ciosie, ten ciągle coś mówi i cios przychodzi nie tylko jako reakcja, ale w pewnym sensie jako prewencja, po to, by wreszcie raz na zawsze położyć nawracającym słowom kres.

Skąd, z jakiego miejsca „ja" przyszło to uderzenie? Pourriol podsuwa greckie pojęcie *thumos*. *Thumos*, miejsce pośrednie między zimną głową a gorącymi wnętrznościami, to siedziba szlachetnego oburzenia, namiętności, ale bardziej mózgowej niż powstałej z bebechów; namiętności zatem wykalkulowanej. Zidane odchodzi spokojny, chłodny z boiska; dookoła wrzeszczą tylko Włosi i komentatorzy.

Zidane ma poczucie – w jednej z wypowiedzi wyzna: „jestem przede wszystkim człowiekiem" – że jego gest jest naprawczy, po nim wszystko wraca do porządku, coś zostało w świecie nastawione. Ale kodeks piłkarski tego czynu, tego nieodwracalnego performatywu, krzywdy spłacającej krzywdę, nie zdoła zrozumieć i usprawiedliwić; kara może być jedna – czerwona kartka. Autorom niektórych interpretacji Zidane wydaje się przeto herosem, kimś kto ustawia z powrotem świat na torach i odchodzi w nieznane niczym sprawiedliwy i samotny szeryf. Albo jak grecki bohater, który sam zdecydował o wyniku walki. Zidane, mówi Pourriol, nie spóźnił się na spotkanie z wielkością, tyle że nie przyszedł na spotkanie z tą wielkością, której życzyli mu i ekipie inni. Odszedł, popełnił sportowe samobójstwo, aby nie umrzeć. „Ten gest – wspomni kilka lat później sam piłkarz – będę nosił przez całe życie. Nie da się go wyjaśnić. Jest częścią mojego losu".

39

8

W przypadku gestu Zidane'a jego interpretatorzy uznają, że choć łamie on prawo, da się go usprawiedliwić, a nawet opiewać.

O wiele trudniejsze zadanie stoi przed zwolennikiem (i adwokatem) gestu Érica Cantony; jego również, choć nie w takiej mierze, słynnego ciosu w technice kung-fu zadanego widzowi podczas meczu Manchesteru z Crystal Palace. Klub odsunie go od gry do końca sezonu, Cantona straci też funkcję kapitana i zostanie skazany na dwa tygodnie więzienia. Na proces sądowy przyjdzie w koszulce ze Statuą Wolności na torsie.

Podczas samego meczu Cantona – ciężko mu idzie, nie może strzelić gola – kopie gracza, który go kryje zbyt ściśle. Dostaje czerwoną kartkę, rozumie, że zasłużenie, opuszcza boisko bez słowa protestu. Idzie wzdłuż barierki, za którą stoi publika, i w pewnej chwili niczym wchodzący smok wymierza cios podeszwą w tors jednego z kibiców. Następuje chwila szamotaniny, chaotycznej wymiany ciosów ręką, Cantonę odciągają ochroniarze; schodzi do szatni. A hermeneuci gestu zaczynają pedantyczne objaśnianie.

Po jakimś czasie Cantona powie na temat tego zdarzenia: „Najpierw jestem osobą, a później piłkarzem"; to nieco inaczej wyrażona myśl Zidane'a. Kiedy Cantona zostaje wyrzucony z boiska, tłum kibiców Crystal wyje i rzuca inwektywy. Dla Cantony to żadna nowość. Tyle że powtarzają się uparcie dwa słowa: *French motherfucker*. Kibic, który zostanie za chwilę uderzony, zbiega w stronę barierki i to właśnie krzyczy,

czy raczej Cantonie wydaje się, że krzyczy: *French motherfucker*.

W całym tym zdarzeniu zastanawia – jeśli poddamy się Proustowskiemu szaleństwu interpretacji – rodzaj zadanego przez Cantonę ciosu. Dużo ludzi, mało gestów, lecz Cantona wybrał cios rzadki. Nie rzucił się od razu z pięściami do przodu, co by właściwie nie dostarczało ciekawego materiału do rozważań, lecz zdawał się odgrywać na stadionie klaps z filmu klasy B albo ożywiać poster z Bruce'em Lee powieszony w jego dziecięcym pokoju. Początek jest klasyczny, cios nogą wyprowadzony wedle nauki kung-fu, jednak dla potrzeb filmu scena nadawałaby się niestety do dubla: barierka stoi na przeszkodzie, nie da się tu tak naprawdę uprawiać szlachetnej wschodniej sztuki walki, trzeba przejść do mordobicia. Ale ten początek, ten king-kick! Jak pisze zachwycony komentator, wspomniany już Pourriol: „Tak, początek był piękny, miał w sobie dziwny urok, poetyczny lot z rozwartymi ramionami, niczym czarny orzeł wyciągający szpony do przodu".

Bruce Lee był jednym z idoli w dzieciństwie Cantony, obok Johana Cruyfa, Jima Morrisona z Doorsów, grupy, jak mawiał ich menedżer, „którą będziecie kochali nienawidzić". Też obok Baudelaire'a i Rimbauda, poetów przeklętych; Cantona często odwoływał się do literatury, do poezji, cytował wiersze, nawet w szatni – za co nieraz był wyśmiewany. Wielbił McEnroe'a przeciwko Borgowi za to, że stać go było na uderzenie wariackie, gdyż tylko takie może być uderzeniem genialnym.

To, że wybrał ten nieco dziecięcy, szalony, surrealistyczny sposób atakowania, niewątpliwie obciąża go
prawnie (agresja wydaje się tym groźniejsza i bardziej
obrazoburcza wobec przepisów), ale też nadaje jego zachowaniu, by tak rzec, symboliczną gratyfikację, na którą
hermeneuta gestu musi się rzucić, gdyż w niej kryje się
estetyczny wymiar do interpretacji – a przecież Cantona zawsze chciał być artystą i za artystę futbolu ucho-
dził. Według Pourriola, którego długi wywód o Cantonie
streszczam, piłkarz, wykonując gest kung-fu, kung-kick,
ucieleśnia nim w skrócie, w najwyższej kondensacji, swój
sposób myślenia, przeżywania własnego życia, własnego
grania, własnego wizerunku. Uderzony kibic miał ponoć
zejść w stronę barierki po to tylko, by pójść do toalety;
nastąpiła szlachetna pomyłka. Nieistotne, taki gest uderza z góry, na ślepo, nieważne w kogo; jest suwerenny,
królewski.

Cantona wyznawał: „spontaniczność to sposób mojego myślenia; piszę tylko to, co przechodzi mi przez
głowę. Piłkarze są jak surrealiści, gdyż tworzą na żywo,
w danej chwili". Odwoływał się chyba bezpośrednio do
Bretona, papieża surrealizmu, który oznajmiał, że „po-
ecie obrazy surrealistyczne narzucają się spontanicznie
i despotycznie. Nie może ich od siebie odsunąć, gdyż jest
wobec nich bezwolny i nie włada nad sobą". Najbardziej
surrealistyczny gest poetycki wedle Bretona to w końcu
chwycić pistolet, zejść na ulicę i strzelić do przypadko-
wego przechodnia.

Dobrze że Cantona, skoro tyle czyta, nie miał przy
sobie siekiery. Swój gest odczuwał jako „literacki",

„artystyczny"; miałby to być raczej rodzaj gratisowego widowiska, performansu, a nie czystej, emocjonalnej zemsty, aktu krzywdzącego. Ale dla sądu było to działanie przestępcze, gdyż sądowi trudno jest uznać performanse za gesty nienaruszające prawa.

Na Cantonę, w przeciwieństwie do Zidane'a, posypały się gromy. Po zakończeniu drugiego procesu rzucił dziennikarzom jedno zdanie, przerwane w połowie dramatycznym, teatralnym gestem sięgnięcia po szklankę wody: „Kiedy mewy podążają za kutrem, mają nadzieję, że w morze rzucone zostaną sardynki". Nie wszyscy dziennikarze poniali aluzju; trzeba też jednak powiedzieć, że Rimbaud ująłby to lepiej. Ale i tak, twierdzi Pourriol, przypowieść jest wyrazista: dziennikarze-mewy czekają, aż Cantona rzuci im coś, czym nakarmią swe niestrawne gazety. Obraża ich, nazywając mewami, lecz oni się śmieją, gdyż nie rozumieją lub nie chcą rozumieć. Po czym wychodzi, jak jego ulubiony poeta Baudelaire z procesu, na którym w stan oskarżenia postawiono w roku 1857 *Kwiaty zła*.

9

Swoje *Uwagi o geście* z roku 1992 Giorgio Agamben zaczyna od zdania: „Pod koniec XIX wieku zachodnia burżuazja definitywnie utraciła swoje gesty". Agamben powołuje się na studia Gilles'a de la Tourette'a, jednego z lekarzy pracujących w słynnym szpitalu La Salpêtrière. Publikował on w latach 80. XIX wieku kliniczne studia nad gestami. Interesowały go ruchy nieskoordynowane, gdyż zaobserwował wśród pacjentów znaczący wzrost „tików, wybuchów spazmatycznych, manieryzmów ruchowych". Od jego nazwiska wzięło się pojęcie „turetyzmu", na określenie zaburzenia ruchowego, ujawniającego się zwłaszcza podczas chodzenia. Agamben zauważa, że przypadki turetyzmu, skrzętnie odnotowywane i badane w tamtych czasach, w XX wieku przestały być obiektem studiów. Z takiego mianowicie powodu, że stały się normą: „od pewnego momentu wszyscy stracili kontrolę nad swymi gestami i teraz chodzą i gestykulują frenetycznie".

Utrata gestów wiązała się z porażającym odkryciem, że życie jest „nieodgadnione", skłębione, wyrwane z jakiegokolwiek uporządkowania; im bardziej gesty traciły swą pewność, tym bardziej nieprzejrzysta stawała się egzystencja; burżuazja, która jeszcze kilka dekad wcześniej dysponowała swymi symbolami, dysponowała godnością gestu, umiała na przykład znakomicie wysuwać rękę na powitanie, „pada ofiarą wewnętrzności i oddaje się psychologii". Gesty zaczynają w coraz większej mierze wyłamywać się z niepisanego kodeksu, z ich klasowego charakteru, który, jak wspominałem na początku, opisywał Proust, i wyrażać jednostkowe histerie.

„Gdy epoka zdała sobie z tego sprawę (za późno), rozpoczyna się – twierdzi Agamben – pośpieszna próba odzyskania in extremis utraconych gestów. Taniec Isadory Duncan i Diagilewa, powieść Prousta, wielka poezja Jungendstil Pascolego i Rilkego, i wreszcie, w najbardziej dobitny sposób nieme kino kreślą magiczny krąg, w którym ludzkość stara się po raz ostatni przywołać to, co się wymknęło z jej rąk".

Fizyczna nieskładność i nadpobudliwość gestów jest dla Agambena jednym z objawów wielkiego kryzysu kultury najmocniej zdiagnozowanego przez Nietzschego. Nie umiem myśleć o gestach w aż tak szerokich, ryczałtowych perspektywach, wolę też chadzać śladem Proustowskiej heroicznej, niekiedy aż heroiczno-komicznej interpretacji gestów pojedynczych. Ale powszechne ich dzieje czy jeszcze bardziej ogólnie, dzieje ludzkiej motoryki, pozostają zapewne do opisania. Nawet w mikroprzestrzeni czasowej widać jej przemiany.

Pamiętam na przykład z czasów, gdy jeździłem autostopem po Polsce, gesty łebkowiczów. Pełno ich było, wylegali stadkami na skrzyżowania szos, cała Polska powiatowa podróżowała, zwłaszcza na krótkie i średnie dystanse. Na wyjazdach z miast stawało się w tłoku; swoim nad miarę wzniesionym kciukiem autostopowicze pokazywali cokolwiek rozpaczliwie, że oni nie są łebkami, lecz zrodzili się z innej, bo włóczęgowskiej gliny, i z tej racji za podróż nie zapłacą. Naoglądałem się łebkowskich machań co niemiara, nie bez urzeczenia wpatrywałem się w tę commedię dell'arte, istne panopticum gestu.

Łebkowicze wzniesionego kciuka nie używali; dobrze znali kod. Jedni wskazującym palcem pokazywali szybkim, wielokrotnym ruchem asfalt czy trawę pod stopami, jakby odkryli w niej jakieś tajemne złoża minerałów warte najwyższej uwagi; inni naśladowali, zdawało się, strząsanie papierosa; jeszcze inni całą dłonią poklepywali niewidzialne główki dzieci pod sobą. Każdy odgrywał nieco inną pantomimę, wolnościowy smak autostopu kisił się tutaj w tłoku skromniejszych potrzeb: dojechać z miejscowości A do miejscowości B i z powrotem, gdy żaden pociąg z nich nie wyjeżdżał, przywieźć szwagrowi gwoździe, kupić papę w powiecie, aby dach naprawić. Wszystko było dziurawe, cały kraj przeciekał, ale lud krzątał się, kręcił po nim, ile wlezie, stawiał sobie prywatne osłonki, podwieszane sufity pod dziurami w niebie.

Nie to, że był aż tak cudownie zapobiegliwy, pedantycznie gospodarski; po prostu ruszał tyłek, cwanił się w ruchu, to był jego żywioł. Prowincje skandynawskie, holenderskie, niemieckie zakleszczały się w wiecznym teraz; tutaj, między Jarosławiem a Ełkiem mało było „teraz", dużo było „jutra", masy najbliższych kwadransów na pohybel wielkim miarom czasu. Gdzieś nad głowami powstawały jakieś plany, kreślono pięciolatki, lud wyciskał z przyszłości czterdzieści osiem godzin, ale w ich ramach miało się coś naprawdę dziać, coś trzeba było „załatwić" i te gesty łebkowiczów wyrażały lepiej niż cokolwiek innego absurd sytuacji w kraju i zarazem gorączkę codzienności, która próbuje leczyć się sama. Dzisiaj ten powszechny, komiczny balet rąk przeszedł do lamusa, pobocza opustoszały.

Łatwo spostrzec, że gesty chodzą również stadami, wytwarzają mody. W ostatnim półwieczu są to istotnie, jak diagnozował Agamben, mody frenetyczne. Gesty blokowisk, u nas już widoczne, lecz o wiele bardziej ekspresywne na przedmieściach zachodnich miast; energie tu pęcznieją, szykują się do eksplozji w skupiskach młodych mężczyzn, którzy nie stoją, ale w dziwny sposób kiwają się i podrygują albo przysiadają, nawijają przykucnięci, paląc jednego za drugim, nie przestając podrygiwać, tańczyć w miejscu. To jakaś inna wersja ludowej frenetycznej ruchliwości, o której mówię, nadrabianej na Zachodzie po dawnych senniejszych okresach; to tu, na miejskie kresy – w Paryżu na przykład – przenoszą się wektory i ożywienie, a centrum coraz bardziej statecznieje, kostropacieje, staje oczywistą scenerią wystawianą dla turystów. Zmieniła się codzienna choreografia ciał; pokolenie poemigranckie (ono przede wszystkim, lecz nie wyłącznie) wniosło nowe pozy, nowe gesty, nowe ułożenia kończyn. Wpływy rapu i hip-hopu, który wdarł się w codzienną gestykulację, oczywiście, stąd to ustawiczne rozkołysanie ciał, które nie stoją, nie idą, a falują – lecz zwłaszcza pozacentralna żywotność „wykluczonych", tych, co nadrabiają odwieczne spóźnienie, załatwiają coś, załatwiają swoje przetrwanie. I coś więcej, tym frenetycznym podrygiem wypowiadają fajność siebie i własną klanową autonomiczność, wyróżniającą ich od ciał ustawionych, usystematyzowanych, spokojnych, i od mniej lub bardziej stabilnego, nieruchomego porządku władzy.

Eksponowanie emocji jest dziś w cenie, ma społecznie wysoką wartość. Ujawnia się to najwyraźniej właśnie na terenie sportu, będącego zaawansowanym laboratorium gestów. Im więcej tenisista Janowicz rozedrze koszulek na korcie, tym dla niego (dla jego finansów) będzie lepiej. Albo oznaki tryumfu w tenisie po wygraniu ważnej, a nawet mniej ważnej piłki. Wcześniej ich nie było, a teraz, ktokolwiek gra, zaciska pięść, rzadziej skromnie, dyskretnie, tylko dla siebie, dla potwierdzenia swej woli mocy, częściej, jak Nadal, ekspansywnie, charakterystycznym ruchem pompującej powietrze ręki, czemu towarzyszy jeszcze podniesienie nogi, czy, jak u Azarenki, wygrażającej, zdawałoby się, całemu światu. Nachalny gest tryumfu, który dotarł do profesji nawet tak statecznych jak polityka, stał się dziś rodzajem konieczności wizerunkowej i elementem autoterapii. Jestem świetny, ze wszystkim dam sobie radę, jestem mocny, ja, moje znakomite ja, itd., itp. Albo ten mój kumpel, wczoraj. Czekał dwadzieścia minut na tramwaj, przyszedł spóźniony, wściekły; machając na wszystkie strony łapami, krzywiąc się niemiłosiernie, zataczając dłońmi wielkie koła, wyrażał swe oburzenie. Tak, on utracił już swoje gesty.

Oszczędność gestów, ich radykalne ograniczenie jest egzystencjalną anoreksją i ascezą; trochę się ich boję, tak jak siadając do stołu, obawiamy się niewygodnej obecności niejadków i wybrzydzających: niezręcznie jest przy nich łaknąć i mieć apetyt. Ale wobec frenetycznej gestykulacji – która, zdaje się, należy dzisiaj do normy – przychodzi pokusa, by chować ręce do kieszeni i jak najmniej z siebie ujawniać.

10

Lecz zawsze będzie chodziło o coś innego. Pomyślcie o zmarłych, których kochaliście, o żywych, których kochacie. Czy najlepsze, napiękniejsze, najbardziej porażające wspomnienia o nich, czy obrazy z nimi, które nas nachodzą, nie są zawsze nieme? Bez dźwięku? Czy obrazy te nie wypełniają nas tak szczelnie, że nie pozostawiają przez chwilę miejsca na oddech? Czy nie są one najgęstszą substancją, która zdaje się zajmować w nas wszystko, od stóp do głów? Czy nie bywają najbardziej dotykającym, najbardziej wzruszającym doznaniem? Prawdą o nich, jaką my znamy, bo tą naszą prawdą nie są ich słowa i ich czyny.

Ta jej dłoń, która tak szeroko, jakby chciała złapać dwa odległe końce czegoś, nie wiedzieć czego, albo jakby chciała frunąć na wietrze, rozsuwała palce, gdy machała do was na pożegnanie. Te jego uniesione wysoko wychudzone stare ramiona, gdy przynosiliście mu jakąś dobrą nowinę. To jej nagłe przechylenie głowy na wasz widok, jakby radość przesuwała w niej środek ciężkości.

Dobre wróżki

1

Jeanne Moreau, aktorka? Alain Resnais, reżyser? Nie pamiętam dokładnie, lecz to im przypisuję historyjkę, którą we wczesnej młodości, jako zażarty wówczas kinoman, gdzieś przeczytałem. Reżyser (Alain Resnais?) skończył kręcić film, wszystko pięknie zmontował i wyjechał na wakacje. Lecz coś nie dawało mu spokoju, przeszkadzało grać w golfa czy popijać martini na nadmorskim bulwarze. Więc rzucił wszystko – kij golfowy oraz szklankę – w diabły, zadzwonił do aktorki (Jeanne Moreau?) i poprosił o spotkanie. Przyjechał na nie z kamerzystą; aktorka usiadła i reżyser polecił kamerzyście, by zrobił tylko jedno, długie ujęcie – jej twarzy. Dokleił je do filmu. Film kończył się bezkresnym, nieruchomym zbliżeniem i reżyser mógł spokojnie wrócić nad morze dopić drinki w zachodzącym słońcu.

Często wtedy myślałem o tej intuicji reżysera, o jego poczuciu, że w ukończonym dziele jeszcze czegoś brak i że tym, czego brakuje, jest ostateczny, na sam koniec, gdy wszystkie wydarzenia już się rozegrały, widok oblicza bohaterki lub bohatera. Twarzy widzianej z bliska, w kompletnej ciszy, bez żadnej muzyki i słów. Portretu, który wyszedł z ram, zbliżył się do naszych oczu, nie przechodząc jeszcze na naszą realną stronę, nie dając się dotknąć, lecz tracąc już swą muzealną obojętność. Twarzy, która wydostała się z kadru, by zrzucić z siebie wszelką teatralność i poczuć nasz oddech. Wydawało mi się wówczas, że tak powinien się kończyć każdy film o kimś – obojętne, kobiecie czy mężczyźnie – kogo losy docierają do jakiegoś sedna, odkrywają, nazwę to tak, atomy istnienia. Kochałem się wówczas w innej aktorce, a właściwie w jej twarzy i zapewne wyobrażałem sobie, że w finale mojego własnego, jeszcze nienakręconego filmu, widzowie ujrzą (w zachwyceniu, które przechwycą ode mnie jak dobry wirus) jej milczącą, ani uśmiechniętą, ani posępną, fizys.

Było to mniej więcej w czasach, gdy mój idol Seweryn Krajewski śpiewał o tym, że „Anna-Maria smutną ma twarz" i że „wciąż patrzy w dal". Wszystko się zgadzało, tyle że moja wybranka miała na imię inaczej, Dominique. I miała też nazwisko: Sanda. Wydawało mi się, początkującemu adeptowi francuszczyzny, że lepiej już nie można się nazywać i że trudno o trafniejsze dobranie nazwiska do imienia. Ostatnia sylaba spadała jak niedokończona zapowiedź, przedłużona, akcentowana samogłoska „a" dawała poczucie, że coś w tym istnieniu zostaje otwarte, niczym widok za uchylonym oknem; san-da, tym dźwiękiem skandowało słońce, złoty piasek i zarazem tego słońca, tej pogodnej żółtości potwierdzenie, promienna afirmacja, *da, yes, oui*.

Dominique Sanda miała zatem smutną twarz i patrzyła w dal. Przynajmniej w *Łagodnej* (1969), jej pierwszym filmie w ogóle i pierwszym filmie z nią, który zobaczyłem. Reżyserował Robert Bresson, a film oparł na opowiadaniu Fiodora Dostojewskiego (w polskim przekładzie zatytułowanym *Potulna*), tyle że przeniósł akcję z dziewiętnastowiecznej Rosji do współczesnego Paryża. Nie jest ona zresztą zbyt skomplikowana. Oto mamy małżeństwo z rozsądku czy właściwie z konieczności, on, stary już, raczej bliżej trumny niż alkowy, właściciel lombardu, pan i władca innych istnień, i ona, nędzarka, osierocona bidula, młodziutka, kilkunastoletnia, dopiero wdrapująca się na falę życia. Musi to się źle skończyć i istotnie źle się kończy: łodyżka popełnia samobójstwo, stare drzewo uschnie w samotności.

U Dostojewskiego historię już po fakcie, nad zwłokami żony, opowiada mąż; Potulna przemyka przed nami widziana jego oczyma, niesiona jak martwa Ofelia prądem jego wspomnień, zasłonięta filtrami jego własnej narracji. Film stawia ją przed nami twarzą w twarz, męża często nie ma, jesteśmy z nią sami w pokoju, wypełniamy go naszą niemą obecnością.

Jak to u Bressona film był niedomówiony, cichy, operował półcieniami, wnętrza były niedoświetlone, nieco mroczne i Dominique w białej koszuli albo w golfie (ten sweter chyba wymyślam) przesuwała się po nich bezszelestnie, to śmiertelne widmo, to nastoletnia zjawa.

53

2

Miała wówczas ledwie dwadzieścia lat, wyglądała na siedemnaście, tyle liczyły dziewczyny z przyklejonego do mojej podstawówki liceum, którym ustępowałem miejsca na korytarzu w drodze do stołówki. Niektóre nosiły jeszcze w torebkach okrągłe lusterka z fotografiami aktorów i piosenkarzy wklejonymi niczym święte obrazki; taki był szyk, można je było kupić na bazarach, niekiedy w drogeriach, zawsze na odpustach. Były też lusterka z aktorkami i piosenkarkami, bo dziewczyny kochały chłopaków, lecz chciały być tamtymi i oblicza Bardotki, Claudii Cardinale, Moniki Vitti czy Sophii Loren wyznaczały horyzont pragnień, podsuwając pannom pod oczy swe piękne rysy, gdy w szkiełku poprawiały usta tanią, zbyt miękką i kruszącą się szminką.

Miewałem niekiedy te zwierciadełka-powiedz-przecie w rękach, dotykałem ich na straganach, widywałem na biurku starszej siostry. Przeglądałem, jak wszyscy, kolorowe pisma, dodatki ilustrowane, których z roku na rok przybywało dla rozweselenia szarej Polski Gomułkowskiej i bardziej już pstrokatej Polski wczesnego Gierka. Ze swoją miłością do twarzy Dominique byłem na szczęście samotny albo tak mi się zdawało; nikt jej u nas głośno nie opiewał, nikt nie zwrócił na nią szczególnej uwagi; zauroczenie było niepodzielne, jej twarz tylko dla mnie, zamknięta w szufladzie, na kolorowym fotosie, przykryta jakimś dzienniczkiem i pocztówkami przysyłanymi z wakacji.

Czasami ją wyjmowałem, wpatrywałem się w nią – kontemplacja fotosu należała wówczas do czynności magicznych i do chwil wybranych. Obrazkowa przeglądarka Google'a fantastycznie udostępnia świat, lecz, wiadomo, niszczy tajemnicę i nie zostawia złudzeń, wywalając pod oczy śmietnik złego i dobrego; to antykurator światowej wystawy, miast wybrać co najciekawsze, wrzuca pod oczy tysiące zdjęć udanych i kiepskich, chcianych, i przypadkowych. Fotos, wybrany i wypieszczony, dotykany i gładzony dłonią, wyjmowany i skrywany na przemian, był jak sekretna furtka do przyszłości, do skrytego ogrodu życia, tego prawdziwego, które dopiero się wydarzy: dziewczyny poznają przecież swego Jamesa Deana czy Andrzeja Łapickiego, ja powiem kiedyś do Dominique *bonjour*.

To były klisze, twarze zdekapitowane, wyjęte z całości. Effigie, obrazki półświętych, pozbawionych głosu; nie czytało się wówczas wywiadów, wypowiedzi, programy telewizyjne raczkowały. Każdy z nas na swój sposób budował własne enklawy fantazmatów z okruchów wielkiego świata i te dawne fotosy, nieostre i rozmazane na kiepskich, matowych papierach, były czymś więcej niż prezentacją oblicza; były idolami naszych proroctw, obrazkami z przyszłości. Nikt nie bywa ikonoklastą w czasach, które skąpią wizerunków.

3

Ojciec kochał się tradycyjnie, jak wszyscy faceci w jego wieku, w Bardotce, w Dalidzie i, siermiężniej, w Halinie Kunickiej, a swą nowoczesność wyrażał w namiętności do Poli Raksy. Nie muszę tego przypominać, pięćdziesięciolatkowie i starsi wyją jeszcze do dzisiaj, włączając radia złotych przebojów w swych leksusach czy volvach, czy nawet oplach corsach, wyją wniebogłosy, że „za jej Poli Raksy twarz każdy by się zabić dał". Jeden ze słabiej napisanych szlagierów PRL-u, ale co tam, „Poli Raksy twarz", twarz świętej sanitariuszki pochylonej nad niesymbolicznymi ranami pancernego Janka stała się międzypokoleniową ikoną, dostarczycielem erotycznych snów dla partyjnych i niepartyjnych, dla badylarzy i dla robociarzy, dla wiekowych i młodych; oglądając z ojcem *Czterech pancernych* w telewizorze rubin, śniliśmy podobny sen o wielkich drzewach w starym prasłowiańskim lesie (to on) i w młodym gaiku (to ja).

Kiedy myślę o idealnych kobietach tamtego pokolenia, przypomina mi się od razu wiersz Zbigniewa Herberta, rówieśnika ojca, zatytułowany – po prostu – *Dalida*. A właściwie przypomniał mi go przyjacielsko Aleksander Nawarecki, wielki amator i koneser włoskich programów estradowych:

> *ważnym dodatkiem*
> *w życiu Pana Cogito*
> *były dodatki ilustrowane*
>
> *dzięki nim*
> *życie sławnych aktorów*
> *księżniczek*
> *tancerek brzucha*
> *nie miało dla niego*
> *tajemnic*

wystarczyło parę
taktów melodii
a już stawały przed nim szeregiem
okrutne portrety
prześwietlone promieniem X

od ubogiego dzieciństwa
zawrotnej kariery
śmierci w zapomnieniu

porzucone teraz
na cmentarzu płyt gramofonowych
trochę mniejszych
od cmentarzy zużytych samochodów

dzięki nim
odgaduje bezbłędnie
daty swojego życia

na jego straży
stoją Dalida
Halina Kunicka
Irena Santor
dobre wróżki

dzięki nim
tyrania
upiększona
została
piosenkami

należało się im
słowo dziękuję
czułe miejsce w pamięci
wspólne imię
na kamiennej tablicy
znojnego żywota

Podoba mi się, gdy tak czytam ten wiersz, myśl, że wielki poeta (czy jego podmiot liryczny, ale chyba nie ma co wyszczególniać) oraz drobny urzędnik w jednym stali domu, oglądając te same „dodatki ilustrowane", słuchając tych samych piosenek, wpatrując się w te same twarze „dobrych wróżek", które na skrzydłach łatwych melodii wywiewały ich z ciasnych przestrzeni życia, wyrywały z gorsetu codzienności. Wciąż w myślach i na piśmie wracam do obrazu ojca słuchającego późno w nocy „Rewii piosenek" Lucjana Kydryńskiego, wpatrzonego w ciemne podwórko, za którego niewidzialnym kresem piękna, „czarna i ognista", jak się o niej mówiło, Halina Kunicka czeka z pucharem szampana (albo i pejczykiem) w dłoni, podrygując w rytm cygańskich kastanietów.

Wielkiego poetę i drobnego urzędnika łączy nagle, na niewielkiej przestrzeni paru prostych nut, kilka łatwych refrenów, zaraźliwa redundancja „la la la", to samo estetyczne wniebowzięcie: melodyjny dźwięk, łagodna twarz. Poeta umie utrzymać swe wrażenia na dystans, wyrazić komentarz nie wiadomo czy ironiczny, czy raczej (chyba tak) akceptujący – „tyrania upiększona została piosenkami"; urzędnik słucha zaś i podśpiewuje bezrefleksyjnie. Lecz obaj ulegają podobnej magii rytmu i obaj są wdzięczni za to, że może ich nieść śpiewana przez kobietę-wróżkę melodia, nawet jeśli jest ona tylko, jak dla Pana Cogito, dodatkiem, darem marginalnym.

Aleksander w świetnym tekście poświęconym wierszowi Herberta, zastanawiając się nad ostrym antykomunistycznym, a zwłaszcza antypeerelowskim językiem poety, uznaje, że muzyka bardziej niż cokolwiek innego, bardziej niż jakakolwiek inna dziedzina, była wyjęta u niego spod osądu, a w każdym razie cieszyła się wyjątkowo ulgową taryfą. Pan Cogito przecież sam wyznaje (w *Pana Cogito przygodach z muzyką*), „że uległ zwodniczym" jej urokom i że:

> *adoruje skrycie*
> *ulotną lekkomyślność*
> *karnawał wyspy i gaje*
> *poza dobrem i złem*

Ojcu i Herbertowi przede wszystkim mógłbym na wsparcie i usprawiedliwienie ich bezgranicznej miłości do belcanta podsunąć Prousta, wielkiego melomana, autora *Pochwały złej muzyki*, jak się zwykło określać wywód zawarty w jednej z jego wczesnych próz. Podobnie jak Baudelaire piszący o „winie gałganiarzy", przynoszącym pocieszenie biednemu pospólstwu, Proust wychwala popularne melodie i piosenki, jako źródła wzruszeń dla ubogich duchem czy dla „zwykłych" ludzi. Sam zresztą taką muzykę cenił, podśpiewywał, a modne kuplety – on, wielki amator trudnych sonat Francka i Saint-Saënsa – znał na pamięć. Bo choć w *Poszukiwaniu straconego czasu* ogromną rolę odgrywają arcydzielne utwory muzyki „poważnej", wokół których skupiają się najważniejsze rozważania powieści, to „zła muzyka" zdążyła i tu wtargnąć.

Została mi w pamięci dziwna scena wenecka – odwrotność słynnego drapieżnego obrazka z ulicznym grajkiem w Viscontiego *Śmierci w Wenecji*, mieście zadżumionych – kiedy to przy dźwiękach *Sole mio* Marcel waha się, czy ma wracać z matką, czekającą już w pociągu, do Paryża. Nie może się zdecydować, boi się rozłąki i chce zarazem zostać w mieście. „Każda nuta, wyrzucana przez śpiewającego z siłą i ostentacją niemal muskularną, trafiała mnie w serce. Gdy fraza wygasała ku dołowi i utwór wydawał się skończony, pieśniarz nie ustępował i znowu zaczynał z wysoka, jakby w przekonaniu, że musi raz jeszcze proklamować moją samotność i moją rozpacz".

W końcu Marcel wyjedzie; na jego usprawiedliwienie – bo któż by wyjeżdżał z Wenecji ze strachu przed samotnością – dodam, że wcześniej, nad morzem i bez matki, oddawał się „ulotnej lekkomyślności", marzeniom o kobietach przy taktach ówczesnej „pop" muzyki. „O ile (…) restauracja w Rivebelle gromadziła naraz więcej kobiet kuszących mnie tajemną nadzieją szczęścia, niżbym ich mógł spotkać w spacerach i podróżach w ciągu roku, z drugiej strony ta muzyka – transkrypcje walców, niemieckich operetek, piosenek z *café-concert*, wszystko dla mnie nowe – była sama niby powietrzny przybytek rozkoszy, wznoszącej się nad tamtą i bardziej upajającej. Bo każdy motyw, odrębny jako kobieta, nie chował, jakby kobieta uczyniła, tajemnicy skrywanej rozkoszy dla kogoś uprzywilejowanego; proponował mi tę rozkosz, wabił mnie, podchodził do mnie kapryśnym lub szelmowskim krokiem, zaczepiał mnie, pieścił, jak gdybym się stał nagle ponętniejszy, potężniejszy lub bogatszy (...)". I Herbert mógłby to napisać jako komentarz do swego wiersza, gdyby nie miał ważniejszych rzeczy na głowie, i również mój ojciec, który ważniejszych rzeczy na głowie nie miał, lecz nie władał lekko piórem.

Dzisiaj dobrze widać, jak bardzo jest to historyczny opis, nie do powtórzenia; obecny duch czasów takich treli-moreli już nie przyjmie. Rock przełomu lat 60. i 70. i rock późniejszy chyba na trwałe pokomplikował sąsiedztwo muzyki i zmysłowości, muzyki i erotyczności, pokiereszował doszczętnie tradycyjne granice. Między głosami kobiecymi a męskimi różnice – nie tyle w brzmieniu, ile w odrębności przekazu – zaczęły się zacierać. Janis Joplin, Marianne Faithfull, później Kate Bush czy nawet paradoksalnie Anne Carpenter, wokalistka o głosie pozornie anielskim, lecz nieprawdopodobnie osobnym, były posłanniczkami przeżyć nie erotycznych, lecz wprost egzystencjalnych (szaleńczych, obłędnych), na równi z głosami Jima Morrisona czy Hendriksa, i ich płeć, twarze i sylwetki przestawały mieć jakiekolwiek znaczenie.

Aleksander Nawarecki kończy swój tekst o Herbertowskiej *Dalidzie* taką konkluzją: „Ulotna lekkomyślność

«Dalidy» i jej melodyjnego świata zdaje się zatem nie-
obliczalnym suplementem w rodzaju karnawału albo
utopijnych wysp szczęśliwych, uzupełniającym twardą
rzeczywistość i «kamienną mowę», usytuowanym gdzieś
poza dobrem i złem. Jest tylko dodatkiem – rozkosz-
nym, ale poznawczo kłopotliwym, wręcz niepojętym".
Sam, przyznam, mam mniejszy kłopot ze zrozumieniem
adoracji przez Pana Cogito (i mojego ojca) Dalidy i Kunickiej czy nawet Santorki, czy innych jeszcze dobrych
wróżek. Bo też ich belcanta i ich twarze zdobiące kolorowe dodatki należały do nielicznych drobin luksusu, który
był tamtym facetom dostępny, a z luksusem, podobnie
jak z modą, się nie dyskutuje.

Mieli w codziennej przestrzeni estetycznej tak niewiele do wyboru. Wystarczy spojrzeć na garniturki,
czy w ogóle na ówczesne ubrania, marynarki i sweter-
ki, które nosili w tamtych czasach Zbigniew Herbert
i mój ojciec – i tylu innych facetów z tamtych lat. Na
pierwszy rzut oka te stroje i kroje dzisiaj są z pewnością
„poznawczo kłopotliwe, wręcz niepojęte" – i tak do siebie podobne. Owszem, mogli zachować, każdy na swój
sposób, własne przejścia do kultury wysokiej, opera, teatr, muzyka klasyczna, ale mieli niewielkie rozpoznanie
czy raczej niewiele do wyboru w kulturze codzienności,
„lekkomyślności". Brali, co było, brali często co popad-
nie, i, jak w przypadku Dalidy czy Kunickiej, to, do
czego przygotowała ich estetycznie – muzycznie i iko-
nograficznie – przedwojenna młodość. Bo o ile kon-
takty z kulturą wysoką jakoś się wybiera, możliwości
jest mrowie, o tyle kultura codzienna tworzyła wąskie

pasmo aktualności, w które wkraczało się z innymi, bądź wcale.

Kiedy myślę o PRL-u, fascynujący wydaje mi się kontrast między tym, co należało do świata „ulotnie lekkomyślnego", do świata „wysp i gajów", a tym, co stanowiło, powiedzmy, duchowy rdzeń istnień. Luksus słuchania Dalidy i patrzenia na jej światowy wygląd był jedną z niewielu możliwości obcowania z innym, egzotycznym światem zachodu. Placek z pomidorami zwany pizzą (jak tłumaczy Herbert w *Barbarzyńcy w ogrodzie*) należał podobnie do sfery luksusu... albo kieliszek martini... oliwa z oliwek w malutkiej puszeczce... paczka kukurydzianych płatków, które zalewało się mlekiem... czy nawet błyszcząca torebka plastikowa, zwana reklamówką... Po tej stronie, w głowach mogli mieć światy odrębne; wielkie idee i wielkie lektury miał poeta, małe problemy i kiepskie lektury miał urzędnik. Ale w świecie tamtym, luksusowym na ówczesną miarę, zaczynali dziwnie siebie przypominać, gdy kropelką oliwy, a nie octem zraszali pomidor, gdy wymawiali „paroles, paroles, paroles" cudną, twardą francuszczyzną Dalidy i nucili *Gigi l'amoroso* jej mięsną włoszczyzną.

4

Dla wychowanych w dźwiękach rocka, w szalonym pokrzykiwaniu Janis Joplin, belcanta Dalidy czy Kunickiej trąciły myszką, lukrem niedzielnym, luksusem dokupowanym od święta, kojarzyły się z brylantyną we włosach czy w duszach. Do mojej moralności codziennej należało krzyczeć do upadłego, przeżywać muzykę do cna, do postradania zmysłów. Gdy mówię o śpiewających aktorkach i o piosenkarkach pokolenia Herberta, jestem więc tylko sprawozdawcą, z jednym wyjątkiem: Marilyn Monroe. Bo MM była poza „karnawałem, wyspami i gajem", nie upiększała niedzielnie codzienności, lecz rozrywała – inaczej niż Joplin parę lat później – czas na strzępy.

O MM można mówić bez końca, odtwarzać jej losy, tworząc przy okazji swój obraz w świecie, lecz trzeba ważyć słowa, niemało pisarzy uprawia mistycyzm marilynowski, opiewa w uniesieniu ten „Niezidentyfikowany Obiekt Ludzki, poza płcią, niemal poza naszym gatunkiem" (Marie Darrieussecq), to niepojęte świecidło, to czarne słońce naszych czasów. Pasolini zaraz po śmierci MM napisał do niej melancholijną goszystowską odę; MM pokornie ucieleśniała, twierdził, piękno świata starożytnego i świata przyszłego. Dlatego ten świat tutaj i teraz trzeba rozwalić, aby wraz z pięknem odnowionym nadeszła świetlana przyszłość.

Urzekał jej głos, on przede wszystkim. Oczywiście, najpierw ta piosenka dla Prezydenta, popkulturowe logo Ameryki i logo mitu jednocześnie. Monroe wchodzi jak zawsze spóźniona, nie ma jej, zdaje się, że w ogóle nie będzie, i nagle pojawia się na scenie, pojawia się w wyniku jakiejś histerycznej eksplozji, która ją rozmnaża, by po chwili wszystko pękło, ucichło i Marilyn mogła znowu zniknąć. Najgorsza chwila jej kariery i zarazem jej porażająca apoteoza; w tej bolesnej i fascynującej scenie Monroe poniża się przez wywyższenie i zarazem wywyższa przez poniżenie, tak trudno oddzielić wzniosłość od groteski.

Na jednej z fotografii zrobionej tamtego wieczoru Monroe widać od tyłu, nogi i pośladki zdają się nie zgrabnie wsunięte, lecz bezradnie wbite w tę idiotycznie wzniosłą, żałośnie groteskową, żenująco wspaniałą przezroczystą suknię; lewą, cofniętą dłoń opiera na mównicy, jej nagie plecy z wystającymi łopatkami zdradzają swą pozą cały jej wysiłek, jej zaangażowanie w tę chwilę, w ten śpiew, i wzbudzają rodzaj czułości i litości, którą czasami czujemy dla kogoś, kto w rozpaczliwej sytuacji tak bardzo się stara. Wreszcie śpiewa, lecz to nawet nie jest kompletny śpiew, a raczej melodyjne wyplucie czy muzyczne wycharczenie życzeń; w aksamitny, omszały głos, rozciągający melodię do granic, wkradają się tony pochodzące nie z muzyki, lecz z woli, by wyśpiewać coś więcej, niż muzyka pozwala.

Wciąż trudno nad tą sceną, gdy się ją jeszcze dzisiaj ogląda, przejść do porządku dziennego, lecz „mój" głos Marilyn, którym urzeka mnie bez reszty, pochodzi z wczesnego filmu, *Rzeki bez powrotu*. Monroe tak często jest blisko wody, porównuje się ją uporczywie do nowej Wenus czy Afrodyty, tyle razy widać ją przy rzekach, strumieniach czy wychodzącą nago z basenu. Ostatnie, wprost nadzwyczajne fotografie George'a Barrisa – jest lato 1962, chwila przed jej śmiercią, Pacyfik szumi i zwilża stopy – pokazują ją na plaży w skąpym kostiumie kąpielowym, a po chwili w sweterku czy w poncho, bo się ochłodziło; tak, to bogini, tyle że fajna i uśmiechnięta. Jej wykonanie piosenki *River of no return* z westernu pod tym samym tytułem jest jedną z tych „rzeczy, dla których warto żyć"; nikt tak nie wymawia słowa *river* jak ona.

Kiedy w tym filmie wypowiada swoje kwestie, brzmi jeszcze tak oldskulowo, wydaje się, że uprawia jakiś przedpotopowy sposób podawania tekstu; miała zawsze zbyt wysoki głos, jakby mówiło przez nią dziecko, którego nie umiała w sobie zdławić. Głos zniżał się, gdy śpiewała; była fantastyczną piosenkarką; słychać u niej wszystkie tonacje, jazzowe, bluesowe, musicalowe, za które kochało się dźwięk tamtej Ameryki.

Do miłosnych opowieści o Monroe wielu uznawało się za uprawnionych lub za uprawnionych uchodziło, lecz odnieść można wrażenie, że każdemu z nich mogłaby szepnąć w uszko: „Ciało moje miałeś, lecz mojej duszy nie będziesz miał nigdy". Zapewne na tym wrażeniu – że dusza z ciała uleciała – w dużej mierze opiera się dziś jej mit. Uciekła, by żyć w przestworzach. Tak właśnie, jako motyla wymykającego się ze swej ziemskiej powłoki, opisuje ją pisarz wybitny, Antonio Tabucchi. Coś tej duszy tu na ziemi nie pasowało, coś jej w jej ziemskim wcieleniu doskwierało, musiała tu być, lecz nie bardzo chciała być stąd. I ta dusza dość mocno zastanawiała się nad niedogodnością urodzin.

Tabucchi przemyślał życie Monroe, lecz przede wszystkim jej notatki, które ukazały się przed paru laty w dziesięciu językach naraz. Pisarz przywołuje dla porównania Aby Warburga, bredzącego geniusza, ciąganego jak Marilyn po zakładach psychiatrycznych; specjalisty od bytów ulotnych, który w dziedzinie historii sztuki dokonał niebywałych odkryć. Marilyn byłaby z tej samej rodziny, z tej samej wyobraźni, chorej i jakoś genialnej, rozmarzonej w wielobarwnych skrzydełkach. Pamiętacie

Mickiewicza? – *Uciec z duszą na listek i jak motyl szukać / Tam domku i gniazdeczka –*.

Tabucchi przesadza trochę, czy całkiem niewiele, nie ma to większego znaczenia. Kreśli poetycki, ale w końcu dobrze znany obraz niedostosowania do realnej egzystencji, z którego to obrazu nie sposób Monroe wyrwać. Opowieści o niej mogą się różnić jak ogień i woda, lecz to jedno powraca: jej życie jest zawsze gdzie indziej. Moją drugą wąską kładką prowadzącą do MM są, podobnie, te jej słowa, wyczytane przed laty: „Nigdy nie widziałam brzydkiego mostu". To nadzwyczajna sentencja. Nadzwyczajna sama w sobie, no i pełna znaczeń. Być na moście, bo cudownie łączy dwa rozdzielone brzegi? Być na moście, aby przejść z jednego brzegu na drugi? Stanąć na moście, aby nie być na żadnym brzegu? W każdym razie jesteśmy nad rzeką, w powietrzu, czyli nie wiadomo gdzie.

Może dlatego tak lubię Monroe; wydaje mi się gdzieś blisko Sandy i łączę je obie ze sobą; albo to Sanda jest jedną częścią Marilyn, tą z mostu, z ucieczki, z niedopowiedzenia, z nieświatowości. Aby być czymś więcej, potrzebne były Hollywood i śmierć.

5

To widok znany z filmów, z fotografii, z obrazów. Rząd młodych dziewcząt, najczęściej ubranych na biało, jak w *Pikniku pod wiszącą skałą* Petera Weira, idzie wesołą ławą, tasiemki kapeluszy majtają w powietrzu. Przychodzi też do głowy słowo „wachlarz", wachlarz posuwa się chodnikiem, plażą, leśnym duktem, z drogi pędraki, zmykajcie w krzaki, to idzie młodość, niekiedy jeszcze z beżowymi parasolkami, to idzie życie, to idzie grupa, wspólnota, do której nie ma żadnego dostępu. Wdzięk tego ginozgrupowania, rodzaj witalnej ekspresji, jakiej w takim niezwykłym stężeniu nigdzie indziej nie da się spotkać, jest jak wyzwanie, i jest jak piękno za szkłem, nie z tej, naszej (chłopięcej) ziemi. W tym zauroczeniu i zarazem doznaniu własnej (chłopięcej) niekompletności mieści się poczucie wykluczenia z istnienia plemienno-pierwotnego – pamięć podsuwa też obraz dziewczyn tłoczących się w swych szatniach po lekcji wuefu, gęstą obecność w małej przestrzeni, kumulację spoconej inności.

Proustowski Marcel obserwujący w zahipnotyzowaniu – oczywiście w tomie drugim, *W cieniu rozkwitających dziewcząt* – dziewczęce, nadmorskie korowody sierpniowe, spośród których wyodrębni się wreszcie, po dłuższym czasie, w sposób nietrwały i drżący, postać Albertyny, rzuca myśli o diabelskiej pokusie, co jest spadkiem po kulturowych kliszach, ale też wie, że ma przed sobą, gdy patrzy z oddalenia, skupienie bytu w niepojętej odmienności: „(...) nagle, na kształt Mefista wyrastającego przed Faustem, zjawiło się w końcu alei – niby prosta, nierealna i diaboliczna obiektywizacja temperamentu przeciwnego mojemu, barbarzyńskiej niemal i okrutnej witalności, z której tak wyzuta była moja niemoc, mój przerost obolałej wrażliwości i intelektualizmu – kilka plamek esencji niepodobnej do pomieszania z żadną inną, kilka członów zoofitycznego skupienia młodych dziewcząt". „Zoofityczne skupienie"

wydaje się chłopcu (którym byliśmy), a po latach chłopcu w mężczyźnie, jakkolwiek słyszał o teoriach *gender*,
nie do rozerwania, nie do przeniknięcia; ma on wrażenie, że jest owo skupienie nawet najwyższą może formą
istnienia, wobec którego jego własne spłaszcza się niepomiernie.

Musi więc wyobrębniać; dziewczyny pod naporem
wzroku stają się pojedyncze, oddzielne, skazane na ich
bezczelne porównywanie (ta ładniejsza, tamta zgrabniej-
sza) i tracą siłę bycia w swej gino-wspólnocie. Porównywanie to, wiadomo, okrutna chłopięca i później męska
broń, którą z poczucia niższości i lęku można było sobie
torować drogę do poczucia przewagi.

Brunetki – Dalida (ciekawsza), Kunicka (zgrabniej-
sza) – były oczywiście bardziej stąd i bardziej na teraz niż
seraficzna szatynka Raksa i już całkowicie anielska i w dodatku „łagodna" Sanda. Moja francuska Sanda z domieszką
krwi włoskiej też przychodziła do mnie z lepszego świata,
lecz, pochlebiam sobie, jej trudniej uchwytna erotyczność
wymagała bardziej zniuansowanych gustów niż uwiel-
bienie dla ognistych oczu i pełnych gestów. Wpatruję się
dzisiaj w googlowskie zdjęcia z tamtego jej filmu i w te
z innych filmów, dwa-trzy, które jeszcze mi się podobają,
i usiłuję zrozumieć, o co mogło w tym wszystkim chodzić.
Tak po prawdzie, wolałbym, by nikt ich nie widział, bo
trudno się tłumaczyć z własnych fantazmów i z własnych
fetyszy. I z tego, że może wcale nie jest tak wspaniała,
jak mi się wydawała. I z obawy zmieszanej z dumą, jakie
znamy wszyscy, gdy musimy ujawnić na zewnątrz obiekty
naszych uczuć.

Oczywiście, podobała mi się jej jasność, fryzura, czyli raczej jej brak, po prostu rozpuszczone włosy i tyle, delikatność rysów, pewna ich miękkość, ich potulny smutek. W filmie Bressona nie miała w sobie nic z kociaka, pociągała raczej swym zanikaniem, kryciem się gdzieś po kątach, za meblami, niepełnym istnieniem w nieswoim domu, obcością wobec wszystkiego, łącznie z sobą samą. Ale to nie mogło być wszystko. Twarz Łagodnej – spostrzegłem to wyraźniej w kolejnych filmach – naznaczało coś pozostającego w sprzeczności z jej, by tak rzec, czystą kobiecością, coś, co ją przełamywało. Nagły, niepokojący ostrzejszy zarys podbródka, twardsze czoło, kreski z męskiego repertuaru rysów. W przeciwieństwie do słowiańskiej, rosyjskiej falistości, słodyczy bez kątów i załamań, kształtujących twarz Poli Raksy, pojawiała się u Sandy pewna ostrość, estetycznie mniej doskonała, lecz przez to pociągająca. Mogę przypuszczać, że nie o kobietę mi tylko chodziło, a o typ bohatera, jaki sobie na podstawie filmów wyobrażałem; była niejako analogonem – w swej skłonności do ciągłego zanikania, milczenia, niedopowiedzenia, ucieczki w bok – innych moich bliskich, Winnetou czy ostatnich Mohikanów.

6

W swych słynnych *Mitologiach*, książce jeszcze z lat 50., francuski pisarz Roland Barthes poświęcił jeden – wycytowany na śmierć, ale może ktoś nie pamięta – tekst twarzy Grety Garbo, pierwszej tak legendarnej kobiecej twarzy kina. „Greta Garbo – pisze Barthes – należy jeszcze cała do owej chwili w historii filmu, kiedy to widok ludzkiej twarzy rozpętywał w tłumach najwyższy niepokój, kiedy – dosłownie – gubiono się w obrazie człowieka jak w czarodziejskim napoju, kiedy twarz stanowiła jakby absolut ciała, którego nie można było ani dosięgnąć, ani porzucić". Twarz Garbo według Barthes'a przedstawia niezmienny porządek wieczności; niczym maska, biała upudrowana maska, jest zawsze taka sama (Barthes pisze pięknie: „jest zawsze ze śniegu i samotności"), niewzruszona, czy pod koroną, czy pod filcową czapką. Mówiono o niej „boska Greta". „Przydomek «boskiej» – tłumaczy Barthes – miał prawdopodobnie wyrazić nie tyle najwyższą piękność, ile esencję cielesnej postaci Garbo, która zstąpiła jakby z nieba, gdzie rzeczy są formowane i skończone w najwyższej przejrzystości". Twarz Garbo jest właśnie esencjonalna, trwała i niezmienna niczym prawzór albo Idea; później, w dalszych dziejach kina ten rodzaj bezosobowej obecności ustąpi miejsca twarzom ukonkretnionym, wyrażającym indywidualne istnienie i całkowitą swoją odrębność wobec innych twarzy. W miejsce twarzy Garbo pojawi się twarz Audrey Hepburn, będąca już nie Ideą, lecz Zdarzeniem, raz twarzą kobiety-dziecka, innym razem twarzą kobiety-kotki.

Twarz Sandy, jako aktorki, mieściłaby się oczywiście już w tym drugim porządku, w kinowej historii oblicz po Grecie Garbo. W każdym filmie zmieniała się; inna, uwodzicielsko cwana była w *Konformiście* Bertolucciego, inna, epicka i rozczarowana w *Roku 1900* tego samego reżysera, jeszcze inna w *Łagodnej podróży* Delville'a (znowu „łagodnej"), filmie, w którym wraz z Geraldine Chaplin jeździła po Francji, dryfując miękko, mgliście i bez celu, daleko od facetów fetyszyzujących ich istnienia (jednemu z nich wbija obcas szpilki w dłoń, do dzisiaj mam ślad). Podobała mi się zapewne już mniej, ale była moją ikoną niczym drużyna piłkarska czy zespół rockowy; brałem za dobrą monetę każde jej pojawienie się, cokolwiek grała, kogokolwiek wcielała, jakkolwiek wyglądała.

Było to wciąż idealistyczne spojrzenie na twarz, jakie uprawia młodzieniec sublimujący swe popędy, nieco podobne do tego, o którym pisał młody Marcel, zachwycony świadek dziewczęcych twarzy w Balbec. „Ale jeżeli spacer małej gromadki czerpał urok w tym, że był jedynie cząstką niezliczonego przepływu mijających mnie kobiet, który mnie zawsze wzruszał, przepływ ten sprowadzał się tutaj do ruchu tak bezwolnego, że bliski był bezruchu. Otóż to, że w tempie tak powolnym twarze, nieunoszone już pędem, ale spokojne i wyraźne, zdawały mi się jeszcze piękne, właśnie to nie pozwalało mi sądzić (...), że z bliska, gdybym się zatrzymał na chwilę, jakieś przykre szczegóły: wątpliwa cera, skaza w wycięciu nozdrzy, tępe spojrzenie, niemiły uśmiech, brzydka figura, zastąpiłyby na twarzy i w ciele kobiety rysy, które sobie zapewne wyroiłem: wystarczało bowiem dojrzanej przeze mnie ładnej linii lub świeżej cery, abym w najlepszej wierze przydał im jakieś urocze ramię, jakieś rozkoszne spojrzenie, któregom zawsze nosił w sobie pamięć lub przeczucie; i takie błyskawiczne odczytywanie osób widzianych w przelocie naraża nas wówczas na te same błędy co nazbyt pośpieszna lektura, gdy z jednej sylaby, nie zadając sobie trudu utożsamienia innych, w miejsce słowa napisanego podstawiamy całkiem inne, podsunięte nam przez pamięć".

„Mój" fotos z początków jej kariery musiał pozostać obrazkiem absolutnym, pierwszą ideą, kolejne portrety, kolejne ukazania się Dominique w różnych filmach od tej idei ją odwodziły, oddalały. Patrzyłem więc na nie, jak mówi Proust, „w przelocie", dopasowując je do fotosu pierwszego, idei założycielskiej mojej fascynacji. Wolałbym oczywiście, by pozostała na zawsze, na wzór twarzy Grety Garbo, niezmienna, wciąż ta sama, by zastygła w swej niepokalanej istocie młodej Łagodnej. Takiej pięknej niezmienności w życiu realnym nie dawało się spotkać, widziało się twarze, przy których chciało się być, do których chciało się dostawiać własną, lecz już się wiedziało, że twarze zdradzają siebie, nie stoją w miejscu, że ukazują w takich czy innych chwilach swe niespodziewane przeciwieństwa.

Jednak później przyszła jeszcze inna lektura twarzy, a zwłaszcza twarzy, które są nam bliskie, tych, które się kocha. Zapewne nadal idealistycznej, lecz już na inny sposób.

7

„Lektura" nie jest może najszczęśliwszym dla takiego patrzenia słowem, nie byłby też nim „ogląd", ponieważ oba zakładają pewien chłód obserwacji, podczas gdy będziemy tu na gorącym terenie, gdzie błyski obrazów uderzają nas głęboko, w samo sedno. I gdzie trwa nadal poczucie, że, choć upadły dawne, dziecięce iluzje, bez doznania idealności niczego się w życiu nie dotknie. W każdym wszak razie w tej innej, bardziej „dorosłej" lekturze chodziło będzie o to, by wychwytywać z twarzy poddanej działaniu czasu to, co w niej nie zostało naruszone; by wyciągać spod zmarszczek nugat pierwotnego piękna, tak jak spod warstw obrazów wyciąga się to jedno, najczystsze, najbardziej dojmujące wspomnienie. Albo o to, by umieć dostrzec w twarzy naprzeciw (nie musi to być koniecznie twarz kobieca) coś, co na co dzień do tej twarzy już nie należy.

Wracałem kiedyś z matką od lekarza, byliśmy już na klatce schodowej, ukazał się miły sąsiad, który przytrzymał drzwi do windy i nagle na zakleszczonej w swej starości twarzy matki pojawił się uśmiech dla niego przeznaczony. Ten uśmiech był z zupełnie innego świata, zupełnie mi nieznany; uśmiech, który można było oderwać od twarzy bardzo starej kobiety i przykleić do twarzy piętnastoletniej dziewczyny. Biła z niego nieprawdopodobna dziecięca naiwność i niewinność, świeżość wdzięczności dla grzecznego gestu sąsiada.

Dostrzec w starej, znanej nam twarzy uśmiech młodej dziewczyny i to dostrzec tak, że wyda się on jak najbardziej realny, dobitny, że przez błysk chwili ten uśmiech zajmuje całą twarz, staje się nią w pełni – jest doznaniem głębokim, fundamentalnym. Nie tylko pięknym, lecz właśnie fundamentalnym, dotykającym istoty wszystkiego, naszego tutaj życia, jednak nie chciałbym tego i pewnie nie umiałbym – wiedząc, że dotykam niewypowiedzianego, mając nadzieję, że dotykam – sprecyzować. Przez chwilę nie ma nic innego niż ten uśmiech, to jest istota wszystkiego; rozgrywa się w tej scenie niepojęta negocjacja między życiem a śmiercią, i wobec tej negocjacji stajemy jak wryci. I niemi, bez słowa.

Ale też jeszcze coś. Czytanie twarzy jest nieskończone, bo twarze dają nam wciąż jakąś możliwość, wyostrzają nasz wzrok. Nie umiałem tego dobrze wypowiedzieć, póki nie przeczytałem wspomnienia o Alberto Giacomettim, wielkim szwajcarskim rzeźbiarzu i portreciście. Alberto Giacometti rysował twarze przez całe życie; jego natchnieniem bywały też łagodne twarze Etrusków i gdy zwiedzałem niedawno wystawę mu poświęconą, a dokładniej jego związkom z etruską sztuką, przypominałem sobie przy niektórych rysunkach o mojej Łagodnej. Jego brat Diego w swych wspomnieniach tak opowiada o ostatnich chwilach Alberta, który na łożu śmierci wpatrywał się uporczywie w obecne wokół twarze: „Wydawało mi się, że jeszcze rysował: oczyma. Po raz ostatni walczył z grozą, jaką czujemy wobec pustki, która otacza każdego z nas w przestrzeni. Po raz ostatni próbował; próbował, jak co dzień, wydobyć z tej samej jednej twarzy wciąż coś nowego".

Bo czas, zanim wyda nas ostatecznej pustce, zalega w twarzach. Wciąga nas w twarze naprzeciw; w nich czujemy najlepiej jego żywioł i rozpędzone życie, które czas zgodnie ze swym widzimisię niesie, póty mu się chce. I zarazem twarz, choć zdana na jego łaskę,

75

stawia mu opór i z nim – na jeden błysk naszego w nią zapatrzenia – wygrywa, ujawniając coś, co ją odróżnia od niej samej, jak nieoczekiwany, nieprzewidziany, nieuwzględniony dźwięk w precyzyjnie zapisanej przecież suicie.

8

Fotos z Dominique Sandą przepadł gdzieś w codziennej zawierusze. Dlaczego go nie zachowałem, zgubiłem go, czy może wyrzuciłem wraz z dzienniczkiem i innymi szpargałami w chwili buntu, gdy zdawało mi się, że już jestem „dorosły"? Przez dziesiątki lat już o Sandzie nie myślałem, dopiero teraz, pisząc o niej, zerknąłem na jej biografię, by sprawdzić, co się z nią stało. Już nie gra w filmach, czas temu wyszła ponownie za mąż, za argentyńskiego artystę, i rzuciła Europę dla Ameryki Południowej, dla Argentyny, Buenos Aires, Mendozy. Podoba mi się, że właśnie dla Argentyny, „po gombrowiczowsku"; raz podczas karnawału ujrzałem w Mendozie pół miasta tańczącego na wielkim skwerze tango z błękitnymi chusteczkami w dłoni, mężczyźni i kobiety poruszali się z wielką gracją, niemal uroczyście, teraz i ją tam wśród tańczących widzę.

Wyrzuć coś drzwiami, poucza wyrażenie (polszczyzna wymyśliła to przed Freudem), a wróci oknem. Pewna dobra dusza, której opowiadałem kiedyś o Dominique, wyszperała gdzieś w archiwach tamto zdjęcie i niedawno mi przysłała. Z lękiem rzuciłem na nie okiem, odetchnąłem z ulgą, jednak piękna twarz. Strata się odnalazła, zdjęcie znowu leży w biurku pod jakimiś szpargałami, starymi mapami okolic Paryża. Wciąż mi się teraz wydaje, że tę twarz gdzieś jeszcze widziałem, wcześniej, nim ją zobaczyłem, a może później. Nigdy nie kończyłem żadnej opowieści happy-endem. Teraz chyba próbuję.

Balkon

Byłam dziewczyną, byłam późną godziną, strużką deszczu na asfalcie, byłam pomarańczowym ślimakiem na ścieżce. Miałam dwadzieścia, trzydzieści, czterdzieści lat, miałam bluzkę niebieską i żółtą spódniczkę, miałam kolczyki na łodyżce, miseczkę do płatków owsianych. Trącałam liście na drzewach, piłam kwaśne mleko, chuchałam na szyby, siedziałam na murku, piasek sypałam w piasek. Szłam przecinką, wydmą, plażą.

Przez długi czas kładłam się spać wcześnie. Ojciec pochylał się nade mną, mówił: – Będziesz dzisiaj, Olgo, dobrze spała. – Ostatnie słowo wymawiał miękko, dobrotliwie, z nagłą zachłannością, jakby dotykał ciastka.

W lipcowe i sierpniowe popołudnia przemykali cicho, cienie własnych ciał, cienie moich drzew, i kładli się w pobliżu; koce się zapadały, leżaki w ogrodzie, kozetki na werandzie trzaskały przez chwilę niczym świeżo rozpalony ogień. Śpieszyło im się do snu, tak jak mnie śpieszyło się do jawy, i powietrze aż gęstniało, przelewało się z pustego w pełne i czułam jego pieprzną, miętową woń. Nie spali jeszcze, lecz już tam chcieli być, układali dłonie tak, by przytrzymać tułów, ukoić skórę, by własnym dotykiem przekazać sobie samym znak, że to teraz, właśnie teraz, że teraz wreszcie. Zamykali oczy, długie rzęsy matki kaleczyły miękkie światło na twarzy, policzki ojca się wygładzały, wyglądali na śpiących od dawna, od zawsze.

Patrzyłam w niebo, w oszklone kopuły, widziałam klucze ptaków, ich dywanowe przeloty, widziałam murki, krzewy, płoty, wysuwałam źrenice jak peryskopy z ciemnej toni. Wyglądali na śpiących, choć jeszcze przez chwilę nie spali, jeszcze snu szukali, i myślałam, dlaczego, chcąc zasnąć, muszą najpierw pokazać, że śpią? Dlaczego, chcąc zasnąć, należy najpierw pozorować sen? Odegrać jego nadchodzenie? Wreszcie i ja zasypiałam, ustępowałam z siebie, stawałam się jak oni mięsistym powidokiem, pasmem jaśni nad własnym ciałem i pasmo wędrowało, łączyło się z oddechem matki i ojca, i napinało niczym struna; byliśmy przez chwilę jednym niemym dźwiękiem, wspólnym dźwiękiem w środku świata. Nie widzieliśmy, więc nie byliśmy widziani, jak obecny, lecz niewidoczny jest pierwiastek w kamieniu. Tak trwaliśmy, oni i ja, my, małe tchnienie ciepła w mineralnym chłodzie ziemi. Punkcik wewnątrz horyzontu, kręcącego się dookoła, i powtarzającego, powtarzającego, swe obroty.

Jesienią wraz z powrotem do miasta obraz pękał, sny się rozdzielały i wracały światy własne. Granica między piekłem a rajem stawała się tak wyraźna, od października do późnego marca. Przez długi czas kładłam się spać wcześnie. Ojciec pochylał się nade mną, mówił: – Będziesz dzisiaj dobrze spała.

Nie spałam, powoli wsiąkałam w pokój, doklejałam się do ściany. Niebieskie, nerwowe smugi telewizora lizały podłogę; czasami udawało mi się uchylić drzwi i widziałam odbicie ekranu w szkle szafy, sylwetki starszych mężczyzn i kobiet, którzy mówili coś do siebie i rozchodzili się gwałtownie na boki, podczas gdy nieprzyjemna, dudniąca muzyka zastępowała słowa. Jeszcze chwila, dwie i nadchodziła dziesiąta, błysk z fabryki stojącej naprzeciw okna nagle gasł. W pokoju robiło się całkiem ciemno, meble korzystały z mroku, by poluzować kanty, jeszcze słyszałam tramwaje uciekające ku – słowo brzmiało tajemniczo, w słowie mieszkał potwór – zajezdni. Tyle teraz było przede mną, tyle godzin do przetrwania w zakleszczeniu kołdry. Fabryka, niema i mroczna, stała blisko, naprzeciw, jak wielka buda dybiąca na mój sen.

Byłam piskiem, byłam wirem, lizakiem na patyku. Miałam konchę z plaży, flet w zamszowym futerale, cztery garście soli. Szłam przed siebie, jadłam pączka, wypluwałam lukier w noc.

Wreszcie, czas później, polubiłam spanie. Kładłam się, przykrywałam po szyję, odwracałam na bok, dłoń zasłaniała dłoń, szybko przymykałam oczy. Udawałam, że śpię, aż w końcu zasypiałam. Chciałam leżeć jak najdłużej, dziecko ze mnie odchodziło.

Światło w fabryce naprzeciw zapalało się punktualnie o szóstej rano. Jak w szwajcarskim zegarku, mówił ojciec. To nie była fala, a ledwie poświata, nieznaczna zmiana na ścianach, lekkie przebarwienie. Błysk nadchodził, wypełniał usta mdłym budyniowym smakiem i już, byłam tutaj, od razu cała w tej bladej godzinie. Niekiedy budziłam się nawet wcześniej i wyczekiwałam go; słyszałam wówczas jego zapowiedź, odgłos toczonego wózka i szczęk butelek z mlekiem rozkołysanych na nierównym bruku. To nie było hałaśliwe, coś jak wstydliwa próba głosu w nieskazitelnej ciszy, do której po chwili dołączał równie nieśmiało pisk pierwszego tramwaju; już nie dawało się uciec z powrotem w noc.

Po chwili docierała z kuchni stłumiona muzyka, spiker liczył do dziesięciu, lecz ojciec, wiedziałam, nigdy nie robił gimnastyki, co najwyżej nucił głośno cyfry, matematyczną arię, o-o-osiem; smużka białego światła przeciskała się pod drzwiami i łączyła z fabrycznym lśnieniem. Kuliłam się pod pościelą, by jak najmniej oddać z siebie, przechować jak najdłużej w brzuchu i stopach ciepło nocy, i czekałam, aż pojawi się jakiś znak, który jak po potopie oznajmi, że teraz już można, że można już wstać.

To wszystko. Pracowali, wracali, robili kolację. Niekiedy, „od wielkiego dzwonu", mówili, szli do restauracji. Marzyli o wyjeździe na wyspy. Oglądali atlasy, wieszali mapy w toalecie, najpierw na próbę, wreszcie z przekonaniem. Udawali, że to ich pasjonuje, chcieli mieć jakieś własne, inne niż wszyscy hobby, później pasjonowali się tym naprawdę, zbierali albumy, w soboty powtarzali „Azory" albo „Wyspy Zielonego Przylądka", najczęściej „Korsyka". Wynajmowaliby tam willę z białego kamienia, jeździliby co rok zamiast tu na wieś, wieczorami jedliby świeże ryby. Patrzyliby na zachód słońca nad zatoką i ośnieżone szczyty w oddali. Piliby zimne drinki.

Mijali się; ojciec zostawał w szpitalu, matka lubiła patrzeć przez okno. Zdarzało im się chodzić do teatru, nie rozmawiali o tym, co widzieli. W piątki wieczorem ojciec schodził do piwnicy po kartofle; wracał z dziwnie tryumfalną miną. Dwa razy w roku zapraszali gości; wieczory zaczynały się nieśmiało, udawali, że wydają przyjęcie, pierwsi wznosili kieliszki, pokazywali, że im smakuje, potem śmiali się ze wszystkimi i głośno mówili, na koniec tańczyli. Odgrywali, że żyją, po to, by naprawdę żyć; w pewnej chwili przekraczali niepostrzeżenie granicę i naprawdę żyli, porzucali pantomimę, śpiewali gromko sto lat, szurali butami po parkiecie, po walcach pozostawały koliste smugi. Raz w miesiącu wybierali się na bazar; przynosili jabłka, czasami porcelanowe figurki. Później chorowali, serce i serce, matka odeszła nagle we śnie, ojciec umierał długo. Pochylałam się nad nim, podciągałam mu kołdrę, będziesz dzisiaj dobrze spał, mówiłam.

Bo cóż ja? Byłam dziewczyną, byłam późną godziną, strużką deszczu na asfalcie, byłam ślimakiem na ścieżce. Miałam pięć, piętnaście, pięćdziesiąt lat, miałam wachlarz kościany, buty na obcasach, śniegiem malowałam szyby.

Czy coś jeszcze? Pewnego dnia, gdy zostałam sama w domu, zamknięta na dwa zamki i łańcuch, usłyszałam dzwonek, nie ten podwójny od sąsiadki. Nie wolno było mi otwierać, lecz otworzyłam, bo przecież kogut nie dzwoni dwa razy. Rzeczywiście, coś gdakało, po chwili kręciło wystraszone łbem, trzepotało się w czyjejś dłoni, a nad nim coś innego, bardziej ludzkiego, mówiło: – To dla pana doktora w podzięce, pewnie nie zastałem.

Czapka z brzucha powróciła na głowę, spojrzałam wysoko, znałam ten wąsik, chłopi jesienią zwozili furmankami kartofle i patrzyli w górę, ku oknom, zsuwając czapki z daszkiem, ile się dało, do tyłu. Ale kogut, bardziej kogucik, już podrygiwał w przedpokoju, wyraźnie szykując ucieczkę, i szybko zatrzasnęłam drzwi.

Więc uciekał. Rozpędził się, wzleciał, wyhamował na fotelu, na stoliku zagiął pazur. Strącił wazon, oczywiście, dziabnął gazetę, od jego panikarskiej krzątaniny cały pokój zabarwił się na rudo i brązowo. Wszystko fruwało, podskakiwało, kogut prowadził, ja goniłam i przeszło mi na myśl, że tańczymy, że on gdacze, a ja podskakuję, że on wskazuje drogę, a ja docieram i nie wiedziałam, czy kogucik jest wrogiem czy kimś bliskim, ale po chwili pogoń stała się zabawą bez opamiętania, durnym, śmiesznym pędem, chichotem żeby jeszcze więcej, przeto przeleciał nad wersalką, zawirował wokół stołu i można dać było wszystko z siebie, bo był piłką do gonienia, żywą kredką do chwycenia, pióro pióro pióropuszem, rozbieganą wiązką barw.

Wleciał na balkon, zwabiony jaskrawym światłem. Dalej, oby dalej, wreszcie swojsko, żywy tlen. Spojrzał w dół przez pręty, znieruchomiał, to nie była jego grzęda. Stanęłam za nim jak w elementarzu albo jak w bajce, on i za nim pastuszka. Słońce rozgrzało już poręcze i czułam w powietrzu ciepło metalu. W fabryce również otworzono wszystkie okna, na parapety wyległy ręce, dziesiątki rąk, setki palców z papierosami, których rozżarzone końce sterczały beztrosko, doceniając kanikułę. Kobiety, stłoczone głowa przy głowie, z rozpiętymi do staników bluzkami, kopciły wesoło, śmiejąc się, chichocząc, coś wykrzykując do przechodniów, ramiączka odklejały się raźno od ciał. Po raz pierwszy zobaczyłam je wszystkie razem, w takim stłoczeniu, szczęśliwym zgromadzeniu; chłonęły dzień, rozpierały sobą okna, fabryka była płucem, falującym biustem, wylęgarnią białych ciał, prowadziła całą ulicę w stronę lata i patrzyłam na tę żywą fasadę jak urzeczona. Kobiety spostrzegły dziewczynkę z czymś małym u stóp, ptaszyskiem kolorowym, bezsensowne spotkanie żywego z żywym na platformie balkonu. Śmiały się, a później machały przyjaźnie i papierosy między palcami wzlatywały i opadały w geście błogosławieństwa. Odmachnęłam im jedną dłonią, a później dwiema naraz, z całej siły, szeroko, jakbym chciała wzlecieć na swych wąskich skrzydłach.

Przez długi czas kładłam się wcześnie. Ojciec pochylał się nade mną i mówił: – Będziesz dzisiaj dobrze spała.

Byłam wzgórzem, białym groszkiem, tra la la la konwalijką. Miałam sześć, szesnaście, sześćdziesiąt lat, miałam misia, dwie pończoszki, szłam uliczką, miedzą, lasem.

Werwa i drżenie

1

Minęło już parę lat, niektóre obrazy z Rio się zamazują, lecz ten jeden powraca jak konieczność. Na sambadromie na razie się uspokoiło, co najmniej na pół godziny zapanowała cisza, która leczy rozdrażnione bębenki, po białej tafli przemykają w pomarańczowych wdziankach sprzątacze, dziesięciu, dwudziestu, za chwilę pięćdziesięciu. Z miotłami, z szufelkami, na elektrycznych wózeczkach-odkurzaczach podobnych do samochodzików z wesołego miasteczka. Spychają cekiny, świecidełka, wstążki w kupki, które zaraz znikają w wielkich plastikowych torbach albo we wnętrznościach maszyny. To fantastyczne, ile kilogramów odpadków jedna szkoła może zostawić na tafli. Niekiedy któryś z kierowców odkurzacza zakręci dla zabawy piruet, albo chłopak z miotłą wykona parę tanecznych gestów – czysty choreograficzny majstersztyk, za dobry na najlepszy polski musical. Zrywają się na chwilę oklaski, każdy tu mógłby być gwiazdą, każdy ma te ruchy w sobie tak, jak ma się oczy i język, i znowu jest cicho, lekki tylko gwar, z lóż na dole dochodzi brzęk szkła i stukot wsypywanego do szklanek lodu.

I wtedy, nagle, w oddali, gdzieś na niewidzialnym początku trasy, rozlega się nieprawdopodobny rumor. Po chwili coś można już rozpoznać, coś wali jak oszalałe i próbuje walić jeszcze bardziej, coś rozrywa spokój z trzaskiem pękających gór, coś rusza z takim hukiem, jakby nie mogło już dłużej niczego tłumić, dłużej powstrzymywać swego nadchodzenia, i wreszcie przerwało tamę. Jeśli ktoś nie wie, czym jest początek, to znalazł się we właściwym miejscu. W sferze faktów to po prostu kolejna szkoła samby inauguruje swój pochód przez sambadrom, rozpoczyna co najmniej półtoragodzinny przemarsz. W sferze odczuć to trąby zdolne obudzić zmarłych na Sąd Ostateczny, to lawina i potop, to nowe życie, które daje o sobie znać w tak przemożny sposób, że chce się natychmiast, od razu i bezwarunkowo z nim płynąć, być w nim aż po szyję, zapomnieć o bożym świecie, a nawet o własnym nazwisku, i trwać w uniesieniu, pół metra nad ziemią.

Za dwie godziny ruszy nowa szkoła, a po następnych dwóch kolejna. Choć bajecznie wymyślone, defilady będą ostatecznie, o piątej nad ranem, po siedmiu godzinach maszerowania, nieco nużyć. Ale ten pierwszy dźwięk, którym zwiastują swoje nadejście, jest nieprzeparty, mocniejszy niż milion dzwonków do drzwi. To się nie tylko słyszy, tego się smakuje żarłocznie, całym sobą, jakby uszy stawały się bramą ust, bo to jest werwa, najpiękniejszy smak. Drżymy, ruszamy w stronę barierki, początek przenosi się w nas, zaczynamy sami podskakiwać, wypatrywać, rozgrzewać wzrokiem miejsce, w którym *sambistas*, majaczący już na horyzoncie, zaraz się pojawią.

W liczbach to dwie noce, po sześć szkół na jedną. To osiemdziesiąt tysięcy ludzi, stłoczonych na pionowych trybunach mieszczących się na początku i końcu dwukilometrowej kiszki sambadromu, i paręnaście tysięcy innych przechadzających się i pijących caipirinhę w paropiętrowych, centralnych boksach, wynajmowanych przez firmy; w boksie sąsiednim, obok mojego, siedziała tamtego wieczoru Madonna, a raczej stała i też podskakiwała. To od tysiąca pięciuset do ponad dwóch tysięcy tancerzy i innych uczestników na jedną szkołę. To kilkunastu jurorów oceniających występy; część siedziała akurat naprzeciw mnie, po drugiej stronie sambadromu, czyli toru, który ma nie więcej niż trzydzieści metrów szerokości. Gdy szkoła przechodzi, niektórzy jurorzy nie wytrzymują, wstają z miejsc, machają łapami, to oznaka ich obiektywności, najwyżej podskakuje sędzina od oceny figur tanecznych; wygląda jak kobieta dobrana przez Felliniego, ale jeszcze pomnożona przez tysiąc hamburgerów. To wreszcie setki porządkowych i pracowników obsługujących imprezę, wszystko działa niemal jak w zegarku; tamtej nocy wyglądało na to, że nie ma co obawiać się chaosu w czasie igrzysk olimpijskich w roku 2016.

W moim boksie biali mężczyźni robią sobie fotografie z niemal nagimi brunatnymi tancerkami wynajętymi przez firmę ich zapraszającą; próbują podrygiwać jak one, wymachują szklankami z caipirinhą; są nieco żałośni, ale teraz o tym zapominają. Dziewczyny są profesjonalnie zwierzęce, ich łydki napinają się do zdjęcia jak pęciny, wysokie obcasy, niby niespokojne podkowy, szurają przez chwilę po podłodze, póki nie znajdą odpowiedniego położenia; dopiero teraz można pstrykać. Dobrze, że faceci noszą choć karnawałowe kapelusze (mój jest zielony jak limonka w mojej szklance) na łysinach, przez pierwszych parę godzin, gdy jest się jeszcze w uniesieniu, wydaje się, że doprawdy nie ma tu miejsca na brzydotę. Kiedy pierwsza szkoła rozpoczyna przemarsz, wszyscy – wobec takiego natężenia barw, dźwięków, nastroju – stajemy się zresztą dziećmi, wszyscy wskrzeszamy w sobie zapomniany dziecięcy zachwyt na widok obrazków przed oczyma. Tak, warto było tu się wcisnąć, aż tutaj zawędrować, żeby wreszcie zrozumieć niektóre wyrażenia, przekonać się, dlaczego mówimy „pożerać wzrokiem" albo „chłonąć całym ciałem".

Idzie więc pierwsza szkoła, União da Isla, nowicjusze w ekstraklasie, lewituję z przejęcia. Zapominam, że to nie tylko karnawał, że to również są zawody, ostra konkurencja, i że debiutujący nie mają większych szans na zwycięstwo, gdyż i tu obowiązują niepisane rankingi prestiżu jak, dajmy na to, w konkursach festiwalowych. Szkoła musi się otrzaskać, za rok, za dwa, jej pozycja się umocni; oby tylko utrzymała się w ekstraklasie, bo i tu, niczym w lidze piłkarskiej, najniżej ocenione szkoły spadną, a ich miejsce, i prawo do przemarszu na sambadromie, zajmą jedna czy dwie aspirantki z niższej klasy. Poza superklasą, którą oglądamy, klas jest pięć, od A do E; w sumie ponad osiemdziesiąt szkół podejmuje co roku rywalizację.

Podchodzą już blisko, pojawiają się zwiastuny, jakieś wbiegające jak po ogień sylwetki i szereg oficjeli szkoły, jej duchowe czoło, przedfala tsunami, czyli tak zwana komisja frontowa, za której szyk i grację już można dostać parę punktów, i zaraz za nimi pierwsza ważna para, niosąca banderę szkoły; to już się bardzo liczy i oddzielnie ocenia, prezentacja flagi danej szkoły jest jedną z kilku najważniejszych punktowanych figur. Podobnie jak za chwilę przemarsz ogromnej grupy perkusyjnej, prowadzonej przez jej własną królową, *rainha de bateria*, obnażoną piękność, która genialnie rozwiązała zagadkę: jak się ubrać, żeby nie mieć nic na sobie; w zapowiedziach *rainha* występuje z imienia i nazwiska, choć niekiedy, odnoszę wrażenie, jest po prostu panną Silicone.

Ale zanim nadejdą bębny, już sunie pierwszy wóz. Czyli to, co najczęściej w krótkich migawkach podczas dzienników telewizyjnych ogląda reszta świata. Na wozie albo, jak kto woli, platformie, znany widok, roztańczone sylwetki, nieznośnie lekkie kariatydy, machające i zarzucające biustem na wszystkie strony, jako swym gestem ewidentnie podstawowym. Niekiedy na pozycji czołowej, najwyższej, sunie pierwsza dama wozu niczym rzeźba na dziobie okrętu albo jak bóg Ra, słońce niesione przez niewolników. To po królowej perkusji kobieta najpiękniejsza, szczodra, jeśli szczodrość mierzyć skąpstwem stroju. Obok tony kwiatów, wszelkie barwy tego świata, plusze, wstęgi, migające żaróweczki, wszystko faluje, błyszczy, przetacza się, wibruje, jakby martwe

natury galanterii dostały nagle palpitacji. Ogromny wehi-
kuł, popychany przez chłopców w kombinezonach, oble-
piony tkaninami, piórami, balonami, brokatami, kwiatami, wjeżdża literalnie w oczy; nasycenie jest tak wielkie,
że wydaje się ono w nagłym błysku iluminacji (ale to już
druga caipirinha) dokładnym przeciwieństwem nicości,
wreszcie udaną kpiną z niebytu, która tłumaczy lepiej
niż wszelki Leibniz, dlaczego istnieje raczej coś, niż nic.

Tak wygląda podstawa każdego wozu, który przeje-
dzie, feeria barw, piersi, brokatu, neonów i pióropuszy,
ale cała reszta to inwencja szkoły. Przecieram oczy ze
zdumienia; na pierwszym wozie leżą wielkie otwarte
księgi, których strony przerzuca mechaniczny wiatr, na
okładce napisane półmetrowymi wołami: Don Quijote.
Sam Cervantes pojawi się na wozie ostatnim; wielki, kil-
kunastometrowy olbrzym, będzie patrzył z pobłażliwym,
dobrodusznym uśmiechem na wytwory wyobraźni, które wyleciały z jego głowy na taflę sambadromu. Idzie stu
pięćdziesięciu Sancho Pansów identycznie ubranych; idą
dziesiątki Dulcynei, cwałują Rosynanty i, skoro w końcu o Hiszpanii mowa, idzie dwieście byków i dwustu
torreadorów, sto tancerek flamenco i stu piłkarzy Realu
Madryt. Wszystko przy dźwiękach jednej, powtarzanej
w kółko, lekko histerycznej melodii i jednej piosenki,
oddzielnie ocenianej. I wszystko pod kontrolą policyjnej
i technicznej części szkoły. Czyli około dwustu, ubranych w barwy szkoły osób, które w trakcie pochodu czu-
wają nad jego przebiegiem: pilnują rytmu, równego kroku każdej podgrupy, dyrygują tempem przesuwania się,
pokrzykują, nawołują, komunikują się między sobą przez

teleporty. Kiedy jest dobrze, same wpadają w taneczny trans, gdy coś się rwie i krok się gubi – a przy takim tłumie tancerzy to nieuniknione, gaszą pożar panikarską gestykulacją; można przez chwilę odnieść wrażenie, że to treserzy nadzorują ruchy stada.

Wreszcie przemarsz się kończy, ale szkoła jeszcze się przetacza, w ogonie pojawiają się kolejni oficjele, dyrektorzy, kompozytorzy, reżyserzy, kreatorzy, zasłużeni tancerze lat przeszłych, niekiedy na wózkach inwalidzkich, przyjaciele szkoły, krawcy, inżynierzy i ich dzieci, cały ogromny dom jednej wspólnej sprawy.

Mówię wóz czy platforma, lecz to przecież alegoria (czyli *alas*) i zarazem ważna w punktacji kategoria, dla widzów najbardziej spektakularna. Tak to się nazywa oficjalnie, każda szkoła ma prawo do maksimum ośmiu *alas*; każda alegoria jest – nie licząc roztańczonych nagusek – kompletnie inna. Przypomina mi się (trzecia caipirinha) piramida z sześciu gimnastyków defilująca 1 Maja przed Gierkiem, tak, i my mieliśmy swój transmitowany na cały kraj karnawał, konstrukcje z gibkich ciał w białych podkoszulkach.

Niektóre alegorie wpadają w paroksyzm kiczu; ten wielki pluszowy lew mógłby ryczeć sobie gdzie indziej, choć i tak jest wspaniały. Inne wydają się kunsztownymi instalacjami; do historii karnawału *carioca* (czyli tego najważniejszego w Rio) przeszła alegoria, będąca dokładną kopią biblioteki księżniczki Izabeli, w której podpisano akt zniesienia niewolnictwa. Nie na darmo świat ceni brazylijskich architektów i inżynierów; pomysłowość w konstrukcji alegorii jest niebywała, pod spodem, we wnętrzach wozów, musi siedzieć sporo komputerów najnowszej generacji i mieścić się studio przekładni i trybów, skoro wozy falują, unoszą się i opadają, skoro wyrastają z nich i zapadają się ściany. Wyglądają w swych bajecznych iluminacjach jak pokojowo usposobione pojazdy nieformalnych armii, oniryczne wieloślady, bardziej wyśnione niż wykoncypowane.

Teraz już wiem, każda szkoła opowiada inną fabułę, która ma swój oficjalny temat w postaci sentencji, *enrado*. Rok po moim karnawale, czyli w roku 2011, zwycięska Beija-Flor anonsowała swój temat jako: „Roberto Carlos, prostota króla". Moi don kiszoci, którzy z historią Cervantesa zajęli przedostatnie miejsce w grupie w roku 2010, rok później – śledziłem wyniki w prasie – trwali ostro przy wielkiej humanistyce, biorąc za temat „Misterium życia". Alegorie-platformy są jak tytuły rozdziałów albo ich streszczenia, a między nimi – te wszystkie defilujące grupki po pięćdziesiąt, sto, dwieście osób, identycznie ubranych; te pojedyncze, wyjątkowo ustrojone, przepysznie wypindrzone postacie, przechadzające się między grupami jak koguty dumne ze swej osobności; te oskrzydlające, niewielkie oddziały szybkiego reagowania, przemykające swobodnie po torze – rozwija się narracja.

Kolejna po don kiszotach szkoła, którą widziałem, Viradouro (zleci na pysk z ekstraklasy), przedstawi dzieje meksykańskiej malarki Fridy Kahlo: będą nie tylko alegorie, będą też żywe inscenizacje obrazów, ale też piraci i Johnny Depp. Następna, słynna Imperatriz, opowie o religiach świata (przez tor przemknie dwustu mahometan, tyluż żydów, protestantów i katolików, buddystów i animistów), dochodząc do wielkopomnych wniosków: wszystkie religie są godne szacunku i wszystkie są sobie równe, zwłaszcza na pięknej brazylijskiej ziemi, skoro sentencja tytułowa brzmi „Brazylia wszystkich bogów".

Zwycięska szkoła Unidos da Tijuca – która rusza z tak nieprawdopodobną werwą, z takim niewiarygodnym hukiem i impetem, że czuć od razu jej wyższość, trybuny szaleją od pierwszych taktów, gruba sędzina dostaje amoku – przedstawi bliżej niesprecyzowane dzieje ludzkości od Kleopatry przez katastrofę Atlantydy, poszukiwanie świętego Graala po Michaela Jacksona. Całe to pomieszanie czasów, całe to historyczne towarzystwo, rycerze i popgwiazdy, a po drodze jeszcze mafiosi w kilkudziesięciu autentycznych kabrioletach, i narciarze-batmani, którzy zjeżdżają po stoku na jednym z wozów-alegorii, wyjdą z magicznego pudełka, gdyż to „Sekret dziejów" jest naczelnym hasłem tego pochodu. W introdukcji przemarszu Tijuca wystawi niesamowite czarodziejskie sztuczki, suknie pań będą się samoczynnie zmieniać w tańcu z długich na krótkie, z zielonych na żółte, króliki będą wyskakiwać z meloników, płaskie ściany będą wypluwały z siebie kolejne sylwetki tancerzy.

2

Wszystkie opowiedziane fabuły dążą do jakichś humanistycznych wniosków, ogólnych przesłań do ludzkości i gubią się nieco w feerii użytych elementów, lecz mogą być dla ostatecznych wyników decydujące. Czułem od początku, że Portela, szkoła wysoko ceniona, maszerująca drugiej nocy jako trzecia, źle trafiła ze swym założycielskim pomysłem. Opowieść o tym, jak świat się zmienia i staje z wolna wirtualny i fatalnie, ale też cudownie technologiczny, nie mogła rozgrzać wyobraźni tak bardzo, jak grupa zjazdowców na igelicie ze skrzydłami nietoperzy, ilustrująca kolejne obroty dziejów. Szkoła ostatecznie utrzyma się w ekstraklasie, lecz furory nie zrobi, mimo że na ekranie wiezionym przez wóz-alegorię widzowie mogli odczytywać w czasie realnym wysyłane przez siebie SMS-y; pomysł zadziałałby może dziesięć lat wcześniej. Rok później, Portela pójdzie po rozum do głowy i wybierze jako temat bezpieczne „Rio, błękit morza". Ale Porteli będę i tak zawsze dopingował, śledził z mojego warszawskiego kapcanowa jej wyniki, klęski i sukcesy. Bo to moja szkoła.

Podeszli do mnie jak książę do Kopciuszka, spojrzeli na rozmiar buta. Potrzebujemy cyberludka, powiedzieli, brakuje kilku. Skąd do licha wiedzieli, nie mogli lepiej trafić. Przynieśli stroje. Cyberludek internauta, ale też cokolwiek hokeista, po pół godzinie spędzonej w szatni miałem na sobie dobrych osiem kilo tkaniny i metalu plus hełm, z którego zwisały srebrne anteny, trochę, schlebiałem sobie, jak macki Meduzy na obrazie Caravaggia. Halo, tu Foka 1, Foka 2 zgłoś się, na Syriuszu znowu wysiadł twardy dysk... Całość kosmiczno-błękitna, w tradycyjnych barwach szkoły, z wielkimi epoletami, z ogromną blachą na piersiach, na blasze napis samba@samba.br, z botkami, jeśli nie siedmiomilowymi to o rozmiarze 47, i wszędzie powtykane jakieś antenki, srebrne niby-nóżki, wszędzie ponaklejane gwiazdy, jeszcze srebrny pas, jeszcze trzy pryśnięcia farbką i byłem gotów do parady. Że kompletnie samby nie umiem? Machaj i idź, wystarczy – zapewnili.

Doszliśmy na odległe miejsce zbiórki, odnalazłem swoją drużynę, gdzieś między piątą a szóstą alegorią, cyberludków, jak ja, była dobra setka, obok zbierały się telefony komórkowe, za nami przykucnęły klawiatury, gdzieś dalej bezprzewodowe wi-fi. Personel szkoły biegał szaleńczo z aerozolami i śrubokrętami; psikał, dobarwiał, poprawiał, wciąż nawalały samoczynne światełka powszywane w stroje i kombinezony, jakby na złość tematowi opowieści. Noc była upalna, po półtorej godziny czekania w strugach potu i poprawiania wyglądu wreszcie bębny rąbnęły, głowa węża drgnęła, pierwsza alegoria naszej szkoły, dobry kilometr przed nami, ruszyła – jeszcze 30 minut i my dotarliśmy do toru. Z półmroku wtoczyliśmy się w ostre światło, zobaczyłem zbity tłum na pierwszej, ostrej jak ścianka trybunie i pomyślałem o Kubicy. Coś się spełniło, śmiałem się do siebie, powiedzmy połowa; pozostała druga. Zagrać na Maracanie.

Zamachałem rękami, podniosłem jedną stopę, drugą, hopsasa. Szybko stało się jasne, że będzie więcej dreptania w miejscu niż parcia do przodu. Dwa kilometry sambadromu zabrały nam niemal dwie godziny, jeszcze nigdy tak mało nie zrobiłem w tak długo. Nie wiem, co odtańcowywałem, łącząc przytupy oberka z ogólnotanecznym wirowaniem palcami, rozpaczliwym wsadzaniem dłoni w powietrze, kręceniem kolanami pierścieni Saturna. Prawdopodobnie swoje niedowierzanie przede wszystkim, kosmiczne zdziwienie, że tu jestem, że dotykam tej białej tafli, że szczerzę się do przemykającego obok kamerzysty z telewizji publicznej, która na żywo przekazuje całej Brazylii moją wirtualną (no, wreszcie to słowo pasuje) sambę, że ja, Polak mały...

Kroczymy, w moim szeregu wyjemy, krzyczymy ze śmiechu i trochę śpiewamy, refren powraca uporczywie jak tarcza piłowa, widzę ludzi w boksach, którzy się wychylają, pozdrawiają, gdzieś tam klaszcze z rozpędu Madonna. Idę blisko bandy, po raz setny powtarzam ten sam obrót ręką i czuję, że to jest gest mojego życia, najlepszy, jaki mógł mi się zdarzyć, pot spływa nawet nie kroplami, lecz całymi strumieniami, wylałem z siebie już wszystkie caipirinhe, teraz wylewam z siebie resztę, skoro składamy się głównie z wody, i znów kolejne przytupasy-obertasy w rytm samby, dopiero pół godziny, trzeba wytrzymać, opiekunowie cyberludków wyznaczają tempo, podgrzewają okrzykami i gestami, jeszcze więcej entuzjazmu i nie tak szybko, bo wpadniemy na alegorię. Nie wiem, co się dzieje wokół w mojej dzielnej szkole, co jedzie na platformie, jak się mają klawiatury z tyłu, drepczę, wbijam stopy w biel z całej siły, lecz z każdą nową strużką potu topnieję, niewiele zostało we mnie z całego dotychczasowego istnienia, chyba nic, to jakiś obcy, cyber czy nie cyber, ale wolny i szczęśliwy człowiek przejął w mym wnętrzu kontrolę, o istnienie w roli głównej, o nieziemska słodyczy, o błoga nocy, o królowo wszelkiej możliwości.

Dochodzimy na wysokość mojego boksu, kątem oka widzę przyjaciela z aparatem fotograficznym, który napiera na barierkę, by uchwycić przebierańca w przelocie, szuka mnie rozpaczliwie wzrokiem, próbuję się podsunąć, niech mnie uwieczni i do szczętu skompromituje moją obecność na ziemi, lecz porządkowy zawraca mnie krzykiem, wyłamałem się z szeregu, naruszyłem rytm, *so sorry*, Madonna. Jeszcze trzy kwadranse dreptania, coraz trudniej tańczyć, mijamy kolejne boksy, wreszcie dochodzimy do końcowych trybun, czuję ich nieco ospałe przyjęcie, czuję, że szkoła nie ma szans na sukces, ale jeszcze jeden wysiłek, jeszcze parę machnięć dłońmi, jeszcze parę dumnych puknięć pięścią w blachę samba@samba.br, jeszcze ostatni reflektor i zbliża się strefa cienia, koniec.

Koniec i nagle wszystko pęka, mieszają się szeregi, telefony komórkowe z klawiaturami, oddziały napierają na siebie, chaos, duszno, gorąco, dyżurni z wielkimi kanistrami rozdają wodę, piję łapczywie, rozglądam się, myślałem, że już nic mnie nie zdziwi, że swoje przeszedłem, a jednak. Bo jeszcze dwa kroki i widzę po bokach ogromne, bezładne kupy strojów, hełmów, przyłbic, rekwizytów, wszystkie szkoły samby nagle połączone we wspólne wysypisko, wdzianka pierwszych Greków i skafandry kosmonautów, zbroje rycerzy i miecze krzyżowców, kałasznikowy gangsterów, tony, tony żelastwa, metalu, plastiku, brokatów, rekwizytów w jednym wielkim wymieszaniu jak centrum handlowe po wybuchu bomby. I widzę, że wszyscy dookoła zzuwają w pośpiechu przebrania, ciskają je w czorty na stos. Lecą na jedną kupę hełmy i naramienniki cyberludków, lecą klawiatury, tak, to moi szkolni kompani zrzucają z siebie okowy z całych sił i z całych sił, jak najprędzej, biegną do autobusów i taksówek czekających parę kroków dalej, kto pierwszy ten lepszy. Grom z jasnego nieba, gwałtowny aż po groteskę kres karnawału, adieu cyberludki, adieu batmani, wracamy do cywila, ani chwili dłużej, umarł karnawał.

Chciałbym jeszcze przez chwilę tu pobyć, ponosić dumnie moje nowe cyberego, odetchnąć po tej utracie, czuję, dwóch kilogramów, lecz przyjazna dłoń ciągnie mnie w drugą stronę, ratuje z narastającego ścisku, zrzucam hełm na kupę i biegnę do mojego boksu, zaszokowany tym nagłym wyhamowaniem, tą błyskawiczną przemianą na wspak, powrotem do własnej postnej postaci.

3

Wracam do hotelu o świcie, z okien autobusu widać tu i ówdzie zapalone ognie, a nawet ogniska na ulicach, to resztki dzielnicowych skromnych karnawałów, które zamykają się w swych kwartałach, być może tu bawią się tak zwane „bloki", lokalne grupki, które przy sprzyjających okolicznościach mogłyby stać się kiedyś zalążkiem nowej szkoły. Ale czy na pewno by chciały? Może kichają na sambadrom jako igrzysko władzy fundowane wybiedzonemu ludowi, może wolą własne lokalne dudnienie, może nienawidzą przyszłych igrzysk czy mundialu, ale i tak będą płakać, gdy Brazylia weźmie bęcki od Niemców.

Przy Copacabanie jeszcze walą w bębny, ale jest coraz ciszej. Wcześniej, wieczorem, na bruku między hotelami stały miniestrady z orkiestrami, sto, dwieście osób przy każdej, jeszcze niewielkie, jeszcze delikatne kołysanie biodrami, rozgrzewka przed szaleństwem, ale teraz już pusto. Sambadrom ze swoją państwową instytucją karnawału zdaje się nie mieć z tym, z resztą miasta, nic wspólnego, jak akademia w szkole nie ma nic wspólnego z klasową prywatką. Emocje powoli stygną, sam już nie wiem, czy surfowałem przed chwilą po fali czystej, naturalnej brazylijskości – bo przecież tych sto tysięcy ludzi szalejących na trybunach, czy też wrzuciło mnie w jakiś napompowany obraz na sprzedaż.

Później, gdy wreszcie ochłonę, gdy wyciszę w sobie dwukilometrowy fitness, będę próbował obie noce zracjonalizować, dostrzec podszewkę rzeczy, wymiar sportowo-medialny (gazety tym się zajmują przede wszystkim), turystyczno-przemysłowy, rytualny, czyli pod spodem nieco pusty, obyczajowy (kłótnie, niekiedy krwawe, o werdykt, starcia wpływów) i polityczny (każda szkoła z jej sympatykami to potencjalna liczba wyborczych głosów, o którą się zabiega). I przede wszystkim społeczny: szkoły samby są jak plemiona i przynoszą swym członkom poczucie plemiennej, lokalnej przynależności. Dostają subwencje od państwa, od prywatnych inwestorów, przez cały boży rok trwa praca nad kolejnym spektaklem integrująca środowisko; trzeba wymyślić fabułę, skonstruować alegorie, przygotować parę tysięcy doprawdy niebotycznych i jednorazowych strojów. Ale też szkoły same są mikrospołecznościami, bardzo zhierarchizowanymi, kryjącymi mnóstwo napięć i prezentującymi demokratyczną wspólnotę tylko w dniu karnawału.

Sięgnę nawet po jakieś karnawałowe książki, po socjologiczne rozprawy, lecz bez większego zapału. Nie mam ochoty odkrywać prawideł i znaczeń rólki, którą odegrałem. Bo przez kolejne dni, przez bardzo długi jeszcze czas przed zaśnięciem, gdy tylko zamknę oczy, jakaś dośrodkowa siła będzie zagęszczała tamto doznanie, przywracała tamto apogeum, wpychała mnie na tor, na którym będę w amoku, w bezgranicznym szczęściu, drobił kroczki i machał dłońmi przy gardłowym zawodzeniu Gilsinho, śpiewaka mojej szkoły, mojej Portela. *Minha águia guerreira / vai volvar / viajar / pousar no sonho / de ganhar o carnaval / e conquistar o mundo virtual.* Nie wszystko rozumiem. I o to chodzi.

III

Książki pierwsze

Gruba

1

Zaczyna się od bułki z szynką, a dokładniej kajzerki, jednej, drugiej, trzeciej. Tyle przy wyjątkowo dobrym dniu mogło się zdarzyć, zdarzyć cudownie, na talerzu. W książce – *Gruby*, Aleksander Minkowski, rok wydania i lektury 1966 – tęskniono za całą górą bułek, a gdy już stały się dostępne, jedzono je nieprzytomnie, by zapełnić otchłań wojennego wspomnienia o głodzie. Żadna lektura dziecięca nie budziła takiego mimetycznego pożądania jak powieść Minkowskiego; jego bohater pęczniał ze strony na stronę, a czytającemu chciało się jeść, kajzerka, szynka, masło. Szynka, masło, kajzerka.

Szkoła zapraszała późno, na drugą zmianę, powojenny wyż demograficzny wymuszał fabryczne godziny, jeszcze nie wstawałem, choć od dawna obudzony; obok, na stołku, czekały już kanapki – lubiłem, żeby były rzodkiewki z błyszczącymi drobinami soli – i herbata w grubościennym kubku; na brzegu łóżka czekała książka. Królewska chwila; śniadanie składało się z chleba i papieru, jedno nie szło bez drugiego, apetyt był wspólny, nie było różnicy, jeść i czytać, wychodziło na jedno. Dobrze też było się rozchorować, zwłaszcza na koklusz, który w krótkich, choć intensywnych atakach kaszlu odbiera powietrze, lecz w długim czasie pomiędzy nimi wyostrza apetyt i wynagradza cierpienia nagłej duszności rozkoszą *far niente*; leży się, czyta i je, i wszystko tak nadzwyczajnie smakuje.

Nigdy nie słyszałem w domu „nie czytaj przy jedzeniu"; do dzisiaj takie molestowanie wydaje mi się karygodne, gdyż rozbija całość i wspólnotę światów cudownie połączonych. Dlaczego rozdzielać dwa łaknienia, głowę od żołądka, po co niszczyć magię komunii, której gdzie indziej ze świecą szukać? I rzekł Pan do Ezechiela: „Otwórz swoje usta i zjedz, co ci podaję. A gdy spojrzałem, oto ręka była wyciągnięta, a w niej zwój księgi. A gdy otworzyłem usta, dał mi ten zwój do zjedzenia. I rzekł do mnie: Synu człowieczy! Nakarm swoje ciało i napełnij swe wnętrzności tym zwojem, który ci daję! Wtedy zjadłem go, a on był w moich ustach słodki jak miód".

Oczywiście są chwile, kiedy smak potrawy przyciąga uwagę i warto zanurzyć się w każdym kęsie jak w święconej wodzie. Ale nad epifanie, które smak przynosi w darze, wolę tę inną zawartą w nim możliwość: łączenia się ze smakiem pisma. Nie tylko terror domowy, lecz także ikonografia dokonuje rozdzielenia: albo malujemy jedzących, albo malujemy czytających. Czytający są zamyśleni, jedzący zazwyczaj odstręczający. Nie zawsze tak obrzydliwi, jak owi żrący ricottę na przerażającym obrazie Vincenzo Campi z drugiej połowy XVI wieku, lecz w ich skupieniu nad strawą wciąganą pośpiesznie w gardła tkwi nieodmiennie, niekiedy umiejętnie skrywana, żarłoczność i rozkosz. A żarłoczność i rozkosz pochłaniania bardziej niż cokolwiek innego mówią o kruchości chwil. To nie *vanitas* i martwe natury szepczą nam *memento*, przypominają o przemijaniu, lecz obrazy (a dziś reklamowe klipy) jedzących z niebiańską rozkoszą.

Milan Kundera zauważa w jednym z esejów, jak niewiele spośród słynnych postaci powieściowych stało się rodzicami. „Ledwie jeden procent populacji nie ma dzieci, lecz co najmniej pięćdziesiąt procent wielkich bohaterów powieściowych opuszcza świat, nie wydawszy na świat potomka". Duch powieści brzydzi się wyraźnie prokreacji, lecz nie przepada też za tuszą. Względnie mało słynnych – a i mniej słynnych – książek ma za swych głównych bohaterów grubasów; na myśl przychodzą od razu postacie Rabelaisowskie, a później długo, długo nic; pamięć, szczerze mówiąc, niewiele mi podpowiada, no, może tak po chwili zastanowienia Colas Breugnon, Marchołt gruby a sprośny w swych kilku postaciach czy Pickwickowscy biesiadnicy.

Owszem, na drugich planach pojawiają się tłuściochy, Zagłoba, braciszkowie mnisi, kilku zażywnych osobników Balzaca, Flauberta i Prousta, Sancho Pansa, postacie charakterystyczne, lecz dla powieści nie aż tak fundamentalne, a w każdym razie skryte w cieniu, w wąskim cieniu głównych protagonistów, niskich czy wysokich, wszak niemal zawsze szczupłych – tak jakby pewna wstrzemięźliwość i chudość szła w parze z głęboką figurą losu, jaką ich dzieje rysują. Tłuściochy dostępują co najwyżej roli spowiedników, często dobrotliwych poczciwców, dowcipnych, zasapanych i życzliwych, raczej skazani są na wysłuchiwanie niż na własną opowieść. Albo na półpieszczotliwe „Z" wyryte szpadą Zorro na mundurze sierżanta Garcii w akcie złośliwego miłosierdzia.

Gruby Minkowskiego, powieść dla młodzieży, czy kompletnie dziś zapomniana nagroda Goncourtów z 1922, *Le Martyre de l'obèse* [Męczeństwo grubego] autorstwa Henriego Béraud, stanowią – nieistotne dla wielkiej literatury – wyjątki, gdzie tusza gra pierwsze skrzypce. Minkowski opowiada o chłopcu, który odrabia po wojnie utracone kalorie, zasypuje kajzerkami traumę głodu; sam pamiętam z dzieciństwa otyłą babcię przyjaciela z ławki, u którego często jadałem; przeżyła na głodzie okupację i nie zapomnę jej wzroku, którym śledziła uważnie, dociekliwie, zwierzęco każdą nakładaną nam porcję, jej lot z garnka na talerz; wydawało mi się, że mam do przełknięcia dodatkową potrawę: jej oczy. Książka Béraud to z kolei opowieść członka nieformalnego klubu „100 kilo" o jego nieszczęsnych zalotach do kobiety wolnej, lecz cynicznej i złośliwej. W kulminacyjnej scenie madame dopuszcza go wreszcie do swego łoża, wiedząc, że zawstydzenie tuszą weźmie górę nad pożądaniem i niedoszły kochanek nie odważy się wyskoczyć z pantalonów.

Jest to realizm wysokiej próby, lecz trudno sobie wyobrazić, by tragiczni Werter i Fedra, filozoficzny Raskolnikow, egzystencjalny Mersault, ambitny Rastignac czy porządny Józef K. mieli ważyć sto kilo i nadal przeżywać te same dzieje, w które ich wpakowano. Otyłość przez nadmiar, którym epatuje i którym odwodzi od rdzenia ciał, zdaje się kolidować z egzystencjalnym doświadczeniem godnym arcydzielnego analitycznego opisu. Tak jakby autorzy w znakomitej większości czuli, iż ich opowieść o człowieku – choćby obcym i złym – wymagała bohatera jeśli nie wychudzonego, to przynajmniej trzymającego wagę.

Może gdyby powrócić dokładniej do tekstów, jakieś ważne sadła by się ujawniły: nie bez zdziwienia dowiaduję się (bo nigdy na to nie zwróciłem uwagi), że Hamlet jest czy może się przez chwilę wydać tłusty; choć na ten temat pada jedna bodaj wzmianka, z ust ojca: *He is fat and scant of breath*. No, ale jakoś żaden reżyser w naszych czasach się tym nie przejął; prędzej obsadzał w roli Hamleta kobietę niż wielki kałdun. Szekspir na fizjologię, na rozmiar ciała zwracał zresztą dużą uwagę, jednak ogólnie rzecz biorąc brzuchy czy nawet brzuszki nie pasowały i nie pasują ani do przeżyć miłosno-tragicznych, ani metafizyczno-kosmicznych, ani nawet polityczno-społecznych.

Co innego sami piszący. Théophile Gautier w swej humoresce *Sur l'obésité dans la littérature* [O otyłości w literaturze] (1848) zastanawia się, śladem Arystotelesa niejako, nad fizjologią umysłów wielkich, a zwłaszcza nad tuszą geniusza. Powinna być obfita. Skończyły się czasy chudych literatów, wzdycha Gautier, romantyków sentymentalnych, tracących wagę od miłosnych tęsknot i zgryzot, i raczej niewydających na świat dzieł przeogromnych; za to nowa szkoła romantyczna roztyła się niepomiernie, największe pióra obrosły w tłuszcz. Geniusz wręcz tłuszczu wymaga, takiego Balzaca grubego jak beka ledwo mogły objąć trzy pary rąk, a w jadłospisie Wiktora Hugo figurują „kotlety, fasola w oliwie, wołowina w pomidorach, omlet, szynka, ser z Brie" połykane w pośpiechu i w dowolnej kolejności.

Galijska wena epicka – Balzac, Hugo, Flaubert, Dumas – wyraźnie potrzebowała kalorii, jej czterej muszkieterzy zapisują słowa na bieli wyczyszczonych do cna talerzy. Mój ulubiony tekst o twórczości Flauberta zaczyna się od słów: „U Flauberta jada się dużo". Trzeba będzie nowych niedojadków, Nietzschego, Kafki, Schulza, a dzisiaj Coetzeego, by na powrót przekonać się, że geniusz literacki jest tuszą różnie, niekoniecznie hojnie obdarzany, ale też widzimy, że pod koniec XIX wieku, już po szkole opasłych romantycznych epików, pojawia się literatura ascetyczna, która w samą swą treść będzie przemycała, bezpośrednio lub pośrednio, wyobrażenia oszczędnego ciała. Nie mogę pozbyć się wrażenia, że same książki Coetzeego na przykład są, gdyby przypisać im człowieczy wygląd, żylaste i limfatyczne.

2

Łatwiej mówić jest o historii literatury i sztuki niż o historii ciała. Są prądy, okresy, ruchy; są style i mody. Dawniejsza muzyka, dawniejsze książki pozostają dla nas zrozumiałe, ale czujemy ich „dawność", anachroniczność. Jak jest jednak z dziejami ciał? Czy można je w ogóle nazwać dziejami?

Najbardziej uchwytną zmienną jest wzrost; wiadomo, że na przestrzeni ostatnich dwustu lat poszliśmy w górę o kilkanaście nawet centymetrów. W drugiej kolejności twarz, choć gdyby wydostać ją spod czepków, chust i cylindrów, pozbawić modnych w danej epoce zarostów, to bliżej bylibyśmy doznania trwałości rysów niż ich ewolucji. Owszem, zmieniają ją okoliczności historyczne, pojawiają się istotne zjawiska jak mieszanie się ras, lecz historycznie twarz ujmując, więcej w niej dostrzeżemy stałości niż śladów przemiany. Co – tym bardziej – z dłońmi, nogami, brzuchami? Gdyby odrzeć je z atrybutów i rekwizytów epokowych, z ubrań, kostiumów, oglądać je in nuce, czy dałoby się w ogóle mówić o jakimkolwiek przeobrażeniu? Czy na przykład wrażenie, które zwykliśmy określać czasownikiem „wylewa się" – sadło, brzuch, bęben, kałdun wylewają mu się ze spodni, zza paska – ma ponadhistoryczną wartość, umocowane jest w naszych wyobraźniach od niepamięci? Jako rodzaj obleśnego, gadziego wypełzania, widok zawsze skandaliczny?

Montaigne zalecał umiarkowanie (oczywiście, eseista) – ani sadła, ani samych kości. Wiedział już, że istnieje problem wagi i diety. Dokumenty XVII-wieczne, korespondencje, zapiski, wskazują, że otyłość zdążyła się stać istotnym problemem psychicznym i słowo „gruby"coraz bardziej nabierało piętnującej mocy. Tak zostało do dzisiaj i, sprowadzając dzieje otyłości do jednego stwierdzenia, można by powiedzieć, że polegają one na nasilaniu się tej oskarżycielskiej mocy i na wzmaganiu się przez wieki poczucia winy.

Do tego stopnia, że w niektórych społeczeństwach,

czy przynajmniej środowiskach, otyłość stała się dzisiaj figurą wykluczenia; można tam już być kobietą, Żydem, Cyganem, gejem, lecz nie wypada być grubasem. Z tego punktu widzenia wprowadzenie urządzenia wagi do medycyny, a później, o wiele lat później do naszych domostw (mało kto miał wagę u siebie jeszcze w latach 60.; szkoła, czyli władza, ważyła nas sama) było doskonałą preambułą do narastającej z wiekami policyjnej polityki wobec ciała, gdyż, wpuszczając szpicla na pokoje, pomogło uwewnętrznić społeczne oskarżenie i wprowadzić grubego lub zagrożonego otyłością na drogę męczeństwa.

Narastanie represyjnego stosunku wobec ciała wydaje się dominantą w nowożytnych dziejach otyłości; jakkolwiek powiedzieć, sadło zawsze pozostaje grzechem, czy to dosłownym, diabelskim, jak w średniowieczu, czy to wobec „natury", czy wobec nowoczesnego społeczeństwa i wobec siebie samego. We francuszczyźnie samo słowo *obésité*, otyłość, pojawia się dopiero w XVIII stuleciu, wtedy to zaczyna się o niej mówić otwarcie jako o fatalnym schorzeniu, lecz dyskurs krytyczny towarzyszył grubemu od dawna.

Oczywiście idee, obrazy i fantazmaty łączące się z otyłością są dalekie od jednolitości i jednoznaczności. Z tuszą wiązały się przez wieki najprzeróżniejsze wyobrażenia i klisze, choć ich negatywność zdecydowanie przeważała. U Rabelais'go (podobnie u Hrabala) jako oznaka radykalnej przesady tusza uczestniczyła jeszcze w kreowaniu formy ludycznej, wywrotowej, literackiej i społecznej. Później będzie często oznaczała władzę, bogactwo i dostatniość; obrastający w sadło XIX-wieczny burżuj i XX-wieczny kapitalista, z grubym cygarem w palcach-serdelkach, należeli do podstawowych klisz marksistowskiej antropologii (w której społeczny ton oskarżycielski paradoksalnie wtóruje estetycznej, pięknoduchowskiej krytyce tuszy). A chudnięcie, niknięcie w oczach, zacieśnianie spodni i kamizelek będzie dotykało klasy ubogie. Współcześnie wartości się odwrócą, wysoki status społeczny będzie się wiązał ze szczupłą sylwetką, ubóstwo z zaniedbanym, wypełnianym kartoflami, zapiekankami, bułami i kebabami brzuchem.

Początki estetycznego wartościowania ciał datuje się na czas renesansu, a pełne wykształcenie estetycznego dyskursu o ciele na wiek XVII, kiedy to otyłość zaczyna tracić wcześniej jej przypisywany wymiar moralnego wykroczenia jako jednego ze skutków acedii, czyli grzechu religijnego zniechęcenia, by stać się godną laickiej pogardy oznaką niechlujstwa i zaniedbania. Na szczęście wyobraźnia erotyczna – zawsze gotowa buszować po śmietnikach – przez wieki będzie starała się odzyskiwać to, co społecznie, moralnie i estetycznie było odrzucane. W opowieściach o ekscytującej obfitości obrazom Mantegni, motywom rubensowskim (w porównaniu ze swymi studiami anatomicznymi Rubens i tak bardzo oszczędnie malował kobiece kształty), mogą towarzyszyć liczne wypisy z literatury i sztuk, olbrzymki Baudelaire'a i Schulza, kobiety-kulki Maupassanta, seks-matrony Felliniego i wiele innych hiperkształtów. Czy też postaci z malarstwa Botero albo ze sztuki Orientu: imaginacja pozaeuropejska, iberoamerykańska czy dalekowschodnia stworzyła nieco inne widzenie grubego ciała objawiające się najlepiej w pożądaniu, jakie czują ponoć drobne Japonki do zawodników sumo.

3

O otyłości piszą oczywiście historycy, zwłaszcza francuscy, którzy w przekrojowych dziejach ciała się wyspecjalizowali. Georges Vigarello w swej – niezwykle porządnej, bardzo udokumentowanej, napisanej wedle solidnej tradycji szkoły Annales – *Historii otyłości. Od średniowiecza do XX wieku* do literatury pięknej i do sztuk nie odwołuje się często. W mniejszym stopniu interesują go literackie i artystyczne przedstawienia otyłości; zajmuje go przede wszystkim społeczne funkcjonowanie tego przypadku ciała; wyobrażenia, które przez wieki wywołuje oraz przede wszystkim przeobrażenia w medycznym dyskursie jemu poświęconym. Historia otyłości – podobnie jak historia melancholii – to w istocie także, a może w pierwszym rzędzie historia medycyny, czyli dziejów jej fantazmatów na temat ciała, dzieje jej odkryć, jej terapii. Brzuch jest zawsze ten sam, zmienia się tylko medyczny język mówienia o nim. Ale, jak pisze noblista Le Clézio, „może dowiemy się kiedyś, że nie było sztuki, lecz tylko Medycyna" (cytuję za Guido Ceronettim).

W wiekach średnich winę zwalano na powietrze; na wzdęcia, wyziewy rozdymające skórę; powietrze było wówczas obsesją – która w innych rejestrach odżyła współcześnie. O samym tłuszczu, nie mówiąc o tkance tłuszczowej, nie wiedziano jeszcze wiele do XVIII wieku, a w każdym razie pozostawał on na uboczu dyskursu medycznego. O wiele więcej uwagi poświęcano – gdy w późnym średniowieczu i w renesansie odżyła teoria humorów – flegmie; łączono sadło z mleczną, nieprzejrzystą substancją o gęstej konsystencji; nierównowaga humoralna, zaleganie flegmy zwiększać miało masę. Ówczesne terapie opierały się na środkach przeczyszczających i na otwieraniu – dosłownie – organizmu przez puszczanie krwi chociażby; fantazmat skutecznego wydalania srożył się na potęgę.

W renesansie pojawia się pojęcie diety, które godne jest oddzielnej księgi jako najbardziej może zaawansowana projekcja europejskiej wyobraźni utopijnej po dziś dzień (i jeszcze długo). Zaczyna się też stosować środki fizycznej presji, gorsety, pasy, sznurowania, które, w użyciu do początków XX wieku, będą miały przed sobą jeszcze ponad trzysta lat świetlanej przyszłości. Powstają pierwsze teorie łączące otyłość z takimi chorobami, jak podagra czy puchlina wodna, i z atakami apopleksji czy z pletorą, przekrwieniem narządów; w tym czasie medycy odkrywają bowiem krążenie krwi.

W kolejnych stuleciach terapie odchudzające nie przechodzą wielkiej rewolucji; w wieku XVIII wzmaga się użycie środków odwadniających, w czym słychać echo dawnych fantazmatów łączących otyłość z wilgotnością; wie się już o dobroczynnym wpływie ruchu na ciało; kolejne kuracje – zimne kąpiele, środki pobudzające, nacierania, pierwsze eksperymenty z elektrycznością – będą już wyrazem przekonania o konieczności tego, co nazywamy dzisiaj „aktywnością ruchową". Pan Élie de Beaumont, autor refleksji nad otyłością, sam cierpiący na

115

nadwagę, chodzi po Paryżu przez godzinę szybkim krokiem, odziany w wyjątkowo ciepły surdut – podobnie jak mój gruby sąsiad dzisiaj, tyle że ten łazi pośpiesznie po Warszawie, ma specjalny gumowany podkoszulek i dwa kijki w łapie, które ciągnie za sobą jak wyrzut sumienia.

Podstawowe dzisiaj pojęcie spalania pojawia się w pierwszej połowie XIX wieku, a wraz z nim takie nowoczesne już określenia jak dysfunkcje organizmu; na czoło dyskursu wysuwa się słownictwo oparte na pojęciach energii i procesów energetycznych. Powoli zaczyna się stosować pomiary wagi i aplikować pierwsze „wczasy odchudzające" – wyjazdy do wód z przygotowanymi tam programami zajęć. Pojawiają się reklamy środków odchudzających i choć żadna z nich nie ma takiej siły rażenia jak pomada na porost włosów stosowana przez Annę Csillag (o czym można poczytać chociażby u Brunona Schulza i u Miłosza), to one, wraz z kolejnymi cudownymi kuracjami i dietami, czyli z produkcją wiary w możliwość – wyznaczają XX-wieczne środowisko rozmowy o otyłości. Ideał szczupłej sylwetki i pracy nad mięśniami, wzmocniony odkryciami na polu dietetyki, zaczyna szerzyć swój terrorystyczny urok; otyłość z częstej, lecz indywidualnej wady zmienia się w epidemię, czyli zagrożenie dla zbiorowości.

Wychodzę na spacer, gdzie spojrzeć, rosną kolejne kluby fitness, te dobrowolne obozy pracy, przestrzenie samoukarania, w których rozbraja się cywilizację z cywilizacji, to znaczy z wolnego, nieograniczonego dostępu do kalorii. No i gdzie spojrzeć nowa apteka z wyeksponowanymi środkami odchudzającymi, nowa prywatna przychodnia lekarska ze specjalnością dietetyka. Nowe (niekiedy nowe-stare) lekarstwa, nowe (niekiedy nowe-stare) rozpoznania schorzeń, nowe (niekiedy nowe-stare) terapie.

Jesteśmy dopiero na początku drogi, czy raczej: zawsze będziemy na początku drogi, póki będziemy mieli ciało.

4

Wiadomo, w klasie musiał być jakiś gruby i ten gruby musiał być trochę inny. Miał gorzej niż mały i gorzej niż okularnik; stawiało się go na bramce, w najlepszym przypadku na obronie, śmiało się, gdy nie zdążył za nami wskoczyć do tramwaju, w zalotach nie miał szans. Na ogół lubiło się go, bo tak bardzo się starał, tak bardzo chciał doszlusować, utrzymać się w przeciętnym środku małej społeczności, zanadto się nie odróżniać. Poddawał się procesowi socjalizacji, który mu aplikowaliśmy: my byliśmy normą, on miał naśladować naszą skuteczność, być jak my, nie będąc nami do końca. Otrzymywał łaskę – i jej dawanie, pod pozorem moralnej poprawności i czułego zatroskania pozostaje do dzisiaj podstawowym zachowaniem społecznym wobec otyłych. Są przez nas, szczupłych, udomowieni, oswojeni, to *puszyści*, nasze króliki, nasze misie, które mieszkają z nami. W większości idą na to; mając poczucie winy, połknęli imperatyw walki z sobą, który im się narzuca. My mamy przyszłość, oni mają wyzwanie: muszą coś zrobić. Niekiedy, w chwilach buntu, rzucają rękawicę, a co, życie mi smakuje, wszystko mi smakuje, dobiorę sobie jeszcze profitolek, a wy liczcie idiotycznie swoje kalorie jak skąpiec złote monety. Niewiele im to niestety pomoże, jak nic nie da łysym nabijanie się z własnego czerepa.

Jak sięgnę pamięcią, moja matka zawsze była gruba. Miałem dziesięć lat – ważyła bardzo dużo. Mam pięćdziesiąt osiem – waży nadal. Przyrzekała, próbowała, nie dawała rady. Nic nie ubywało. Naciskano na nią, proszono, błagano. Rodzina, lekarze. Podpisywała mi cyrografy, które – czytałem wtedy po raz pierwszy *Panią Twardowską* – uroczyście przygotowywałem na kartkach wyrwanych z zeszytu w kratkę: „przysięgam swojemu synowi, że przez cały miesiąc nie wezmę do ust słodyczy. Jeśli złamię przyrzeczenie, kupię mu dziesięć taśm magnetofonowych Orwo itd., itp.". Wytrzymywała dzień, dwa. Chowałem czekolady po kątach, pod łóżkiem, wydzielałem porcje, bez sensu. Do dzisiaj trzy czwarte jej strawy stanowią łakocie. W dobre dni jadała tylko słodkie. Jak bohaterka Hrabala z *Postrzyżyn* budzona nocą przez wilczy głód, przez dziką chętkę, niekiedy odpuszczała kompletnie, biegała wte i wewte do lodówki, do szuflady, laską strącała pudełka ustawione przemyślnie przez opiekunkę na zbyt wysokich półkach, przesadzała, odchorowywała, raz czy drugi przewróciła się w nocnym pędzie po ciasteczko, ostatni raz po dziewięćdziesiątce, siniaki na jej ciele przypominały stygmaty urwisa, który coś przeskrobał. „Muszę schudnąć", mówiła, „muszę koniecznie schudnąć".

Zawsze miała poczucie winy; „muszę schudnąć" to zdanie, które bodaj najczęściej słyszałem z jej ust. Całe życie przeszła z pęknięciem w sercu, ze świadomością, że coś jest w tym życiu nie tak, że nie postępuje odpowiednio, że ciągle łamie prawo, że jest banitą. Tamci lekarze, tamci Wujkowie Dobra Rada już dawno temu odeszli. „Powinnam schudnąć" – mówi nadal matka – „popatrz, dzisiaj prawie nic nie jadłam". Wciąż to samo. Tylko ja się zmieniłem. Od dawna wożę jej ciasta i czekolady.

5

Był rok bodaj 2004, pojechałem po nią na lotnisko; wracała od mojej siostry po dłuższej nieobecności. Z trudem ją poznałem, dwadzieścia kilo mniej, twarz zmalała, kurczak nie człowiek. Rozejrzała się dookoła, sprawdziła, czy jest choć na tę chwilę bezpiecznie, i wyszeptała swój sekret, swoje odkrycie, swoją iluminację, z którą musiała się natychmiast podzielić, zapominając o powitaniu: – Jesteśmy wszyscy skończeni.

Ona wiedziała, ja już wiedziałem, byliśmy wysepką objawienia wśród tłumu objuczonych pasażerów i wśród oczekujących na przyjezdnych z tabliczkami lub kwiatami w rękach. Usłyszałem w tym szepcie coś wręcz tryumfalnego, jak u Ciorana informującego z przytupem w kolejnym aforyzmie o powszechnej nicości. Jesteśmy wszyscy skończeni; tak, otrzymałem poufną wieść, teraz i ja zostałem wtajemniczony. Wszyscy, czyli kto, rodzina, Polska, cała ludzkość, nieważne, szept był przemożny, istotny, to mówił prorok w godzinie prawdy. Powinienem był wdrapać się na stos walizek i krzyknąć donośnie: – Uwaga, uwaga. Wszyscy jesteśmy skończeni. *Attention, attention, all the passengers. We are all finished.*

Skąd, u licha, ona to pojęła, pomyślałem w pierwszej chwili, jak na to wpadła, jak doszła do tej prawdy? Ona, która zawsze zaciskała zęby, od rana starała się podgrzewać białe mleko, cokolwiek złego działo się w niej samej czy w domu?

Lekarze nie mieli żadnych wątpliwości, depresja i tyle. Ci młodsi chcieli ją zamknąć od razu na oddziale, mówili o zagrożeniu życia, odmówiłem, w piątek przyszedł lekarz starszy, zapytał, jaki mamy dzień, piątek, powiedziała. Coś przepisał, nie przesadza się starych drzew, wyjaśnił mi, ma siedzieć we własnym domu, za miesiąc będzie dobrze. I miał rację, po miesiącu było dwa kilo więcej, po pół roku dwadzieścia jak trzeba, aforyzm Ciorana skrył się gdzieś pod fałdami. Zresztą Cioran też lubił czekoladki.

Niemal dziesięć lat później wpadliśmy na powrót do tej samej rzeki, znowu zbyt długi pobyt u siostry, drzewo na siłę przesadzone, a może zbyt stara już starość, która straciła środki do tłumienia wspomnień i lęków. Tym razem dwadzieścia kilo nie chciało się dać odrobić, jej ciało jak znużony pies wybrało swoją norę, niszę, jak pisywał niegdyś Konwicki, czyli w jej przypadku fotel w kącie pokoju, i postanowiło się z niej nie ruszać. Przyjeżdżałem wieczorami z jedzeniem, którego nie chciała, nic jej nie smakowało, nic się w niej nie ruszało i nie chciało ruszyć, światło w pokoju było zawsze zgaszone, jej fotel płynął nieznużenie (wydawało mi się) przez wieczną noc z jej ciałem, samotnym żeglarzem, w środku. Patrząc na ten fotel, myślę czasem – wybaczcie inne myśli tę myśl jeszcze głupszą od was – o słynnym muzeum Pamuka,

„niewinnym" muzeum miłości, w którym gromadzi się sprzęty z dawnych miłosnych dni. Bo i coś podobnego, choć z drugiej strony uczuć, można by stworzyć: muzeum depresji, w którym wystawiano by meble i inne jej rekwizyty; ten fotel, tamta kanapa, ten jeden i żaden inny kubek do herbaty, tamta poduszka, jedyna, na której kładło się głowę, pluszową figurkę misia na biurku, z którą spędziło się rok, gumowa piłeczka, którą obracało się w palcach od stycznia do grudnia. Na pewno każdy depresją namaszczony mógłby coś tu donieść z własnego mieszkania.

Odkąd pamiętam, zawsze przywoziłem jej gazety codzienne, tygodniki, pisma literackie, chciałem, żeby wiedziała, co się dzieje, żeby przez most wiadomości kontaktowała się ze światem. W kinie była ostatni raz czterdzieści lat temu, w teatrze trzydzieści; nigdy nie słuchała muzyki, nie otwierała książek, nie wstępowała do księgarni. Próbowała czytać moje teksty, bez większego powodzenia. Miała bardzo porządną wojenną maturę; kiedyś powiedziała: – W szkole uczyli mnie, że jest zdanie (kiwałem głową). W zdaniu jest rzeczownik (kiwałem głową), następnie (szukała w myślach)… czasownik (potakiwałem). A dalej (dłuższa chwila milczenia), a dalej jest przymiotnik albo coś o miejscu (potakiwałem). Ale u ciebie, synu, jakoś tego nie widzę. – Masz prawdę, *mother*.

Zapamiętywała z prasy albo z moich skąpych opowieści nazwiska, wiedziała, wiedziała swoje, przeglądała te papiery znoszone przeze mnie jak słoma do budy. Flałbert, mówiła, pisarz francuski, pisałeś o nim. Marcel Prus, pisarz francuski, tłumaczyłeś go. Olga Tokarczuk, czy ona mieszka jeszcze w górach? Kruszyński, on był w Szwecji. Stasiuk, dużo pisze i używa brzydkich słów. A ten Pilch, jak on się czuje. I Konwicki, co się z nim dzieje, czy on jeszcze żyje. Mógłbym długo cytować, nie wiem, czy ktoś zna nazwiska tylu współczesnych polskich pisarzy. Przynajmniej ktoś w jej wieku, teraz dziewięćdziesiąt trzy jesienie (bo raczej nie wiosny) na karku.

Przychodziło tamtej zimy dużo książek, nie mieściły mi się w mieszkaniu, zacząłem je wywozić do niej, upychać po kątach, nie była zadowolona, wszystko zagracone. Kupki rosły z tygodnia na tydzień, jakby budowane przez nowy miejski gatunek termitów. Zmieniały się pory roku, „mijał czas", jak pisano w powieściach kłębiących się za jej łóżkiem i pod lampą. Nie ruszała się nadal z fotela, nadal żeglowała samotnie w niekończącym się zmierzchu, połykała kolejne mile dusznego oceanu, niemal nie jadła, nie wstawała. Mieszkanie brało górę; niegdyś przebiegane we wszystkich kierunkach, znoszące pokornie jej energię, teraz rosło w siłę, narzucało swą nieruchomość.

Ale któregoś pięknego kwietniowego dnia zauważyłem przy samym fotelu książkę; tydzień później tę samą książkę, tyle że rozłożoną na otwartych stronach. To była powieść Myśliwskiego; pierwszy raz widziałem, by czytała powieść. Kilka dni później zobaczyłem przy fotelu kolejne książki. A potem znowu inne. A potem zaczęła mówić, że coś jej się podobało, a coś nie. Niemal podekscytowana, niemal jak urzeczone czymś dziecko. Zacząłem znosić kolejne książki i znowu kolejne. Czytała, coraz więcej czytała i coraz więcej jadła,

jadła czytając, czytała jedząc. Przychodziłem, rzucała się od razu na ciastka i na gazety, Magda Tulli napisała nową książkę, informowała mnie, czy Małgosia Łukasiewicz znowu coś przetłumaczyła, pytała, bo jest z nią wywiad. Patrz, ten Koziołek, on bardzo dużo publikuje. A Markowski już pewnie coś znowu wydał. Bielik-Robson, ona teraz taka popularna. Pewnego razu zastałem ją nad „Tygodnikiem Powszechnym" z czerwonym długopisem w ręku; zaznaczała na moim tekście zdania, które zdawały jej się niegramatyczne albo niezrozumiałe dla niej, czyli dla ogółu czytelników. Zwłaszcza te długie, których sens był odwlekany, uciekał ze zdania w nieznane.

Dwadzieścia kilo zostało odrobione, znowu jadła, a ja znowu dobrze myślałem o literaturze, że może ma jakiś sens, nawet jeśli wszyscy jesteśmy skończeni. Tak, miała sens, na zimne usta matki wracał chwilami uśmiech, coś działo się w oczach, gdy mówiła o tym, co czytała, cień z fotela, zwierzątko z nory były znów tutaj, wśród słów i liter, wśród innych ludzi; wyszły na światło dzienne, wróciły do ludzkiej postaci.

Oczywiście to nie jest bajka, przyszły później gorsze, ale już nigdy tak otwarcie złe chwile, lektury osłabły, stawały się rzadsze. Czy raczej zwęziły się radykalnie, aż wreszcie ograniczyły do gazet i do jednej książki, inne już tylko – no ale jednak – przeglądała albo w lepsze dni podczytywała. Natomiast ta jedna książka leżała na stoliku przy fotelu przez dzień i noc, już stąd nie znikała. Spodobała się jej od pierwszego razu. Szybko przyszedł drugi, trzeci, czwarty raz; o niej mówiła najwięcej; ze wszystkiego, co naniosłem, to jest najlepsze, usłyszałem wielokrotnie. Zrozumiałem, że cokolwiek jeszcze przyniosę, jakąkolwiek inną książkę, nic już tamtej nie przebije. Wchodziłem do pokoju jednego tygodnia, drugiego, jednego miesiąca, drugiego, czytała, czytała ją właśnie. Był obok żółty kubek herbaty i była ta pomarańczowa okładka, coraz bardziej do siebie podobne, jak sprzęty na martwej naturze pozostające zbyt długo obok siebie. Wracała do książki uporczywie, bezwiednie, tak jak bezwiednie umie żyć ciało; znalazła swoje słowo, znalazła swoje, po tylu latach, na najpóźniejszą starość.

Powinienem wiedzieć, dlaczego mówię o tym akurat w tym miejscu, w tekście o grubych czy otyłych, wśród historycznych notatek. I za chwilę chcąc opowiedzieć pół żartem pół serio o szczęśliwych książkach dzieciństwa. Ale nie wiem tego dobrze; chciałbym, by ten obraz – fotel, bardzo stara kobieta, książka – ukazał się, jak by tu rzec, po stronie życia, tam, gdzie nie tylko diabeł mówi dobranoc, tam, gdzie jest jakieś przybieranie, dodawanie, przyrost. Doznanie pogody, przedsmaku szczęśliwości, jak przy tamtych, dziecięcych książkach. Czegoś więcej, a nie mniej. Kalorie, apetyt, ochota. Słowo, najsmutniejsze nawet, a nie pustka. Słowo, czekolada, smak.

Albo jeszcze: tak to się wszystko ułożyło. Miało być – jak zawsze – zupełnie inaczej; zupełnie inaczej miało jej życie wyglądać, ku czemu innemu było predestynowane. Ale zdarzyło się, że na drodze tego życia pojawiły się przypadkiem książki, i tak zostało.

Od szkoły nie miała ich w ręku; najpierw przyszły w moje istnienie, w dzieciństwie, stały się od razu jego

124

częścią, jak zabawki, gry, kopanie piłki, żadnej różnicy. Pozostały na zawsze i na tych samych prawach jak inne ważne rzeczy, leżały w pokoju obok futbolówek, płyt, przypraw i talerzy (też lubiłem kuchnię) niczym ich siostry zebrane we wspólnym rodzeństwie, materia obok materii. Walające się na tych samych prawach co one na podłodze, parkiecie, na stołach i krzesłach, nieukładane, tak jak nie porządkuje się kamieni na ścieżce. I brane dosłownie, bezpośrednio, naiwnie, tak jak brało się w rękę piłkę czy płytę Stonesów. Nie było różnicy, jeśli ktoś, dajmy na to, pił calvados w kawiarni i pił calvados w *Łuku Tryumfalnym*, wpadał pod pociąg na jawie (jak Zbyszek Cybulski) i na czterysta pięćdziesiątej stronie (jak Anna Karenina) – wszystko to były równie realne albo równie nierealne zdarzenia. Dla matki książki były obcą scenerią, nie dla nich przyszła na świat, lecz w końcu w scenerię, którą wytworzyłem, wkroczyła. Przez zasiedzenie, przez taki los, przez taki zbieg okoliczności. Wydała mnie na świat, przypadkowo otoczyłem ją tomami. Unosiła się niekiedy, po co ich tyle, mówiła, po co mają tyle miejsca zabierać, całe mieszkanie zaśmiecać, po co w ogóle tyle czytać, zanieś je na bazar, do antykwariatu, oddaj do biblioteki i w ogóle odpocznij, lecz one wytrwały, zostały, nie odstąpiły jej, aż w końcu się pogodziła, zaczęła dzielić z nimi mieszkanie i strawę.

6

Książka w pomarańczowej, twardej okładce mówiła dużo o głodzie, gdyż, podobnie jak *Gruby*, wracała do czasów wojny. Chodziło tym razem o Holandię, tytuł to mocno podkreślał: *Wstręt do tulipanów*. Richard Lourie, kiedyś amerykański student Miłosza, przyjaciel Wata, tak go u nas kodujemy, autor między innymi powieściowej biografii Stalina, także tłumacz Konwickiego. Powieść napisana bardzo prostym, oszczędnym, przejrzystym językiem; nie ma znaczenia, co o niej sądzę ani co o niej sądzą – raz dobrze, raz gorzej – inni. To historia dziecka, które chce ratować swoją rodzinę znajdującą się w skrajnej nędzy; ojciec pijak, matka nieudolna, malutka para rodzeństwa, nie ma co do garnka włożyć, niemiecka okupacja Holandii pozbawiła rodzinę środków do życia; któregoś dnia ojciec zapada na ciężką chorobę, bez jakiegoś ciut lepszego jedzenia nie przeżyje. Aby zdobyć dla rodziny kawałek chleba i omasty, chłopiec – choć bardzo zbuntowany wobec Niemców i holenderskich faszystów – denuncjuje na policji ukrywającą się dziewczynę imieniem Anna. Anna Frank. Później, przez całe dorosłe życie będą go męczyły wyrzuty sumienia i wspomnienia z tamtego czasu.

Nie jest zresztą ważne, jak się nieszczęsna Anna nazywała; czy mama znała to nazwisko, czy wiedziała, kim była Anna Frank (wiedziała). Ważne było postanowienie chłopca, który podjął je po to, by ocalić swoich bliskich. Przyklejała tę decyzję wprost do swojego życia, do tego, co zdarzyć się miało w jej własnej przeszłości; znalazła książkę, która mówiła jej wprost o tym, co ją dręczyło od zawsze.

Najbardziej poruszało, że teraz, dopiero teraz trafiła na słowa dla siebie, o sobie, że w tej drobnej, całkowicie marginalnej powieści odkryła coś, co ją wyraża, coś tak bliskiego, że trzymała książkę w pobliżu niby ciepły, ostateczny talizman, znaleziony po tylu, tylu latach, po całym życiu. Może istnieje sto tysięcy innych powieści, które by wyraziły to jeszcze lepiej albo bardziej artystycznie, nieistotne; to ta właśnie została przez mamę powołana do świadczenia albo to ta powołała mamę do czytania. Książka dawała formę temu, czego nigdy sama nie umiała w pełni wypowiedzieć. Mówiła mamie o jej własnej udręce toczącej ją skrycie od dawien dawna. Od chwili, w której – jak sądziła – dopuściła się zaniechania i, w przeciwieństwie do książkowego chłopca, nie pomogła ocalić swoich. To ją dręczyło, to było najgłębszą treścią jej istnienia, domysł, że może, może mogła ich uratować. Lecz przecież nie mogła. Domyślam się, co miała zawsze przed oczyma, gdy próbowała zasnąć albo kładła się w ciągu dnia, choć nigdy nie dało się niczego dowiedzieć. Ich, gdy byli; pozostaje mi tylko to sobie wyobrażać, lecz widzę wtedy puste owale.

„Muszę schudnąć", mówiła głośno przez całe życie, a cicho myślała „nie powinnam żyć", wiem to, i oba zdania były jak awers i rewers jednego doświadczenia. Przez całe życie słodyczami zasypywała pustkę, do której wciąż zaglądała. Ale później przyszła ta książka i, miewałem wrażenie, jej obecność coś w niej łagodziła – lepiej niż ciasta i czekolady.

Szczęśliwa jedenastka

Jan Jo Rabenda do Mariusza Szczygła
Warszawa, wrzesień 2010

Szanowny Panie, może Pan umiałby mi pomóc. Otóż poszukuję bezskutecznie w pamięci i w bibliotekach nazwiska czeskiego autora i tytułu jego powieści o jedenastu braciach, którzy zdobywają mistrzostwo świata w futbolu. Rozpytywałem się dookoła, lecz nikt nie pamięta, tak jakby książka w ogóle nie powstała, lecz mi się przyśniła. Dziwi mnie to; dla mnie była z pewnością jedną z najważniejszych w życiu, też jedną z pierwszych samodzielnie przeczytanych, lecz poza fragmentami fabuły i kilkoma wynikami – 16:0, 12:0 – nie przypominam sobie wiele. A piszę właśnie poemat pod tytułem „Futbol jako przestrzeń marzeń". Zaczyna się od słów: *Było ich jedenastu, braci jedenastu / Jak dziesięć przykazań i jedno dodatkowe.* Gdyby sam Pan nie wiedział, może będzie Pan łaskaw spytać dziesięciu milionów swoich czeskich przyjaciół. Dziękuję z góry i pozdrawiam.

Mariusz Szczygieł do Jana Jo Rabendy
Warszawa, grudzień 2010

Panie Janie, trochę to trwało, ale mam: Eduard Bass, *Klapzubowa jedenáctka*. Rzecz też była przez Czechów sfilmowana. Przed wojną jako film, w 1969 jako serial. Niech Pan skontaktuje się z Milošem Nedomanskim, adres pocztowy – lepiej pisać ręcznie – w załączniku, on Bassa dokładnie czytał i coś więcej Panu opowie. Proszę uważać, to psychoanalityk.

Jan Jo Rabenda do Mariusza Szczygła
Warszawa, grudzień 2010

Wspaniale, pięknie dziękuję, siedzę właśnie w Bibliotece Narodowej i mam już książkę przed sobą. Jakbym odzyskał pół dzieciństwa! Eduard Bass, *Klub jedenastu*. Pierwsze wydanie polskie: rok 1947, tłumaczenia dokonał Zdzisław Hierowski, wydawnictwo Awir Sp. z o.o w Katowicach. Jeszcze spółka, jeszcze z o.o. To było bardzo ciekawe wydawnictwo; do Katowic uciekło ze Lwowa sporo artystów i wydawców, którym się udało na krótki okres otworzyć aż dziewiętnaście firm wydawniczych, ale szybko nadeszły czasy stalinowskie i właściciel Awiru, Zbigniew Mokrzycki, salwował się wyjazdem bodajże do Szwecji. Zdążył opublikować niemało książek zagranicznych, w tym czeskich emigrantów osiadłych we Francji, a z polskich autorów między innymi Magdalenę Samozwaniec, Wiecha, Irenę Krzywicką i Artura Marię Swinarskiego. Drugie wydanie polskie Bassa: w tym samym przekładzie, z oryginalnymi ilustracjami Franciszka Seiferta, Poznań 1949, Wielkopolska Księgarnia

Wydawnicza, już nie z o.o. Wydanie trzecie i jak dotąd ostatnie, rok 1959, wydawnictwo państwowe „Sport i Turystyka". Podejmuję właśnie walkę o wydanie czwarte, jeszcze Pan o Bassie usłyszy!

Miloš Nedomanský do Jana Jo Rabendy, Praha, marzec 2011

Miły i Drogi Panie, koniec z wyparciem: odkąd przestałem grać w tenisa czterokilową rakietą marki Stomil, nie miałem nic polskiego w rękach i oto proszę, trzymam teraz w nich Pański list pytający o Eduarda Bassa.

Kiedy byłem dzieckiem, w okolicach szóstego roku życia, czyli na początku fazy latencyjnej, bawiłem się w dziwną grę. Wymyśliłem wówczas magiczne słowo „Fooust", które odgrywało ważną rolę w moich śnieniach. Na przykład założyłem rodzaj piłkarskiej ligi, wyobrażając sobie różne drużyny, w tym ekipę zwaną właśnie Fooust, która wygrywała przypadkiem wszystkie mecze. Wokół tej zwycięskiej ekipy tkałem różne fantazje inspirowane książką Bassa. Wymyśliłem logo drużyny FC Klapzuba--Fooust, koszulki, flagę klubową, zbudowałem makietę boiska, następnie zacząłem wytwarzać karty z podobiznami graczy wedle popularnego modelu kart graczy NHL. Wiele lat później zrozumiałem, że ta dziwna nazwa, „Fooust", jest przetworzonym echem tytułu amerykańskiej gazety, który fascynował mnie swoim egzotycznym, pociągającym brzmieniem – „Washington Post". Pooust. A skąd Pańskie zainteresowanie Bassem jako jednym z pierwszych, jak rozumiem, czytanych autorów po tym, jak już Pan zaczął powoli wychodzić z fazy edypalnej?

131

Jan Jo Rabenda do Miloša Nedomanskiego
Warszawa, kwiecień 2011

Do stu tysięcy przestrzelonych karnych, jak mawiał ojciec Klapzuba, zainteresowanie to mało powiedziane, trzeba raczej rzec: zauroczenie, wstrząs, przeznaczenie, bezgraniczny zachwyt. Żadna inna książka poza powieściami Maya nie miała takiej formacyjnej siły, właściwie do dzisiaj konstruuję własne życie fantazmatyczne wokół wyobrażeń z niej zapożyczonych. Sam nie wiem, które ważniejsze, czy rodzinna, braterska wspólnota realizująca jeden zbiorowy cel, czy cud zwycięstwa tam, gdzie nie powinno być w ogóle o nim mowy, czy wspaniałość piłkarskiego rzemiosła, któremu żaden przeciwnik nie może się oprzeć. Pamięta Pan świetnie, oto jedenastu braci Kłapaczy, jak spolszczono czeskie nazwisko Klapzuba, dowodzonych przez ich ojca-trenera tworzy w kompletnym zaścianku, wśród łąk i pól, ekipę, prawdziwy – jak by Pan może powiedział – *team*, który pokona wszystkie drużyny świata. I straci przez kilka lat tylko jedną bramkę. Żebrak staje się księciem, boisko ziemią obiecaną, a solidarność i miłość gwarantem sukcesu. Jedna wielka nierzeczywistość, która generuje wszelkie chłopięce marzenia. I, zwrócę Panu uwagę, przedłuża wiarę w autorytet ojca, czyli zawiesza niejako zbrodnię edypalną, wskazując, że nie jest ona konieczna dla życia psychicznego, co sugerował już zresztą Bachelard. Gdyby interesował się futbolem, z pewnością by o Bassie mówił. A przy okazji: pominięcie boiska w jego poetyce przestrzeni uważam za spore niedopatrzenie. Stąd takie między innymi wersy w moim poemacie:

Przejść za białą linię, wysiąść z glanc rakiety / i wbić
swoje stopy jak w glebę Saturna.

Na zielonej murawie / Błyszczą białe linie... tak zaczynał się hymn Klapzubowej jedenastki napisany przez
„nestora czeskich poetów Wincentego Kabrnę". W poetykach przestrzeni Bachelarda zawsze brakowało mi
podobnych słów, brakowało fenomenologii boiska i sal
gimnastycznych. Tymczasem wśród marzycieli przestrzeni występuje całkiem licznie kategoria marzycieli sportowych wyspecjalizowana w kontemplacji ograniczonych,
zamkniętych miejsc gry. W dosłownej kontemplacji linii
wyznaczających boiska, wyrysowujących miejsca wybra-
ne, enklawy słodkiej nierealności, kieszenie, w których
bardziej śni się o życiu, niż się je prowadzi.

Sen futbolowego marzyciela wygasa na krawędzi, dokładnie tam, gdzie boisko się kończy, gdzie linie oznajmia-
ją zmianę – za nimi zaczyna się aut, przestrzeń zewnętrz-
na, krzaki, ławki czy bieżnia, pas ochronny dzielący od
obcego, zbędnego świata. Cokolwiek istnieje poza linia-
mi, zostaje w marzeniu odkrojone, odpada niczym futerał od instrumentu; dla marzenia pozostaje ten skrawek
wewnętrz, zielony albo gliniasty, twardy i kamienisty czy
nieco rozmoczony przez deszcz. To miejsce święte, ba-
jeczny dywan, który dotyka stóp inaczej niż zwykła ziemia. Wie o tym każdy, kto z autu, z miejsca wykluczenia,
wchodzi do środka, przekracza granicę, dotyka ziemi, tej
ziemi. Nawet jeśli to ma być najgorsza z muraw, kawałek
żwiru wśród ruin. W pamiętnym *Do przerwy 0:1* Adama
Bahdaja, odpowiedniku książki Bassa dla polskich dzieci,
„boiskiem nazywali chłopcy plac, na którym kopali piłkę.

Był to niewielki teren wciśnięty między warszawskie gruzy, zasypany odłamkami cegły, zarośnięty chwastami. Dla zapalonych piłkarzy stanowił on oazę wśród wielkiego rumowiska nieuprzątniętych jeszcze gruzów. Z jednej strony odgradzała go od ulicy ślepa ściana wypalonej kilkupiętrowej kamienicy, z drugiej – rumowisko parterowego domu, zarośnięte chwastami, z trzeciej – wysoki płot, za którym znajdowało się cmentarzysko starych samochodów, z czwartej zaś – ogród warzywny warszawskiego badylarza". Pan rozumie polski, czyli rozumie Pan wszystko.

Miloš Nedomanský do Jana Jo Rabendy
Praha, kwiecień 2011

No tak, teraz lepiej pojmuję powody, dla których psychoanaliza nigdy nie zagościła na dłużej w polskiej humanistyce. Co również wyjaśnia, dlaczego dostawać będziecie od nas baty przez kolejne dziesięciolecia, poczynając od najbliższego Euro. Pan odsyła Bassa do Bachelarda, cóż, krzyż na drogę. Na której spotka Pan z pewnością jakichś swoich romantyków, mity zbiorowe, sekty towianistyczne i marzenia millenarystyczne. Pan pozwoli, że mój własny przypadek, casus Miloša N. z ziemi praskiej, zasłużenie położonej bliżej Wiednia niż Pańska męczeńska Warszawa, wytłumaczę przez odwołanie się do Freuda. Otóż wiele lat później, gdy o Bassie już nie pamiętałem, podczas jednego z nudnych wykładów na uniwersytecie przyłapałem się na rysowaniu na kartce mojego dziecięcego logo drużyny Klapzuby. Wpadłem widocznie w regresję i uciekłem się do rebrandingu dziecka we mnie, do fetyszyzmu, który musiał pod koniec fazy edypalnej jakoś się we mnie wykrystalizować. Ale dlaczego, zacząłem się zastanawiać, ów fetyszyzm przyjął postać quasi--angielskiego słówka? Minęły kolejne lata; na ulicach Pragi pojawiły się setki słów angielskich, nazw sklepów, ubrań, napisów graffiti. Dlaczego wyrażenie „free entry" jest dziś lepsze od „wstęp wolny"? Dlaczego moje słówko „Fooust" było lepsze od słów czeskich? Czy chodzi tylko o fascynację językiem ważniejszym, wyższym, ucieleśniającym mitologię wspaniałego Zachodu? Trzeba mi było przeczytać *Studia nad histerią* Freuda i Breuera, a zwłaszcza opisany w nich przypadek Anny O., by znaleźć odpowiedź. Otóż Anna O. podczas ataków swej choroby zapominała języka ojczystego i nie wiedzieć czemu szeptała słówka angielskie, choć przecież angielskiego nie znała. Jej ucieczka od własnego języka oznaczała ucieczkę poza trójkąt edypalny, bunt przeciwko zasadzie rzeczywistości. Anna była chora. Ja byłem dzieckiem. A dzisiejsze społeczeństwo? Co powiedzieć o kulturze, której znakiem szczególnym jest utrata języka ojczystego? O kulturze outletu, outfitu, breakfastu, brainstormingu, slow foodu, o całej tej fooust-kulturze? Można o niej powiedzieć bez wahania, że i ona stała się dzieckiem, że i ona jest chora, że i ona ucieka, dokonuje fetyszystycznego wyboru pregenitalnego. Do tego rodzaju rozważań służy mi dzisiaj książka Bassa. Życzę powodzenia.

Gyorgi Huszar do Jana Jo Rabendy
Budapeszt, listopad 2011

Cześć, stary, kopa lat, cieszę się, że wreszcie napisałeś! Owszem, wciąż cykam felietony piłkarskie do „Nemzeti

Sport", ale książki Bassa my tutaj niestety nie znamy. Czy nadal chodzisz na przyjęcia warszawskie w getrach i butach piłkarskich do garnituru? Wydawało mi się to niegdyś przesadą, lecz teraz rozumiem, że, by tak rzec, miałeś rację. Esterházy – z pewnością go czytałeś, przynajmniej *Niesztukę* – nosi krawat w futbolowe piłki albo pojawia się w towarzystwie w koszulce z numerem Puskása, *in crude* albo pod marynarką. Wiesz, jego matka miała jednak z Puskásem regularny romans, sam mi to powiedział. Kiedy piszesz o przestrzeni boiska jako figurze marzenia, nie mogę nie przypomnieć Ci tego fragmentu z *Niesztuki*: „Puskás dobrze wiedział, że poza boiskiem istnieje jeszcze inny świat, ale udawał, że nie wie. Matka także wiedziała, ale podobnie jak Puskás próbowała wszystko zamienić w boisko, tak to sobie wyobrażała (najwyraźniej unikam słowa „śniła"), i to było jej motorem, nie chęć do zabawy ani natura żądna przygód, ale przymus, żeby coś zrobić, bo nie można żyć w bezustannym strachu". Rzecz jasna, w tym przypadku marzenie matki i jej kochanka Puskása ma wymiar utopii antypolitycznej, wolnościowej – boisko staje się miejscem azylu w kraju policyjnej represji, jedyną przestrzenią wolnej ekspresji. Ale, podobnie jak Ty, upowieściowana matka Esterházyego rozumie boisko w kategoriach uniwersalnych, metafizycznych. Esterházy pisze, że widziała „globalność owego prostokąta", to jest istotnie fantastyczne określenie dla Ciebie, gdy się w nie wsłuchać. I widziała futbol jako „Wielką Opowieść w małej skali". Trzymaj się, kończę właśnie pisać *Historię najnowszej literatury polskiej*, szkoda, że nie zdążę Cię uwzględnić!

Beata Stasińska do Jana Jo Rabendy
Honolulu, luty 2012

Z żalem informuję Pana, że nie mogę się podjąć druku Pańskiego poematu w Wydawnictwie W.A.B. ze względu na jego niską wartość artystyczną. Nie jestem również skłonna przygotować nowego wydania książki Bassa, choć od ostatniego minęło, jak Pan pisze, ponad pół wieku. Nie sądzę, by ta napisana w roku 1922 powiastka dla najmłodszych chłopców mogła dziś znaleźć jakichkolwiek czytelników. Również Pański wstęp nie wzbudził mojego większego zainteresowania, chociaż mogę sobie wyobrazić, że po odpowiednich przeróbkach i nadaniu mu ucywilizowanego wyglądu mógłby on zachwycić środowisko doktorów rozkochanych bardziej w futbolu niż we własnych habilitacjach. Spędzam właśnie wakacje na Hawajach, czy może Pan sobie wyobrazić, że nikt tu nie gra w piłkę? Jest więc i takie życie. Pozostaję z wyrazami szacunku.

Jerzy Korowczyk do Jana Jo Rabendy
Poznań, luty 2012

Ma Pan świętą rację, *Klub jedenastu* to wieczne teraz piłki nożnej, o jakiej marzymy. To nasze piłkarskie Soplicowo. W moich dotyczasowych tekstach o dziejach przedwojennego futbolu Bassem dotąd się istotnie nie zajmowałem, lecz pod Pańskim wpływem z pewnością w kolejnych publikacjach do niego nawiążę; gorąco dziękuję za inspirację.

Oczywiście należy wziąć pod uwagę, że książka Bassa została napisana w roku 1922, w kraju, który dopiero co wybił się na niepodległość. Tryumfalna seria zwycięstw

Kłapaczowej jedenastki z największymi drużynami świata może się przeto wydać późnym rewanżem na historii, pieszczotą dla nacjonalistycznej dumy. Ale w książce – jestem świeżo po jej lekturze – ten ewentualny wymiar narodowy właściwie nie daje o sobie znać; z jednej strony niemal surrealny humor odsącza z opowieści wszelkie nacjonalistyczne nadęcie, z drugiej, zawarta w niej intencja etyczna i pedagogiczna upowszechnia zachowania godne, uniwersalistyczne, i pobudza do marzenia. Także do myślenia: może zaskakiwać, że już u wczesnych początków historii futbolu pojawiają się kwestie, które dzisiaj określają świat piłki nożnej, decydują o sposobie jego istnienia.

Jako historyka sportu najbardziej zastanawia mnie fakt, że ta książka, choć tak wczesna i posługująca się typowym czeskim humorem, zawiera kilka wątków podstawowych dla obecnej refleksji nad futbolem. Po pierwsze, kwestia przemocy, faulu, gry nieczystej. Gdy jedenastka Kłapacza jedzie po raz pierwszy za granicę, do Barcelony, hiszpańscy działacze, pewni przegranej, planują, Pan pamięta, grę tak ostrą, by z boiska zostali zniesieni wszyscy bracia – i dopiero myśl o tym, że w ten sposób gracze Barcelony znajdą się na wiecznym spalonym, ogranicza ich krwawe zamiary do „likwidacji" kilku ledwie czeskich zawodników. Widać, że brutalność była w futbol wpisana niejako od samego początku, o czym sam wolę nie pamiętać, gdyż pociąga mnie obraz złotych czasów piłki, okresu, gdy ani na boisku, ani poza nim nie dopuszczano się do haniebnych, właściwie przestępczych działań, tej zmory dzisiejszego futbolu. Wciąż nie mogę przejść do porządku nad faktem, że futbol stał się

dzisiaj grą piekielną, piekielnie nieczystą, rozgrywają-
cą się nieustannie na granicy faulu lub, co jeszcze gorsze, jego symulacji. Dlaczego w mniej jednak brutalnej
grze jak koszykówka odgwizdywane jest każde przewi-
nienie, a na boisku piłkarskim tolerancja posuwa się do
tchórzliwego zaniechania? Dlaczego akceptujemy, że
w futbolu jako jedynej grze drużynowej udawanie i oszu-
kiwanie – na przykład wymuszanie karnego – należy dziś
do samej jego istoty, stało się jedną z reguł gry? Futbol
przedwojenny zawsze zdawał mi się oazą dżentelmeń-
stwa, o której wciąż marzę. Powiastka Bassa mówi, że
nie, że nie było aż tak pięknie, ale też jeszcze daje nadzieję, nakazuje z grą faul walczyć i przekonuje, że mimo
wszystko jest to jeszcze całkiem możliwe.

Po drugie, oczywista kwestia Mamony. Kryzys Kłapaczowej jedenastki, kryzys moralny, który przekłada się na
kryzys fizyczny, rozpoczyna się w chwili, gdy napotkana
przypadkiem podczas spaceru drużyna wiejskich wyrost-
ków odmawia braciom gry, gdyż tu, na wsi, „oni grają
dla honoru", podczas gdy bracia już grają dla pieniędzy.
U szczytu sławy Kłapaczowie czy Klapzubowie, jak woli
Pan z czeska pisać, słyszą to jedno zdanie, to jedno oskarżenie, „wy gracie dla pieniędzy", i już się po tym ciosie
nie podniosą; oskarżenie będzie ich drążyło jak czerw.
Stracą ochotę na piłkę, zaorają boisko i w ostatnim meczu
z Australią wreszcie dadzą sobie strzelić pierwszą bramkę.
Proszę pomyśleć, jesteśmy w roku 1922; jeszcze w 1936
olimpiadę berlińską wygrywa drużyna włoska złożona
ze studentów amatorów, gdyż włoski związek piłki nożnej uważa, że na olimpiadę nie wypada, wręcz nie wolno

wysyłać graczy klubowych, ale złe już się stało, Mamona już do futbolu wkroczyła. Oczywiście książkę Bassa przepaja, jak wspomniałem, myśl natrętnie pedagogiczna i moralizująca, jednakże zawarte w niej marzenie o grze czystej i amatorskiej nie może nas pozostawić obojętnym. Skądinąd bardzo też lubię rzeczy, z dzisiejszego punktu widzenia, archaiczne bądź fantazyjne. Australia jako ta drużyna, z którą bracia mają grać mecz o ostateczne mistrzostwo świata! No i te wyniki. 32:0, 15:0, 20:0. Zawsze do zera i niemal zawsze wynik dwucyfrowy. Z KS Kroczygłowy 13:0. Ze Spartą z Koszyrza 16:0. Z Meteorem Praga VIII 10:0. Z samą Spartą 6:0. Później z Barceloną 31:0. Z Huddersfield FC tylko 4:0, no ale to Anglicy. Ogólny stosunek bramek w rozgrywkach czeskich pierwszego sezonu 122:0 (Pan zauważył? Polski tłumacz pisze jeszcze: „Kłapaczowie nie dostali gola"). Inna sprawa, że w tamtych latach w każdym niemal meczu padało wiele bramek. Wystarczy przypomnieć wynik spotkania Polska–Brazylia na mistrzostwach świata w 1938 – 5:6.

Jan Jo Rabenda do Jerzego Korowczyka
Warszawa, luty 2012

Szanowny Panie Jerzy, nie trzeba mi przypominać. To jedna z nielicznych cyfr, które noszę w głowie jak szóstą klepkę, obok daty bitwy pod Grunwaldem i wysokości Mount Everestu. „Pięć do sześciu! Leonidas grający boso". Tak brzmiało jedno z pierwszych zdań o świecie, które zapamiętałem z ust ojca. I obawiam się, lub z góry raduję, że to ono przyjdzie mi do głowy w chwili, gdy sam będę oddawał ducha.

Wie Pan, przypominam sobie czasem wyniki różnych meczów z przeszłości, owo 5:6 z Brazylią, 4:2
Anglii z Niemcami z mistrzostw w 1966 – 4:1 Brazylii
z Włochami podczas mistrzostw w Meksyku, nasze
2:1 z Włochami i 0:1 z Niemcami z mistrzostw w 1974,
i parę jeszcze innych, i czuję, że te cyferki coś mi robią
w głowie, są jak magiczne formuły matematyczne kodu-
jące nasze istnienie. Składają się na kabałę naszego życia;
nad nimi również się rozmarzamy, kontemplujemy je, tak
jak szaman syberyjski kontempluje własny szkielet. Po-
równanie wydać się może przesadne, lecz o tyle w mym
odczuciu trafne, że ujawnia otchłanne sedno tamtych
zamienionych w cyfry zdarzeń, które stały się naszymi
egzystencjalnymi talizmanami, cyfrowym zapisem naszego istnienia – czy coś w tym rodzaju.

Tak, słusznie Pan podkreśla etyczny wymiar powiastki Bassa. Wpleciona w nie bajka o srebrnym gwizdku,
którą dziadek opowiada wnukom, jest jedną z najpięk-
niejszych utopii zapisanych w europejskiej literaturze
XX-wiecznej. Zwrócił Pan uwagę? Wedle tej bajki przo-
dek Kłapacza czy Klapzuby, młodzieniec prostaczek,
rodzaj nowego Kandyda, wyrusza w świat za chlebem.
W podzięce za dobry uczynek otrzymuje od przygodnie
spotkanego starca gwizdek. Trafia na mecz; drużynom
zabrakło akurat arbitra i on, jako właściciel jedynego
gwizdka w okolicy, podejmuje się sędziowania. Jest bez-
błędny, gdyż gwizdek gwiżdże sam z siebie i zawsze w od-
powiednim momencie. Młodzieniec nie popełnia żadnej
pomyłki i zostaje najbardziej szanowanym sędzią całego
kraju. Szybko okaże się jednak, że otrzymał w darze ów

gwizdek nie po to tylko, by sędziować uczciwie mecze czeskich drużyn; jego gwizdek okazuje się czuły na każdy faul popełniany w życiu społecznym i zaczyna samoistnie gwizdać za każdym razem tam, gdzie wydarza się niesprawiedliwość, w urzędzie, na ulicy. Proszę pomyśleć, że w tym samym mniej więcej czasie, a w każdym razie niedługo po sobie, powstają na ziemi czeskiej dwie książki: *Proces* Kafki, czyli czarna humoreska o urzędzie panującym nad światem, i *Klub jedenastu*, w którym urząd jest kontrolowany przez wyższą siłę moralną.

Aneta Piotrowicz do Jana Jo Rabendy
Warszawa, kwiecień 2012

Oczywiście, pamiętam Cię z komitetu strajkowego, może nie wiesz, że Jurek, ten z filozofii, wiceprzewodniczący komitetu, został później moim mężem. Do dzisiaj mam strajk w domu. Spróbuję o Twojej książce pogadać w Czytelniku, ale wiesz, to już nie jest to samo wydawnictwo, co kiedyś. Właśnie złożyłam w nim książkę o Warszawie tamtych lat. Opis socjologiczno-historyczny, wyobraź sobie, że jeden rozdział poświęciłam analizie roli sportu w PRL-u i ówczesnym realiom determinującym styl zachowań na stadionach, to może Cię zainteresować. Myślę, że lata 1946–1979 to najciekawszy okres także dla historyka warszawskiej piłki nożnej. Wystarczy przeczytać *Złego* Tyrmanda, najważniejszą powieść tamtego czasu, wydaną w 1955 roku, by zdać sobie sprawę z roli piłki, czy szerzej: sportu, w świeżo powojennej Warszawie. Sport na ruinach miał wyjątkowe znaczenie, przez niego wyrażała się najbardziej potrzeba regeneracji, nowego życia po wojennym koszmarze. Staram sobie wyobrazić gęstość, intensywność ówczesnego przeżywania sportu, modus, który przetrwał jeszcze do czasów mego dzieciństwa. Wielka sztuka pisarska Tyrmanda wspaniale zagęszcza oczekiwanie na mecz, czytelnik czuje rosnące, z chwili na chwilę, napięcie elektryzujące całą Warszawę i budujące zarazem kulminację powieściowej akcji. „Merynos i Kruszyna przebyli kordon na rogu Łazienkowskiej i wpłynęli na rozkołysany przypływ głównego dojścia do stadionu. Wielki masyw widocznych od tyłu betonowych trybun, świecący rzędem zielonkawych, kwadratowych okienek, rozpościerał się nad stadionem. Spoza trybun dochodził wulkaniczny grzmot wciskających się na stadion tłumów, dudniący łoskot, jak przewalanie się gigantycznych cyklopów w sercu ziemi". Jest to gęstość literacka jedności miejsca i czasu, która jednak krystalizuje i kondensuje, nie bez ekspresjonistycznej przesady, ówczesną atmosferę czyniącą ze zdarzeń sportowych wielkie zbiorowe egzystencjalne doświadczenie. Wyobraź sobie 100 tysięcy ludzi na Stadionie X-lecia, rok 1958, mecz lekkoatletyczny Polska–USA: apogeum polskiego sportu, wygrana naszej drużyny zwanej Wunderteamem, której członkowie trzy lata wcześniej w czynie społecznym brali jeszcze udział w pracach nad jego, stadionu, budową... Sto tysięcy tutaj, pięćdziesiąt tysięcy na innych, mniejszych stadionach, nie tylko futbol, lecz każde wydarzenie sportowe, od boksu po gimnastykę, przyciągało tłumy.

Czytałeś może Adolfa Rudnickiego, nie, nie powieści, a *Kartki sportowe*, rok wydania 1952? W zapiskach Rudnickiego, codziennych i skromnych, dzisiaj w wielu miejscach trących myszką, ktoś rzekłby nachalnie i nieprzyjemnie „socrealistycznych", tkwi ten rodzaj szczególnej irracjonalnej, powojennej nadziei mimo wszystko oraz społecznego entuzjazmu, który później, za czasów Jaruzelskiego, i jeszcze później, za liberalizmu, przybierze w odniesieniu do sportu całkiem inne, powiedziałabym zimniejsze, gdyż o wiele mniej powszechne, a bardziej sekciarskie formy; mam na myśli zwłaszcza subkultury wytwarzane przez kibiców. U Rudnickiego trybuny nawet na nieistotnych spotkaniach czy zawodach są pełne; powietrze zdaje się aż ciężkie od spojrzeń kibiców, bo oto ktoś pcha kulę czy skacze w dal, a ktoś inny, uwaga! uwaga!, zaraz skoczy o tyczce. Kronikarz dostrzega drobne szczegóły, ma pisarską wrażliwość detalu, lecz zarazem gdzieś w tle nawiązuje łączność z mitycznymi początkami sportu, z etosem greckim. Kilka lat po największej w dziejach rzezi próbuje związać zerwaną cywilizacyjną nić, dojrzeć w samotnej walce średniodystansowca czy miotacza, w robinsonadzie bramkarza, oznaki wiecznego „wyżej, szybciej, dalej", nadludzki wysiłek zmagań z sobą samym, wzniosły, cudownie bezcelowy, bezideowy heroizm. To są jeszcze, rzekłabym, nastroje w stylu Twojego Bassa, którego muszę teraz koniecznie przeczytać, obiecuję.

Jerzy Ilg do Jana Jo Rabendy
Berkeley, kwiecień 2012

Szanowny Panie, Wydawnictwo Znak nie jest zainteresowane wydaniem książki Bassa, którą Pan nam rekomendował. Jej całkowita anachroniczność dyskwalifikuje ją kompletnie jako pozycję, która mogłaby znaleźć sobie miejsce na dzisiejszym rynku wydawniczym. Pańska optymistyczna wizja finansowych profitów dla wydawnictwa, któremu przewodzę, wydaje mi się całkowicie oderwana od rzeczywistości, podobnie jak zarys Pańskiego wstępu, o którym jeden z recenzentów wewnętrznych napisał: „W chwili, gdy nasze wydawnictwo skupia wszelkie środki na wydawaniu książek o istotnym ciężarze gatunkowym, jak monografie geniuszy i dziennikarzy, nie warto roztrwaniać energii na teksty wydmuchujące w niebo bańki mydlane". Co do zaprezentowanych nam fragmentów Pańskiego poematu, niech naszą, wydawnictwa czterech noblistów, opinię wyrazi długa biel strony pod moim podpisem. Z poważaniem.

PS. Spędzam właśnie wakacje w Berkeley, wyznam Panu, potęga! Ale tu nie grają w *soccer*.

Marcela Salivarova-Bideau do Jana Jo Rabendy
Genewa, kwiecień 2012

Pomysł na adaptację powieści Bassa nosiłam w głowie od wielu lat, właściwie od chwili, gdy wyjechałam z Czechosłowacji w 1970 roku, gdyż była to ulubiona lektura ojca, lecz przeniosłam ją na deski Teatru Saint-Gervais w Genewie dopiero w roku 2008. Rozumiem, że sama idea wydać się może szalona, lecz proszę sobie wyobrazić, iż ta bajeczka-utopia doskonale się sprawdza jako spektakl. Z jednej strony sceny zbiorowe, same mecze przede wszystkim, zamienione w balet, mają fantastyczną siłę choreograficzną. Przy muzyce Janačka i innych modernistów z początku XX wieku utworzyły spektakl, którego, zdaniem krytyków, nie powstydziłyby się Ballets Russes czy, bliżej współczesności, Pina Bausch; oczywiście to drugie odniesienie jest mi bliższe, gdyż to ono patronowało mi podczas realizacji spektaklu. Oś dramatyczną mojego przedstawienia tworzy natomiast kontrast między nieskażoną niczym cywilizacją środkowoeuropejskiej wioski a światem miejskim, zwłaszcza miejskim światem Zachodu, który już w chwili wymyślania sportu, czyli na początku XX wieku, musi go zbrukać i oszpecić. Zawsze była mi bliska prorocza myśl Spenglera o upadku zachodniej cywilizacji; im dłużej mieszkałam w Genewie, tym bliższa. Krytycy czescy, których zaprosiłam na premierę, zarzucali mi, że przedstawiając historię czeskiej rodziny z gminu, która mimo podboju Zachodu umie zachować godność i czystość, zlekceważyłam ludyczny charakter powieści, a zwłaszcza jej surrealny koniec, kiedy to Klapzubowie, po ostatnim meczu z Australią trafiają na wyspę ludożerców, uciekają z niej i grają w piłkę wodną na pełnym oceanie, czekając aż wyłowi ich jakiś okręt. Ale widzi Pan, dzisiaj nikomu nie jest do śmiechu. Mój mąż, Jacques Bideau, znany tutaj filozof, wydał właśnie pamflet filozoficzny zatytułowany *Po liberalizmie. W poszukiwaniu nowego człowieka*. Dziwnym trafem jego książka i mój spektakl dobrze ze sobą współgrają. Dziękuję za Pańskie zainteresowanie naszą twórczością i przesyłam wyrazy szacunku. Oraz życzenia wytrwałości przede wszystkim.

Aneta Piotrowicz do Jana Jo Rabendy
Warszawa, maj 2012
Niestety Jo, Czytelnik nie jest zainteresowany Twoją propozycją, wiesz jak to jest, dziesięć razy przeliczą, zanim

coś wydadzą. Ale spytam znajomych, założyli właśnie niszowe wydawnictwo „Moja Faja", chcą wydawać książki spoza mainstreamu, może ich przekonam.

Chciałabym Ci jeszcze jeden wątek zasugerować do Twego wstępu, skoro mowa w nim o sporcie sprzed lat i związanych z nim marzeniach. Pamiętasz, pisałam Ci niedawno o kronikach sportowych Rudnickiego... Widzisz, to, co jest w nich najsłabsze, ogólny optymizm, humanizm i ciepło, jest na swój sposób najciekawsze. Czasami Rudnicki opisuje, jak „na trybunach widzi się zbiorowe ataki szału", jakiś kibic wstaje i ni stąd, ni zowąd „wydaje z siebie nieludzki okrzyk": „sędzia, obierać kartofle!". Doprawdy, przyznasz, co za wulgarność! Czytając te kartki, czytając Tyrmanda albo jeszcze powieści Dygata interesuje mnie pytanie o złoty wiek sportu, o piękno czasów, gdy sędzia był nieludzko, wprost nieludzko wzywany do obierania kartofli. O to, jak bardzo utopijny jest w nas obraz sportu „sprzed": sprzed nadejścia *hooligans*, sprzed morderstw na stadionach i przy stadionach, sprzed agresji fizycznej i bezgranicznej agresji słownej, sprzed wkroczenia wielkiego kapitału, sprzed technologii i odżywek, sprzed narodzin nagród „fair play".

Czy taki złoty czas kiedykolwiek w ogóle istniał? U Hemingwaya, u Londona i tylu innych raczej nie, żadnych marzeń. Ale kartki Rudnickiego czytane po latach ożywiają tę miłą nadzieję na czystość sportu, kierowaną w przeszłość, skoro dzisiaj nie można niestety kierować jej w przyszłość... Kiedy to wszystko, ten domniemany humanizm sportu zaczął wygasać? Uważam, że na Zachodzie po roku '68 i wraz z przyśpieszeniem liberalnym

147

lat 70. oraz ekspansją tak zwanych praw człowieka; moje poglądy w tej kwestii we Francji określono by jako reakcyjne. W Polsce mocne tego oznaki nadeszły za Gierka, który uchylił drzwi na Zachód, a kompletnego zniszczenia humanistycznego wymiaru sportu dokonały przemiany ustrojowe po 1989. Oczywiście, za czasów komunistycznych, ogólnie rzecz biorąc, sport miał funkcje kompensacyjne, był bezpośrednią odpowiedzią na biologiczną klęskę wojny i symboliczną odpowiedzią na klęskę polityczną. Międzynarodowe spotkania piłkarskie czy bokserskie, zwłaszcza te, w których Polska mierzyła się z ZSRR, były z naszej strony przeniesionymi na murawę czy ring powstaniami i zawsze miały dla nas polityczny wymiar, aż po znany gest Kozakiewicza na olimpiadzie moskiewskiej w 1980 roku. Niemniej powojenny sport niosła jeszcze przez chwilę fala autentycznego entuzjazmu, wiary w życie, w wysiłek nieskalany ani przez pieniądz, ani przez historię. Komunistyczna władza z czasem coraz bardziej chciała uczynić ze sportu opium serwowane narodowi zamiast chleba i wolności. Mistrzostwa świata w 1974 były dla Gierka podarkiem z niebios. W przeciwieństwie do papieża.

Ale już wtedy władza coraz bardziej okopywała się w swej twierdzy, trzęsła się ze strachu. Pamiętasz z pewnością uliczne manifestacje radości po meczu Polska–Anglia na Wembley i podczas wspomnianych mistrzostw świata w Niemczech. Spontaniczne, niczego niegłoszące, przeciw niczemu nieprotestujące marsze młodych ludzi spotykały się z ostrą reakcją milicji, która rozganiała je bez pardonu, jak każde potencjalnie niebezpieczne zgrupowanie, ale i młodzi, wychodząc jeszcze tak nieśmiało i niewinnie na ulice, przeczuwali, że kumulują w sobie społeczną antykomunistyczną agresję. Ledwie dwa lata później zaczęły się prawdziwe manifestacje i strajki w Radomiu i Ursusie, sześć lat po brązowym medalu w Niemczech powstała Solidarność, piętnaście lat później nie było tu już komunizmu. Przynajmniej to jest jakimś pocieszeniem, przyznaj, nawet jeśli teraz nie chcą wydawać naszych książek.

Jacques Bideau do Jana Jo Rabendy
Genewa, maj 2012

Bardzo dziękuję, Drogi Panie, za zainteresowanie moją twórczością. W poprzedniej książce, zatytułowanej *Bóg wolnego rynku*, zajmowałem się Lyotardowską problematyką wielkich narracji. Kiedy Lyotard głosił ich upadek w latach 70. zeszłego stulecia wraz z upadkiem religii i wraz z nadchodzącym w wielkim tempie upadkiem ideologii, nie umiał przewidzieć, że rośnie obok nowy monoteizm. Monoteizm rynkowy, nowa religia, która objawia się sama i która ma postchrześcijańskie ambicje objęcia swym prawem i wyznaniem całego świata. Jej duch święty, tak zwana niewidzialna ręka rynku, harmonizuje wszystkie partykularne, jednostkowe dokonania, napięcia między nimi i utrzymuje świat w równowadze, dając mu szansę jeszcze jednej wielkiej narracji.

Futbol ostatnich trzydziestu lat – skoro to on Pana interesuje – jest stanem euforycznym tej równowagi, szerokim uśmiechem monoteizmu, to znaczy dystrybucyjną łaską nadwyżki, wypracowanej przez ducha świętego rynku. Wszelkie dzisiejsze próby futbolowego dyskursu to tylko realizacje tej jednej monoteistycznej narracji, podobnie zresztą jak są nimi wszystkie dzisiejsze języki, wszystkie dzisiejsze powieści (z wyjątkiem tych wizjonerskich, myślę tu zwłaszcza o Michelu Houellebecqu) oraz filmy, widowiska, słowem cała medialna produkcja. Poza tę narrację nie umieliśmy dotąd wyjść, lecz błyskawiczne przyśpieszenie kryzysu już zdążyło postawić nas przed pytaniem o nowego człowieka, który musi się narodzić, gdyż dzisiaj już wszyscy jesteśmy martwi, jesteśmy Nietzscheańskimi „ostatnimi ludźmi", których życie ukołysał do wiecznego snu liberalizm i omdlewająca Europa, doprowadzona na skraj bankructwa. Ale ta narracja zostanie któregoś dnia zerwana i zapewniam Pana, że nowy człowiek po liberalizmie nie będzie już więcej *homo transferus*, przerzucającym długi i zobowiązania z jednego miejsca w drugie, pozbawionym przez to trwałego sedna, czyli stałości ekonomicznej i psychicznej, i wiążącym cyrkulację akcji (kupowanych i sprzedawanych) w jedną – jakże pustą – narrację, narra(k)cję.

Co do Bassa, jego naiwna opowiastka z roku 1922, czytana dzisiaj, może również wydać się – w sprofilowanej przez dzisiejsze problemy lekturze – prorocza wobec przyszłości, która miała nastąpić. Pojawienie się znamion przyszłego monoteizmu rynku w postaci gry za pieniądze stawia pod znakiem zapytania istnienie Klapzubowej jedenastki i *de facto* kładzie jej kres – bracia, zrozumiawszy czczość własnego istnienia, postanawiają rzucić wszystko w diabły i zaorać boisko, a wyprawa do Australii na mecz ostatni ma tylko koronować dawną, jeszcze nieskażoną, przeszłość, tryumfalnie ją wieńczyć. Bracia Klapzubowie przez swą odmowę uczestnictwa w monoteizmie rynkowym gotowi są zatem stworzyć opowieść o nowym człowieku – i stąd pomysł wystawienia przez moją żonę książki Bassa w teatrze.

Oczywiście, sięgamy po nią z nostalgią, niepewni, czy uda się nam przezwyciężyć nasze zmęczenie, naszą omdlałość. Ta nostalgia jest, czy mogłaby być rewolucyjna, i to moja żona chciała właśnie pokazać. Nazajutrz po zamachu na World Trade Center w paryskim radio znany francuski ekonomista wyrzekł takie słowa: „Nie należy się poddawać i ulegać panice. W chwili obecnej jedyną możliwą naszą reakcją powinno być zwiększenie konsumpcji. Konsumpcja jest dzisiaj, w obliczu tego wydarzenia, aktem naszego buntu i sprzeciwu". Nie muszę tej kosmicznej głupoty Panu komentować, najlepszym komentarzem są wydarzenia ostatnich paru lat, ale zapytam: czy nostalgia będzie miała w nas dość siły, by przekształcić się w otwarty bunt i sprzeciw? To nie jest pewne. Niekiedy obawiam się, że pozostanie jedynie narracyjnym suplementem, aneksem do rynkowej narracji, smutnym echem bezradności, podobnie jak Pański poemat. Cieszy mnie wszak, że Pan go pisze.

Małgorzata Nycz
Kraków, czerwiec 2012

Wielce Szanowny Panie, z wielką atencją przeczytałam Pański list z propozycją krytycznego wydania książki Bassa i towarzyszącego jej poematu. Szalenie mi przykro, lecz moja odpowiedź może być jedynie odmowna.

Proszę wziąć do serca nazwę naszego wydawnictwa. Tak, jesteśmy Wydawnictwem Literackim, a prawda sportowa nie zawsze bywa artystyczna. Życzę Panu miłego odpoczynku podczas nadchodzących wakacji; osobiście spędzam je w lasach Podhala. Każde drzewo na drodze wydaje się literą, klon to K, buk to B, natura pisze piękne wiersze. Może i Pana zdoła natchnąć. Proszę przyjąć wyrazy przyjaźni i szacunku.

Jerzy Korowczyk do Jana Jo Rabendy
Poznań, lipiec 2012

Pyta Pan o moje odczucia względem ściśle futbolowego wymiaru książki Bassa. Jak Pan pamięta, drużyna Paragona u Bahdaja gra systemem 3–2–5 rozpowszechnionym w latach 40. i 50. O ustawieniu jedenastki Kłapacza nie mamy szczegółowych informacji, no ale w 1922 nie było to jeszcze takie istotne, prasa sportowa o ustawieniu jeszcze wówczas się nie rozpisywała. Choć podział na funkcje, na pozycje oczywiście już działał; Bass wspomina przede wszystkim o łącznikach, drobnych i zwinnych, których ojciec Kłapacz „postawił na skrzydłach", czy o „lewych" i „prawych" obrońcach. Na podstawie rozproszonych opisów widać, że bramki są strzelane z różnych pozycji, zdarzają się bombowe strzały z trzydziestu metrów, wiele jest efektem znakomitych główek. W wielkim meczu z Australią „pierwsza bramka padła w trzeciej minucie gry. Nie była w ogóle strzelona. Karlik wniósł piłkę do siatki na piersi, będąc szybszym w szalonym biegu od jej lotu. Drugą bramkę, którą oberwali prowadzący, strzelił Józek ze skrzydła, tak że piłka szła po poprzeczce, zsunęła się z niej fałszem i wpadła na drugim końcu do siatki". Paradne, ale mogę to sobie wyobrazić!

Jan Jo Rabenda do Jerzego Korowczyka
Warszawa, sierpień 2012

Widać, że Bassa dotknęło już marzenie bramki. Podobnie jak później Bahdaja. U Bahdaja próby strzelenia bramki opisywane są z chirurgiczną precyzją. „Teraz piłkę otrzymał Krzyś Skonecki. Rozejrzał się wokół i widząc nadbiegającego Paragona, skierował ją lekkim podaniem do skrzydłowego. Maniuś ruszył do przodu jak wicher. Zdawało się, że zaczarował piłkę, toczącą się posłusznie przy jego trampkach. Minął pomocnika, potem obrońcę i na linii bramkowej posłał ją do środka. Z ciżby graczy wyrwała się smukła sylwetka Mandżaro. Jak z katapulty wyskoczył do piłki i głową skierował ją do bramki. Zasłonięty przez własnych obrońców bramkarz Huraganu w ostatnim momencie zauważył ją tuż przed sobą. Zdążył tylko wysunąć pięści i odbić piłkę w pole". Z futbolem wiąże się mnóstwo fantazji, sam na przykład marzyłem w dzieciństwie nawet o tym, by moja starsza o dziesięć lat siostra wyszła za Włodzimierza Lubańskiego (no, jednak Szołtysika jej oszczędziłem). Ale marzenie bramki, medytacja bramki, bramkowe rozmarzenie, jak powiedziałby Bachelard, jest dla nas, futbolowych lunatyków, wręcz fundamentalne. Któż z nas nie widział przed zaśnięciem czy w trakcie bezsennej nocy, czy podczas letargu w podróży, strzelonych przez siebie goli. Któż nie rozkoszował się dokładnym wyobrażeniem strzału, jaki za chwilę odda czy kiedyś w trakcie meczu oddał, główki uderzonej szczupakiem czy fałszem z wolnego. Któż nie rozpamiętywał bramek prawdziwie strzelonych, w odtworzonym marzeniu nabierających wspaniałości tanecznego gestu. Tamtego woleja wpakowanego na boisku licealnym w bramkę klasy IIIc, aż siatka jęknęła. Tamtego rogala, który wylądował w samym okienku Grzesia, przeciwnika z podwórka.

Marzenie o bramce to marzenie o doskonałym rozegraniu życia, to figura jego spełnienia, jego likierowy esktrakt. To esencjonalny obraz ekstazy obecności; piłka trzepocząca się w siatce po naszym woleju, szczupaku, rogalu jest pocałunkiem na ustach Boga, kimkolwiek byłby Bóg dla każdego z nas. Jak piszę w swoim poemacie: *I wówczas brat przerzucił nad ich głowami piłkę / Minąłem obrońcę i mocno uderzyłem / I zobaczyłem, jak w prawym rogu, gdzie zadrgała siatka / wyrasta Alef, biały kwiat początku.*

Prof. dr hab. Michał Paweł Markowski
do Jana Jo Rabendy
Chicago, wrzesień 2012

Tak, pamiętam Pana z mojego seminarium, żałuję, że Pan go nie ukończył, choć uczęszczał Pan na nie tylko eksternistycznie. Dziękuję za słowa uznania, lecz niezmiernie trudno mi będzie wesprzeć Pańskie działania moim autorytetem. Nie jestem też przekonany, czy dogłębna analiza strukturalna aż tak istotnie wzbogaciłaby Pański wstęp do książki Bassa, którą rzecz jasna czytałem w swoim czasie. Oczywiście opisy gry w tekstach Bassa i Bahdaja, jakie mi Pan przysłał, łatwo się takiej analizie poddają. Nie mam dość czasu, by się tym dogłębniej zająć, organizuję w tej chwili największą amerykańską konferencję nietzscheańską od czasów prohibicji, gdyż oni tu kompletnie nic nie wiedzą o Nietzschem, zwrócę więc tylko Pańską uwagę – choć ufam, że to jej nie umknęło – na podobny w obu książkach chwyt narracyjny, mający urozmaicić przekaz futbolowych zmagań, a zarazem ułatwić narratorowi zadanie, przełamując znużenie wynikłe ze stosowania wciąż tego samego punktu widzenia, z którego prowadzi się ich opis. Chodzi mianowicie o oddanie w pewnej chwili głosu reporterowi radiowemu, który przejmuje na siebie sprawozdanie z toczącego się właśnie meczu. U Bahdaja jest to sprawozdawca polskiego radia. U Bassa radiowiec angielski, relacjonujący spotkanie Huddersfield kontra Kłapaczowa Jedenastka („Halo, czterdziesta trzecia minuta. Z wykopu prowadzimy atak. Kłapacze idą naprzeciw. Na środku boiska nawiązuje się walka. Długimi strzałami obrońcy obydwu stron przerzucają piłkę na połowę przeciwnika. Charcot podaje do przodu, Winnipeld dochodzi do piłki, jest sam, teraz! teraz! – ojej, przeniósł!"). Narrator przez chwilę odpoczywa, ceduje swą funkcję na innego, czyli reportera, który z racji wykonywanego zawodu wpada w stan ekscytacji i euforii, nielicujący z bardziej ustatkowanym tonem właściwego narratora.

Ogólnie warto byłoby wspomnieć w Pańskim wstępie o szczególności narracji futbolowej. Opisać mecz, poszczególne akcje – znajdzie Pan mnóstwo przykładów we współczesnej literaturze polskiej, która poza tym jednym zdaje się nie mieć innych osiągnięć – wymaga dobrego rzemiosła, jest tego samego kalibru wyzwaniem warsztatowym co, dajmy na to, opis sceny erotycznej czy w malarstwie obrazowanie martwej natury.

Marcin Wrocławski do Jana Jo Rabendy
Wrocław, listopad 2012

Cześć, stary, ćwierć wieku chyba do mnie nie pisałeś, miło, że czytujesz chociaż moje teksty o historii filmu i literatury PRL-u. Trochę czasu minęło, ja już sportu nie uprawiam, ale cośmy się razem nakopali, to nasze. Nie jestem przekonany, czy to ma sens, aby do Bassa jeszcze jakieś posłowie dopisywać, skoro Ty opatrzysz go swoim wstępem. Ale dziękuję za propozycję, bardzo ją doceniam.

No tak, aby poznać poetę, mówią, trzeba pojechać do kraju, w którym poeta żył lub żyje. Aby coś mówić o futbolu, trzeba znać boisko, masz rację. Czy raczej: smak boiska. Znać smak boiska albo go pamiętać, bo jest to w bardzo dużej mierze smak z dzieciństwa i z pierwszej młodości. Ale i później można go odnaleźć, za każdym właściwie razem, gdy bierzemy piłkę pod pachę i wkraczamy na murawę, klepisko, skwer. Dotykamy piłki, piłka nas dotyka. Jest fetyszem, to jasne, z którym wymienia się pieszczoty. Pamiętasz może, jak rozbitek z filmu *Poza światem*, grał go Tom Hanks, zaprzyjaźnił się z piłką na swej bezludnej wyspie, jedynym bytem, z którym mógł się kontaktować; ochrzcił go Wilsonem. Więc każdy z nas – kopiących, zakochanych – rozmawiał ze swoim Wilsonem, wymieniał z nim dotyki. Najpiękniej wyglądają futbolówki na starych fotografiach. Szary owal, spękana skóra (jeśli skóra), by-lejakość – nie było ich wtedy dużo i nie lśniły srebrnym blaskiem – gdzieś tam leży sobie między grającymi albo pozującymi do zdjęcia, gdzieś tam przykucnęła wśród obnażonych nóg i wypiętych piersi. Ale to ona przyciąga uwagę i wyznacza wszystko, sens fotografii, sens tamte-go spotkania, tamtego kręgu skupionego nad nią jak nad świętą sierotą.

Smak boiska ma właśnie coś z czułości. Ziemia ina-czej się podstawia pod nasze stopy, bliżej, nieobojętnie. Wchodzi się na nie jak do balonu: za chwilę odlecimy, *bye* codzienna godzino. Ważne będzie błoto na spoden-kach, kurz na gębie, ogólne uświnienie się – to gada do nas brudna prawda prochu. Być tu naprawdę, wytarzać się do końca. Najlepiej było stać na bramce, bronienie dawało najlepszą sposobność utytłania się, dotknięcia ziemi. Wiem coś o tym po czterech sezonach bramka-rzowania w juniorach Legii. Bramkarz miał z tego całego grania najwięcej; nie strzelał, nie zdobywał, ale był bliżej sedna. Nie muszę ci mówić, nieźle przecież broniłeś, na-prawdę gryzłeś ziemię.

Bramkarz, jak Barabasz, ten z filmu *Niedziela Bara-basza*, na podstawie opowiadania Leszka Płażyńskiego. Na pewno pamiętasz. Na prowincjonalnym stadionie, na zrytej do trzewi murawie, z czapką Jaszyna na gło-wie, umorusany od stóp do głów, z żoną (kapitalna Anna Seniuk) wrzeszczącą za siatką, by wracał już do domu, z rozchichotaną publiką we flanelach, bo ta żona, bo jest łysy. Kupa nieszczęścia, na dodatek jeszcze coś puszcza, nie wszystko broni. Kiedy jednak myśleć mam o futbolu, zwłaszcza dzisiejszym, ten obraz udręczenia przychodzi mi często do głowy jako coś dla piłki najważniejszego i najbardziej autentycznego.

Barabasz gryzący ziemię, gracz niedzielny, czwarto- czy piątoligowy, amator wyrywający się na boisko po ty- godniu nędzy i znoju, ucieleśnia romantyczne marzenie o futbolu jako miejscu czystej pasji, za którą poza własną niepojętą, idiotyczną żarliwością nie stoi nic, ani przy- szłość, ani szmal, ani czyjeś interesy, ani stadne emocje. Trudno się tego wyobrażenia pozbyć, skoro wychowało się na takich książkach jak *Do przerwy 0:1* Adama Bah- daja (najlepszy tytuł PRL-u, zgodzisz się ze mną). Czy tym Twoim kompletnie zapomnianym *Klubie jedenastu.* Do minionego właśnie Euro (ha, pięknie daliśmy dupy!), do całego dzisiejszego futbolu, ten romantyczny atawizm pasuje jak kawa do śledzia, więc coś trzeba z nim w sobie zrobić, ale co? No, za bardzo się rozpisałem, bywaj!

Jan Jo Rabenda do Marcina Wrocławskiego,
Warszawa, grudzień 2012
Skoro mówisz o Barabaszu i o tamtym dawnym ko- paniu, podzielę się z Tobą pewnym świeżym całkiem wspomnieniem z wyjazdu do Portugalii, z wizyty w pewnej gospodzie. To był wyraźnie miejski wodopój i miejskie korytko; lepsze z wyglądu knajpy dookoła świeciły pustkami, lecz tutaj kipiało życie. Z minuty na minutę robiło się coraz tłoczniej, drzwi co chwila się otwierały i wpuszczały kolejne porcje tubylczej fauny wiedzionej odwiecznym instynktem, który bezbłęd- nie rozróżnia stosunek jakości do ceny i swojskości do

obcości. Z obcych byłem tu jeden i pewnie szybko bym wyszedł, skończywszy podaną mi uprzejmie zupę, gdybym nie dostrzegł na ścianie kilku starych fotografii. Czarno-białych, wyraźnie starych, z lat 50. Wszystkie przed meczem: za chwilę drużyna Vitórii Guimarães ruszy do boju, może nawet strzeli bramkę, lecz na razie jedenastka pozuje do wspólnego portretu, jest jeszcze chwila. Na pierwszy rzut oka nic szczególnego, tylny szereg stoi, pierwszy szereg kuca, przed bramkarzem w samym środku leży futbolówka, jednolita, jeszcze nie w ciapki, całość wedle klasycznego wzoru zespołowej prezentacji, obowiązującego od pierwszych dni futbolu po dzień dzisiejszy.

Ale wpatruję się ponownie i coś odkrywam. Drobny fakcik. Otóż połowa drużyny Vitórii Guimarães dopala papierosa; jedni wpatrują się w obiektyw ze szlugarkiem w ustach, inni za chwilę zhartują peta w murawie. Poważnie! Na zdrowie i niech zwycięży lepszy!

Zupa (pyszna była) spłynęła, napłynęła, przyznam Ci, fala nostalgii. Cokolwiek przewrotnej: bo jak tu dzisiaj, w imperium bez dymu, myśleć czule o przeszłości, której włożono papieros do gęby! Tym bardziej że sam nigdy właściwie nie paliłem. Ale ten widok kurzących piłkarzy (również na pojedynczych portretach: jak bum cyk cyk, co drugi ze szlugiem) przypominał mile niehigieniczne czasy, gdy granice między piłką a życiem były o wiele bardziej przepuszczalne. Po jednej i po drugiej stronie było jeszcze, że tak powiem, normalnie, piłkarz nie różnił się od człowieka, nawet jeśli był gwiazdą, to nie był jeszcze gwiazdorem, nie obowiązywały go ścisłe reguły zachowań, nie śledziły go rzesze dziennikarzy sprawdzających, gdzie spędza noc, ile z kim pije i ile wypali, po meczu przychodził na zupę do knajpki jak ta teraz i opowiadał, że nie było kurde spalonego i że tamten karny należał się nam jak psu micha. A na boiskach padało więcej goli.

Nawiązałem rozmowę z wiekowym właścicielem za barem, jak tam Vitórii wiedzie się dzisiaj i jak kiedyś się grało, takie fajne te zdjęcia na ścianie. Facet wpadł w długi monolog, nie wszystko zrozumiałem, mówił też o *Polonia*, że dobra była ekipa, pokazał jakiegoś łysego, mocno starszego gościa w rogu, to syn tego co tu na fotografii, objaśnił, tego drugiego z lewej, stopera. Syn stopera pożerał z apetytem flaczki, tutejszy smakołyk. Cała ta lokalność, pomyślałem, piłkarze rodzili się i umierali w tych samych klubach, wszystko działo się kiedyś w jednym, niewielkim kręgu. Na jednej z fotografii piłkarze Vitórii rozegrają za chwilę mecz ze Sportingiem, którego zawodnicy noszą pasiaste koszulki. Zawsze ten deseń mnie uwodził, poprzeczne pasy miały w sobie coś uroczo cyrkowego, komediowo więziennego, i Sportingowi z tego względu dopingowałem, odkąd pamiętam.

Ale właściwie zawsze byłem kibicem Portugalii. Nie wiem dlaczego, po prostu tak, nikt do końca nie pojmuje swoich miłości, pamiętam, że Ty zawsze Skandynawom dopingowałeś. Wiadomo, że o wyborach kibica w jakiejś części decydują względy geopolityczne i historyczne; mało kto bywa za ruskimi i mało kto wspierał szwabów, im dalej na mapie, tym bliżej do serca, lecz to nie wyjaśnia wszystkich sympatii i fobii. Zaczęło się w każdym razie na mistrzostwach świata w Anglii, pamiętny, sławetny mecz z Koreą, gdy z 0:3 zrobiło się 5:3 i Portugalia awansowała wyżej. Pamiętny mecz z ZSRR o trzecie miejsce, gdy Jaszyn puścił dwie bramki, w tym główkę Torresa, pamiętne nazwiska, które tak mi się podobały, Eusebio oczywiście, Duerte i przede wszystkim Mário Coluna, defensywny pomocnik z atomowym strzałem. I tak zostało do dziś dnia, czy to mundiale, czy to Euro, czy to Champions League, jestem za nimi.

Tymczasem w mojej knajpce w Guimarães ścisk zrobił się wielki, wszędzie wokół mnie, wyobrażam sobie, jedli, pili i gadali synowie i wnukowie skrzydłowych, i bramkarzy. Przebijam się do baru, by zapłacić, właściciel patrzy na mnie i widzę, że szuka słowa. – Boniek – podsuwam usłużnie. – Taa – mruczy – ale ten jeszcze, no… – Deyna. – Ach, Deyna! Pięć euro, a wino gratis.

Trzydzieści siedem lat po rogalu w meczu z Włochami napiłem się dzięki Deynie na krzywy ryj. Zresztą redaktor Stefan Szczepłek opowiadał na promocji swej książki, że Kazik kopcił jak smok.

Marcin Wrocławski do Jana Jo Rabendy
Wrocław, styczeń 2013

Ha, ha, co Ty mi opowiadasz, ja do dzisiaj paczkę cameli dziennie wypalam! A i Ty nie byłeś taki niewinny, pamiętam jak przed meczem lubiłeś sobie caro zajarać!

Czytam o tej Twojej Portugalii z przyjemnością, wiesz dobrze sam, że nostalgia zamienia przeszłość w tyłek niemowlęcia, wygładza wszelkie fałdy. Dawny futbol wydaje się cacy, nadto pewnie cacy, zlepiony z niegdysiejszych śniegów, z łagodnych piosenek o „dwóch przyjaciołach z boiska", którzy, jak u Ciebie, palą jak smoki i chodzą razem na wódkę, z fotografii meczów na ruinach Warszawy – oznak zmartwychwstania miasta, tak fantastycznie opisywanego przez Tyrmanda, z podrzucania na trybunach kapeluszy do góry po zdobyciu bramki, jak pokazują stare dokumentalne filmy, ze zwykłych dni, gdy mistrzostwa nie decydowały o infrastrukturze kraju i stanie budżetu, oficjele nie spali w złotych prześcieradłach i nie smarowali kawiorem cycków hostess. Ale mimo utopijnego charakteru niektórych wyobrażeń i wspomnień o tym, jak to, panie, kiedyś było, nie ma wątpliwości, że jest czas „przed" i czas „po", że przepis o spalonym pozostał ten sam, lecz cała reszta to dwa różne światy.

Jak widać po opowiastce Bassa – wielkie dzięki, żeś mi ją podsunął! – szmal wtargnął już do futbolu, gdy ten dopiero budował swe wstępne dzieje. Pieniądz psuje sport, mawiało się kiedyś, ale teraz to raczej futbol psuje pieniądz, stał się w każdym razie nie mniej niż on grzeszny. W ciągu ostatniego ćwierćwiecza powstał nowy rynek luksusowych niewolników, zarządzany przez handlarzy żywym towarem zwanych menedżerami i kluby-hacjendy kupujące niewolników i ich odsprzedające. Niemal każdy wybijający się nieco gracz ma swego pana, anioła stróża jego portfela; anioł stróż zarabia głównie na wymianie, więc im częściej jego zawodnik będzie zmieniał klub, tym lepiej. Zadekretowano okresy ochronne, by gra mogła toczyć się dalej, i czas handlu, w którym oferują się również na sprzedaż co lepsi trenerzy. W przodujących krajach powstają szkółki dla przyszłych niewolników, sprawdza się gówniarzerii mięśnie i zęby, kwalifikuje najlepszych i wyrywa z dzieciństwa, wpychając w tryby specjalistycznej hodowli.

Niegdyś słynni piłkarze doczekiwali się ewentualnych biografii dopiero po śmierci, czyli nie wcześniej niż pisarze i poeci, gdyż niepisane prawo mówiło, że trzeba odczekać, aż kości zaczną grzechotać w trumnie, by zabrać się do opowieści o czyimś życiu. Przeglądam teraz biografie Messiego, Ronaldo, Ibrahimovicia (ten zdążył już napisać autobiografię), Mourinho, innych. Dziś są Napoleonami futbolu, ale im bardziej są nieśmiertelni w wieku lat dwudziestu pięciu czy trzydziestu, tym bardziej umrą po śmierci; Messi, owszem, dołączy do Elizeum Puskása, Pelego i Maradony, ale dajmy na to Fábregas (dwie biografie) czy Ribéry (trzy) prędzej czy później ugrzęzną w niepamięci. No, dość tego zrzędzenia. Zawsze piszę za długie teksty i potem muszę skracać. Albo, co gorsza, redaktorzy potworzy, bo innych nie ma, skracają sami i nawet nie zapytają. Pamiętaj o mnie, kiedy wyjdzie książka. Napiszę recenzję, to jedno mogę ci obiecać, mam chody w „Tygodniku Powszechnym", a gdzie indziej na piłce się nie znają.

Stanisław Rosiek do Jana Jo Rabendy, Tczew, wrzesień 2013

Szanowny Panie, spędzam właśnie wakacje na Żuławach. Bo widzi Pan, literatura rodzi się w miejscach zagrożonych. Gdyby jeszcze kiedykolwiek przyszło Panu do głowy przysłać nam jakieś teksty z propozycją ich wydania, zechce Pan rzucić wcześniej okiem na katalog wydawnictwa Słowo/obraz terytoria. Pańskie nazwisko między literą P a S, między Proustem a Szestowem, tak, to z pewnością celny pomysł, równie celny jak strzały polskich napastników w ostatnim dwudziestoleciu. Pozostaję z poważaniem.

Jan Jo Rabenda do Jan Jo Rabenda
(Unclosed Recipients), kwiecień 2014

Ja, brat dwunasty, powiadam Wam / Ustawiłem piłkę w narożniku, zacentrowałem / I gdy szybowała nad murawą, nad polem zielonym / Nadbiegły z lasu wilki i lisy / I wszelka zwierzyna, nadlecieli ptacy / I z wiosek, znad rzek, nadeszli ludzie / I byli wszyscy na boisku jako na jednej arce / I radowały się serca, a piłka / Kręcąc się wolno wokół osi / Błyszczała niby oko oczyszczone łzą.

Stawiać na Ciamciarę

1

Lekarka wreszcie powiedziała: – Koklusz. To jednak koklusz, a nie astma. Na co ja: – Mówiłem przecież od początku, że koklusz.

Pewnie spodobało mi się słowo niedawno usłyszane i uwierzyłem w nie jak w przeznaczenie. Niosło coś tajemnego, nie do zdiagnozowania, jakąś cząstkę inności, która wymykała się nawet medycynie. Wyszliśmy z przychodni zadowoleni, matka, że nie astma, ja – że trzy tygodnie w domu z dala od szkoły, jak zwierzę na wolności, sam przez cały dzień i mogę robić, a nawet czytać, co mi się podoba.

Nie wiedziałem wówczas, że koklusz to słowo francuskie, ale i tak brzmiało na tyle egzotycznie, by móc się nim chełpić: chorować na koklusz było lepiej niż chorować jak wszyscy na odrę. Tym bardziej nie wiedziałem – a tylko przeczuwałem – że słowo ma swoje otwarcie dobre strony; idiom „być czyimś kokluszem" znaczy po francusku:

być czyimś ulubieńcem. Więc koklusz, choć choroba, był moim ulubieńcem, podobnie jak parę innych słów z tamtych lat, co sobie teraz uświadamiam.

2

Na przykład „gibki". To słowo umyka dzisiaj, wycofuje się na mary, także dlatego, że mało komu chce się je dokładnie wymawiać. Wycisnąć usilnie z warg dźwięczne „b"? Szkoda zachodu, lecz z kolei bez „p" brzmi to beznadziejnie. Jabłku można wybaczyć japko, gibkiemu natomiast gipkiego i gipek (bo jeśli mówimy „gipki", to i tych gipek, jak gęsie pipki, jak pęsie gipki) nie bardzo. Ja w każdym razie jeszcze się staram i udźwięczniam jak mogę, bo wysiłek się opłaca. Kiedy już wypowiedziane, wygrane jak fanfara, wypuszczone wargami niby mydlana bańka, „b" się uwalnia i robi się – takie już mamy ciało, że lubimy wypuszczać – przyjemnie. Całość słowa staje się nieco tropikalna, czy przez proste skojarzenie z gibonami, które jak mało kto są zresztą gibkie i gibają się wyjątkowo sprawnie, czy to przez sam dźwięk pierwszej sylaby, jakoś tak zachodnio-pokręcony (jak Gibraltar), trochę nie nasz i nie do końca z Unii Europejskiej. No i do tego ten przedromantyczny historyk Gibbon, jedno z nielicznych dawnych nazwisk bez trudu do egzaminu zapamiętanych.

Słowo to lubiłem od dziecka, lecz bez sensu i nadaremnie, czyli perwersyjnie. Zręcznym i zwinnym zdarzyło się bywać; nie za często, niezbyt łatwo, słabo chodziłem po drzewach, słabo się biłem. Trzeba było wywalczać te przymiotniki w hali sportowej, przy stole pingpongowym, gdzie szło mi lepiej, ale kto to widział, gdzie byli świadkowie, którzy głosiliby na zewnątrz moją gibkość? Nie ma co kryć, „bycie gibkim" pozostawało marzeniem ściętej głowy, komplementem, którego życie skąpiło lub które zastępowało kiepskimi namiastkami. Byczy chłop jesteś! A nawet raz: inteligentny z ciebie gościu! Wielkie dzięki, ale nie gibki, niestety nie gibki! Gibki to znaczy ktoś bez żadnych szwów w ciele, ktoś płynący jak Apacz od jednego gestu do drugiego, najbardziej choćby odmiennego, bez użycia kości, miękko niczym sprężona woda, czysto, nieskazitelnie, spontanicznie i radośnie. Przenosiłem to słowo zdecydowanie na teren męskiego ciała, widziałem w nim przymiot tych, którzy wykonują wszystko w największej swobodzie, z poczuciem lekkości; kobiece gibkie kibicie (weź to wymów, Francuzie) wydawały się naturalną cechą ciał, o które dziewczyny nie musiały walczyć.

Nie myślałem „gibki" o sobie, nie mając ku temu podstaw, mówiłem więc „gibki" o innych. Wprowadzałem słowo do szkolnych wypracowań, używałem w rozmowach, wymawiając je starannie, tak jakby przez nadpoprawność dźwięku choć cząstka określenia spływała na mój poczet, wygładzała i sprężała usztywnioną sylwetkę. Nie dała Pani Bozia genów gibkości, nie dała mnie, gdyż i nie dała pani matce i panu ojcu. Obojgu sztywnym, nie mniej niż ich wyrób piśmienniczy. Sztywnym jak konstytucja czy to na parkiecie tanecznym, czy na łódce latem, by nie wspomnieć – bo podobno brudną bieliznę lepiej prać we własnym domu – o zachowaniu przy stole oraz wobec innych kobiet i mężczyzn.

Cóż, nie byliśmy Guermantesami, gibkimi arystokratami obdarzonymi „wyborną jakością" gestów, spojrzeń, a nawet ciała i włosów. Nie da się streścić opisu Prousta, lecz doprawdy nie ma co żałować czasu na lekturę, więc proszę, oto cały cytat, jestem wdzięczny Boyowi, że tego właśnie słowa, „gibki", użył w przekładzie: „Wrodzona Guermantom fizyczna gibkość była podwójna: dzięki jednej – wciąż i w każdej chwili, kiedy na przykład któryś z nich składał ukłon przed damą – Guermantes komponował własną sylwetkę, stworzoną z chwiejnej równowagi asymetrycznych i cudownie zharmonizowanych ruchów, z jedną nogą powłóczącą trochę, bądź umyślnie, bądź dlatego, że, często łamana na polowaniu, dociągając się do drugiej nogi, dawała torsowi skrzywienie zrównoważone podniesieniem ramienia, podczas gdy monokl tkwił w oku, podnosząc brwi, w chwili gdy czub zniżał się dla ukłonu; druga gibkość – niby kształt fali, wiatru lub prądu, jaki zachowuje na zawsze muszla lub statek – wystylizowała się poniekąd w rodzaj stężałego ruchu, zakrzywiając orli nos, który – pod wypukłymi niebieskimi oczami, nad zbyt cienkimi wargami, skąd wychodził u kobiet chrapliwy głos – przypominał (głoszone w XVI wieku przez gorliwość pieczeniarzy i hellenizujących heraldyków) bajeczne początki tej rasy, dawnej niewątpliwie, ale nie tak, jak oni utrzymywali, dając jej za początek mitologiczne zapłodnienie nimfy przez boskiego Ptaka".

Gibkość Guermantesów jakoś mnie nie bolała, będąc historyczną, odległą, literacką i klasową; w przeciwieństwie do Marcela arystokracja nigdy mnie nie pociągała, tym bardziej że Grochów to nie Riviera. Natomiast niegibkość naszej niewielkiej gałęzi Bieńczyków natykała się okrutnie na krzywe zwierciadła innych rodzin, mieszkających w naszym domu, lub, co gorsza, drugiej, całkiem gibkiej gałęzi, czyli Bieńczyków od strony stryja. Gibcy Bieńczykowie z warszawskiej Ochoty wydawali się przy nas królami życia; zazdrościłem bratu ojca – powstańcowi warszawskiemu z batalionu „Jerzyki" obarczonemu zadaniem rozstrzeliwania zdrajców – sprężystości i żylastości, pewnego kroku, nawet sposobu trzymania się na krześle. Ciotce łączniczce zazdrościłem miękkich i precyzyjnych ruchów, gdy serwowała swą mistrzowską sałatkę włoską, a moim dwóm kuzynom, żeglarzom, zawadiakom i ogólnie osiłkom, wszystkiego naraz. Gibkie mięśnie i stawy w dziwny sposób wiązały się u nich z doznaniem pogody ducha, bezproblemowości, brania życia za rogi i, co tu dużo gadać, z dystansem do lektur. Tamci Bieńczykowie niby Guermantesowie umieli, psiakrew, żyć; gdy przez Wisłę, telepiąc się żmudnie autobusem „C", wracaliśmy z imienin stryja na nasz Grochów, czułem, że zjeżdżamy do kopalni przewalać beznadziejnie węgiel codzienności, mieć jakiś kolejny kłopot. Dziś, gdy coraz rzadziej, właściwie już niemal wcale, słyszę słowo „gibki", od razu włącza się lampka ostrzegawcza, choć zarazem nostalgiczna. Słowo przypomina, że nic się po tej stronie Wisły nie zmieniło, kopalnia pracuje, *hello Warsaw*, nadal mamy problem.

3

No i „ordynus", słowo, którego snobistycznie nadużywałem, opowiadając o niełatwych zdarzeniach z ulic mej dzielnicy. To słowo wróciło do mnie po latach, gdy przekładałem jedną z powieści Milana Kundery. Chodziło o scenę, w której podczas spaceru po uzdrowisku w Teplicach Beethoven nie zdejmuje kapelusza i nie składa pokłonu napotkanej na alejce cesarzowej i jej świcie. Zachowuje się grubiańsko, tym bardziej że stąpający obok Goethe pośpiesznie uchyla cylindra. Grubiańsko, brzydko, niegrzecznie, słowem, wedle miary naszych dzisiejszych czasów, jak cham. Czy można jednak było Beethovena nazwać chamem? Stał się – w moim przekładzie – ordynusem i od tamtej chwili przez rykoszet skojarzenia jego twarz (lekko zaciśnięte usta, burza siwych włosów upchnięta pod kapeluszem) niczym personifikacja ludzkich przywar na obrazach starych mistrzów wyobraża w mych oczach ordynusowstwo.

Mówię, że słowo wróciło, co znaczy, że je lubię, ulegam jego urokowi, choć powiadamia o nieznośnych raczej gestach i odpychających zachowaniach; słowa to nasze wędrowne gołębie, w moim gołębniku ordynus trzepocze obok innych, bardziej życzliwych, na równych właściwie prawach. Czy nauczyłem się go od ojca, dla którego – jak dla całego jego pokolenia – było ono jeszcze słowem swojskim, „normalnym"? Czy łączyło mi się z pokrewnym dźwiękowo „ordynatem", bohaterem *Trędowatej*, której głośnej lektury słuchał, słuchaliśmy wieczorem z radia tranzystorowego ustawionego na wakacyjnej werandzie i potok zdań wskakujących w powietrze miał jeszcze dla mnie magiczne brzmienie? Wyczytałem je przez Boya u Prousta, u którego – Francuzi też nie są święci i wyłącznie eleganccy – występuje nieraz? Czy może urzekła mnie jego łacińska końcówka i wyraźne łacińskie dziedzictwo, skoro łacina była w dzieciństwie moim konikiem, a książka z łacińskimi powiedzeniami jedną z ulubionych lektur? Zapewne, jak w przypadku innych bliskich łaciny słów, popisywałem się nim w rozmowach z dziewczynami, by brak muskułów nadrobić semantycznym szpanem. Awansowałem z chamów na ordynusów moich miłych kumpli klasowych, którzy obrzucali damy ogryzkami lub podglądali ich desusy peryskopem na wspak, czyli lusterkiem umieszczonym na bucie.

Był to istotnie dla nich, chłopaków z Grochowa, mały awans społeczny; różnica między chamem a ordynusem musiała być w dalszej przeszłości mocno klasowa. Chamy były ze wsi i gorszych dzielnic, ordynusy raczej ze śródmieścia, co więcej, nieraz z salonu. Chamy były nie do zdarcia w swym chamstwie, po gombrowiczowsku uchamione do granic (ja cham dutknę cię moim chamstwem, schamię cię chamem), ordynusy zachowywały odrobinę nobliwości i może nawet znały francuski. I, co jeszcze bardziej paradoksalne, nie miały większego związku z przymiotnikiem „ordynarny", który był o wiele bardziej bezpardonowy i jednoznaczny.

Nierównością społeczną, czy raczej semantyczną, tak bardzo się nie przejmowałem, lecz czułem, że w przeciwieństwie do chama ordynus może być zbawiony. Miał w sobie coś – wybrażałem sobie – ze światowca, ciut prowokatora; moją jego dodatkową definicją mogło być od biedy pardoksalne: cham-dandys, cham, ale dandys. Kiedy nadchodził czas próby, ordynus obciągał przecież marynarę, wypluwał swe chamstwo jak pestkę i wracał do ugrzecznionej wspólnoty.

Owszem, mawiało się o kimś na jednym wydechu, że jest „cham i ordynus", ta zbitka była raczej redundancją, zaśpiewem jednego wyobrażenia, lecz interpretowałem ją właśnie przez różnicę: zachowania chama różniły się nieznacznie od zachowań ordynusa, te pierwsze wydawały się bardziej brutalne, bardziej emanujące z ja, w którym nie ma żadnych odcieni, żadnej szczeliny wątpienia i które w swym akcie chamstwa bierze wszystko w posiadanie; te drugie były świństwem popełnianym z pewną premedytacją, niekiedy z dezynwolturą, lecz niekoniecznie w imię własnej najwyższej, niezbywalnej, jedynej ważnej na tym świecie tożsamości. Przeto cham i ordynus, będąc synonimami, oznaczały dwa podobne, lecz nie identyczne, a tylko bliskoznaczne typy zachowań; ten, kto był ordynusem i chamem jednocześnie, łączył dwie komplementarne postawy, nie było już dla niego – i dla jego ofiar – ratunku.

Ordynus zniknął z naszej mowy w ostatnim trzydziestoleciu; może to być tyleż efektem tektonicznych ruchów języka, które nie mają żadnej przyczyny poza własną energią, co skutkiem społecznych przeobrażeń. Demokracja, w miarę jak postępuje, okazuje się kontrolowanym (tyle o ile) schamieniem, w którym nie ma miejsca na stopniowanie grubiaństwa („grubianin" to też słowo, które odejdzie wkrótce w niepamięć). Jesteśmy dziś społeczeństwem chamów i zwrócić się do kogoś z okrzykiem „ty ordynusie" równałoby się niemal wypowiedzeniu komplementu.

4

Podczas tamtych wczesnych lektur natknąłem się też na słowo, które intryguje mnie właściwie do dzisiaj. Brzmiało dziwnie, dziwożona.

Dziwożona, lecz najpierw dziwoląg. Słowo, które ma coś z pośledniego żyjątka morskiego, nawet przez zoologów i marynarzy słabo rozpoznanego; przyczepia się w niewidocznym miejscu do kadłuba, a żadna to ryba, małż, muszla czy krab.

Gdzieś do dwunastego roku życia go nie znałem. Przyszło z wiersza, później jednego z ulubionych, wtedy jeszcze nie wiedziałem, że sonet ten wisi na sztandarach wszelkich książek o melancholii. Wiersz był po francusku, którego zaczynałem się sam uczyć; szukałem dla pewności jego przekładu, znalazłem Adama Ważyka. Dwie ostatnie strofy słynnego sonetu Nervala, *El Desdichado* [Wydziedziczony] toczą się u niego tak:

Amor czy Febus jestem? Lusignan czy Biron?
Od ust królowej ślad mam na czole czerwony;
Nad kąpielą rusałki w grocie śniłem ciemnej…

Zwycięsko dwakroć zszedłem Acheron podziemny,
Modulując na przemian Orfeusza lirą
Westchnienie ciche świętej i krzyk dziwożony.

Zatem „krzyk dziwożony". Oryginalny Desdichado lirą Orfeusza wygrywa „les cris de la Fée". Choć krzyk – czyli: „les cris" – u Ważyka pozostaje, w wierszu u Nervala jest nieco łagodniej, bardziej swojsko, bo „Fée", postać magiczna, leśna, baśniowa wróżka, może przecież być fajna i niefajna; powiada się w baśniach, że w naszych istnieniach pojawia się zarówno dobra wróżka (*bonne fée* po francusku), tej nie ma co się obawiać, jak i zła wróżka (*mauvaise fée*), przed którą ucieka gdzie pieprz rośnie nawet Harry Potter, a co dopiero polski pisarz. O jaką wróżkę, trochę dobrą czy bardzo złą, Nervalowi chodziło, nie całkiem wiadomo; w angielskim przekładzie sonetu występuje to samo słowo, „fairy". Oczywiście, na ogół przedstawienia takiej zachodniej wróżki bywają groźne, do świętej jej daleko, tak jak krzyk odległy jest od westchnienia, i nigdy nie wiadomo, czego się po niej spodziewać. No ale przybiera przynajmniej akceptowalną postać, niekiedy wręcz uroczą, nie jest koniecznie starą wiedźmą i nie zawsze wyskoczy z jej ust czy roztańczy się w jej włosach sto węży, choć jej makijaż bywa zwodniczy.

Tymczasem dziwożona, demon słowiański, bardzo Leśmianowski (u którego oczywiście występuje; Ważyk dobrze znał się z Leśmianem i z Tuwimem, kiedy ten zajmował się demonologią, może od nich wziął słowo, gdy gadali w Ziemiańskiej), wygląda okropnie od początku do końca, zwisającymi piersiami może otulać się niby szalem lub szorować nimi bieliznę. Jej szpetna aparycja – może być nawet, jak na moim rodzinnym Mazowszu, „do pasa kobietą a od pasa bydlańciem" – odpowiada dokładnie prawdzie o jej wstrętnej duszy. I w dodatku porywa z kołysek co ładniejsze dzieci, a w ich miejsce podrzuca nieraz swoje bękarty, okropne straszydła. Ważyk może pochopnie wprowadził ją w melancholiczne imaginarium, gdzie straszy zbyt jednoznacznie i zbyt ohydnie; melancholia, owszem, lęka się widm, lecz bardziej pociągających.

Jednak dla ucha naszego, a przynajmniej mojego, tłumacz uczynił dobrze – lepiej niż inna tłumaczka sonetu, Franciszka Arnsztajnowa, która dała „krzyki czarodziejki" – i tym słowem wpasował się idealnie w nastrój sonetu, w którym zamyka ono defiladę tajemniczych imion własnych, przelatującą przez wiersz od pierwszej do ostatniej linijki, Lusignan, Biron, inne. Zanim cokolwiek się o dziwożonie dowiemy, dźwięk słowa wyprzedza wiedzę; i nawet później, gdy ujawni się stojące za nim całe to szkaradztwo, opatrunek sylab złagodzi nadto ponure odniesienie.

Dziwożona, dwa określenia połączone paradoksem, tworzące niemal oksymoron, który łamie granice przyzwyczajenia i niezwykłości: codzienność jak najbardziej codzienna (dla wielu) dostaje się w imadło niezwykłości, żona i dziwota w jednym stają domu, w jednym żyją słowie i nagle już nic nie wiadomo. Jest jeszcze normalnie, jest zwykła żona (nie wiedziałem, że w dawnej polszczyźnie znaczyło to po prostu „niewiasta") i jutro będzie wyglądało mniej więcej jak dzisiaj? Czy też coś się odmieniło, coś się wkręciło w tryby dnia i nic już w naszym wspólnym domu nie będzie jasne i do przewidzenia? Zbyt dużo jest w tym słowie swojskości, by pojąć jego odwrotne – fatalne – znaczenie; zawsze będzie granią, zza której wychynie to milsza, to upiorna głowa.

Słowo nigdy nie było w powszechnym użyciu, a dzisiaj kryje się w najciemniejszym lesie polszczyzny; i dobrze, bo gdyby się ujawniło, zbyt łatwo sobie wyobrazić, jak obrasta w grube dowcipy facetów unoszących się (niczym dziwobele) na falach eteru i na pikselach ekranu. Uderzyło mnie przy młodzieńczej lekturze i do dzisiaj go nie przyswoiłem, cieszę się nim jak surrealnym przedmiotem, powstałym bez celu i intencji. Bodaj raz tylko wystąpiło w tytule książki; chodzi o: *Dziwożona. O Zygmuncie Auguście i Barbarze Radziwiłłównie*, powieść Juliusza Germana wydana przez to samo wydawnictwo, któremu zawdzięczam *Klub jedenastu* i na dodatek w tym samym 1947 roku.

Ale może, gdybym namiętnie nie czytał w dzieciństwie – koklusz – sagi Lucy Montgomery o *Ani z Zielonego Wzgórza*, na słowo nie zwróciłbym aż tak bacznej uwagi. W jednym z ostatnich tomów Ania wychodzi za mąż za wiecznego swego adoratora, Gilberta (jak się z nim nie utożsamiać, skoro sam kochałem się – w innej – Ani). Są całkiem świeżo po ślubie i po raz pierwszy przyjmują w domu. Gościem jest nestor miasteczka, stary kapitan. Gilbert sprowadza Anię po schodach ich domu i ją przedstawia, czując, jak puchnie od dumy: – Oto moja żona.

Moje dziesięcioletnie serce puchło od przyszłości, byłem Gilbertem i samym sobą za lat kilkanaście. Scena zauroczyła i przejęła mnie do tego stopnia, że uświęciłem jej supremację; pojąłem w końcu, że nie da się z nią rywalizować, sprowadzać z kartki na ziemię, powtarzać własnym sumptem na własnym kobiercu.

Później usłyszałem o dziwożonie i sprawy skomplikowały się do końca.

5

Jeśli z pojęciem „żony" było się zawczasu na bakier, to co dopiero powiedzieć o prawdziwym słowie-straszydle, jakim była „sympatia". Od samego dźwięku dostawało się drgawek, podobnie jak od określenia „estetyczny wygląd". Nadużywane w rodzicielskim domu miały one coś ze starej waty, którą uszczelniało się okna. Tamowały dostęp do bezpośredniej rzeczywistości, coś skrywały w swych śliskich sylabach, pachniały stęchłym bandażem. Były mdłymi zabójcami sex appealu. „Masz niestetyczny wygląd" albo: „nie wyglądasz estetycznie", słyszałem przed wyjściem na randkę i od razu czułem się mocą tego słowa skrępowany jak wilkołak w salonie kosmetycznym. „To jest sympatia Marka", słyszałem, i moja Ewa, obśliniona tymi trzema sylabami, traciła na pół wieczora płeć i urok.

Rodzice i im podobni musieli również wierzyć, że słowo to magiczną mocą swego dźwięku dokładnie wyraża rodzaj kontaktu między sympatiami. Jeśli ktoś był moją sympatią, a ja byłem czyjąś, to znaczy, że sympatyzowaliśmy ze sobą, spędzaliśmy czas na byciu sympatycznym dla siebie, a nie na obściskiwaniu się po kątach.

Do „estetycznego wyglądu" nigdy się nie przyzwyczaiłem, „sympatię" dość szybko jednak polubiłem jako miłe dziwactwo języka, które tym bardziej nie pozwala o sobie zapomnieć, że ma niepoślednią rolę do odegrania. Jak bowiem oznaczyć, jak przedstawić osobę, z którą żyjemy na kocią łapę, z którą jesteśmy, z którą, jak to się pięknie powiada, chodzimy (subtelna różnica: Francuzi mówią: „z którą wychodzimy", czyli którą pokazujemy na zewnątrz)? Jeśli nie chcemy powiedzieć dość idiotycznie: to mój kolega, to moja koleżanka? Albo defensywnie: poznajcie się, to mój znajomy, moja znajoma? Mawialiśmy wówczas, jak było napisane w powieściach młodzieżowych: „moja dziewczyna", „mój chłopak", ale to wymagało sporo odwagi, no i brzmiało jakoś za dokładnie, za dosłownie. Więc jak inaczej? Niewiele było do wyboru, „mój facet" już pachniał towarzyską grypserką, „dziewczyna" była co prawda łatwiej wymienna, miała szerszy paradygmat, ale słowa zastępcze okazywały się mało cenzuralne i do użytku w męskiej tylko szatni. Do dzisiaj mamy z tym w polskim kłopoty, chyba że ktoś się zdecyduje na „partnera" albo „partnerkę". Osobiście nie radzę, lecz to już jak kto chce; winszuję pięknej parze i zmykam od niej jak najdalej.

Zgredowska „sympatia", wówczas dla nas nie do zaakceptowania, a później kompletnie zapomniana, nabiera przy „partnerze" i jemu podobnych nieoczekiwanego uroku. Jej pierwszy cud polega na tym, że jest unisex, dotyczy bez różnicy jego czy jej. Do dziewczyn stosowała się może częściej, lecz nie wyłącznie; dla mamy Ewy byłem „sympatią Ewy". Jej drugi cud wynika stąd, że jest określeniem kompletnie osobliwym, jeśli wręcz nie pozagatunkowym, tak to słyszę: zawarte w nim naiwność, ugrzecznienie, ogłada ze szczyptą pensjonarskości, zabawny eufemizm, elegancja, pewna zagraniczność czynią z określenia byt równie przyjemnie migotliwy i pożyteczny co luciola po zmierzchu.

„Sympatia" jako kobieta lub mężczyzna z krwi i kości zniknęła i słowo ogranicza się dziś do dobrego uczucia

178

wobec ludzi. Nikt już nie zrozumie dwuznaczności zdania wypowiedzianego do kogoś, kto, pardon, ma partnera albo partnerkę: „Jakoś nie czuję twojej sympatii". Z drugiej strony nie należy też może przesadzać. Bo nie jestem pewien, czy jednak da się stwierdzić: Don Juan i Casanova mieli wiele sympatii. Ani też „partnerek", dodajmy.

6

„Koklusz", „gibki", „ordynus" i „dziwożona" należą do prywatnych zasobów języka, ale pamięć przechowuje przede wszystkim słowa wspólnotowe, które, jak „sympatia", były kiedyś ważne dla wszystkich, a później zaczęły się wycofywać, a nawet zanikać. Wśród nich był „serwus"; z dawnych ważnych słów, z tych fragmentów starego słownika, wyskakuje mi ono teraz na plan pierwszy.

Najpierw był zresztą uścisk dłoni, dopiero później słowo. Uścisk piekielny, pan Gędera, sąsiad z drugiej strony korytarza, lubował się w maltretowaniu mojej dłoni, wówczas jeszcze łapki. Kiedy już kości zatrzeszczały i skóra pękała od uścisku, padało powitanie: „serwus", i mogłem wejść do pokoju, w którym urzędowała moja rówieśniczka Małgosia. Pediatrą została później. Wychodząc na podwórko czy do szkoły, zawsze starannie sprawdzałem, czy korytarz jest pusty. Pana Gędery nie cechowało wiele przyzwyczajeń, był człowiekiem bez właściwości, ale obytym, skoro na mój widok nie umiał nie wyciągnąć ręki. Później, gdy przeczytałem Dickensa, dał twarz ryżemu Uriahowi Heepowi, okropnemu i fałszywemu osobnikowi.

Coś z minitraumy pozostało, słyszę „serwus", chowam dłoń. Ale przecież nie słyszę, to powitanie jest obiektem muzealnym, wyciąganym co najwyżej do rekonstrukcji lingwistycznych dawnych lat. Obfitowało w filmach, „serwus", mówili do siebie Kolumbowie rocznik dwudziesty, „serwusem" witali się bohaterowie *Wojny domowej*, serwusem obdzielali się chłopaki i dziewczyny z powieści Niziurskiego, Bahdaja i innych.

„Cześć" było w powszechnym użyciu, lecz chodziło swoją drogą; nie miało – i nie ma nadal – błysku, jakim promicniował „serwus". „Serwus" był gorętszy i bardziej, by tak rzec, południowy i jasny. Był bardziej do przodu, do działania, stawał frontem do życia, podczas gdy w „cześć" znajdowało się dość miejsca na obojętność, znużenie czy nawet zniechęcenie. „Serwus" energetyzował i zdawał się wręcz ciekawski, lekko nawet, na przyjacielską modłę, filuterny i zaczepny: co tam u ciebie słychać? – tkwiło w nim zapytanie. – Fajnie, że cię widzę, chodź, coś wspólnie wymyślimy. Krył w sobie jakiś sportowy, prostoduszny optymizm lat 50. i 60., apetyt na życie, którego komuna mimo wszystko nie zdołała, aż do czasów Gierka, naruszyć.

Może czuło się, że „serwus" należy do międzynarodówki powitań, nie w pierwszym rzędzie jak „hello" czy „ciao" (które, niekiedy przez nas używane, trąciły nieznośnie snobizmem lub nieudanym żartem), lecz gdzieś w tle, trochę polskim, trochę węgierskim, a trochę łacińskim.

Paradoks chciał, że łaciński źródłosłów (*servus*, czyli niewolnik) dochrapał się wielkopańskiej wartości. Powitanie łacińskie wyrażało grzeczne poddaństwo i oddawało cześć witanemu: drogi panie, jam sługa uniżony, zgoła pański niewolnik, witam pana, padając do stóp. W naszej wersji to ten, kto rzucał na powitanie „serwus", był lekko na górze. Ciut starszy, ciut śmielszy, miał niewielką, lecz odczuwalną przewagę nad witanym, choćby przewagę rozmachu czy życiowej energii, która wypowiadającego „serwus" właśnie wypełniała. Wiadomo, że powitanie tworzy – na małą skalę, ale jednak – teren walki. Nie jest bez znaczenia przy określaniu układu sił, w jakim witający się pozostaną. Mówiło się więc „serwus" i zajmowało lepszą pozycję.

Tak witał mnie pan Gędera, tak witali koledzy starszej o dziesięć lat siostry. Pokazywali, że trzymają sztamę, że jestem równy im, niemniej gówniarz, nad którym tym krótkim „serwusem" można się serdecznie pochylić z wyżyn swej dorosłości. Tej nieco dobrotliwej, nieco zawadiackiej i pogodnej zarazem siły „serwusa" nie mają, co stwierdzam z utęsknieniem, dzisiejsze powitania, ani nijakie „hej", ani pieprzone „witam" (*aeternam*), ani też już staroświeckie „czołem", ani wspomniane wyżej mdłe „cześć".

Prostolinijny „serwus" nie wytrzymał naporu cwaniactwa w latach 70. i chyba wtedy zniknął na dobre. Tym bardziej że przyszła Maria Czubaszek i oddając mu ostatni hołd, dorżnęła go w apoteozie swoim skeczem *Serwus jestem nerwus*. Owszem, jestem nerwus. Więc wspominam.

7

A we wspomnieniach wracam do przychodni lekarskiej, a właściwie z niej wychodzę tryumfalnie naznaczony kokluszem. Przychodnia, tuż obok „Sokół", kino głęboko dzielnicowe, gdzie się brało od starszych w głowę, i sto metrów dalej biblioteka, tak wyglądała święta trójca budynków, w których toczył się kawał życia. Przychodnia śmierdziała lizolem, kino nikotyną, biblioteka miała najlepszy, choć nieco kościelny zapach. Teraz, z rozpoznaniem choroby, trzeba było iść do niej od razu z przychodni, bo później już z domu przez wiele dni nie wyjdę. Matka usiadła przy stolikach z prasą, ja w papuciach z sukna, czekających przy wejściu, udałem się na jazdę figurową między półkami, podłoga zawsze tam była przyjemnie śliska. Szukałem najgrubszych książek, *Księga urwisów* wyglądała solidnie. Była opakowana jak wszystkie inne w szary papier, w domu zauważyłem pod spodem zieloną, twardą okładkę, tak mi się spodobała, że zdjąłem starannie nałożony przez bibliotekarkę kruchy futerał. Więc Niziurskiego pamiętam nie tylko z kaszlu i z samej lektury, ale też przez dotyk.

Niziurski to dopiero była kopalnia słówek. Więc i najważniejszy z naszych pisarzy „dla młodzieży".

8

Koniec lat 60. czy początek 70., klasa 8a, godzina rosyjskiego po czterech latach nauki, Maciek do tablicy, proszę czytać ostatnią zapisaną lekcję. *Урок 3* (dla ewentualnych młodych podaję właściwą wymowę: *urok tri*). Maciek po chwili intensywnej, heroicznej kogitacji wreszcie z siebie wyciska te trzy sylaby: ypok trzi. Chichot w klasie jak nagła ulewa, lufa, siadaj, przyjdziesz z matką. O co chodzi, Maciek nie rozumie, ypok to ypok, przecież jest jak wół napisane.

Teraz lepiej widzę, że mój najserdeczniejszy od początku szkoły przyjaciel był bohaterem Niziurskiego, żywcem wyjętym ze *Sposobu na Alcybiadesa*. Absolutnie impregnowany na szkolną wiedzę – ani jednej bukwy nauczonej przez cztery lata, trzeba mieć naprawdę hart ducha i wiarę w siebie – i zarazem żywiołowy, prawdziwie inteligentny, idealny przykład na tezę Niziurskiego (i nas wszystkich), że inteligencja i nauka szkolna nie miały ze sobą wiele wspólnego.

Przypomniał się Edmund Niziurski, więc trzeba było poczytać trochę Adama Bahdaja, nie tylko znane niemal na pamięć *Do przerwy 0:1*. Przy okazji pewnie powinno się sięgnąć też po Janusza Domagalika, Wandę Chotomską, Jerzego Broszkiewicza, nie mówiąc o Kornelu Makuszyńskim i Arkadym Fiedlerze, i paru innych. Lecz w pamięci partnerem do pary z Niziurskim, do siedzenia w jednej ławce jest Bahdaj, tak to się utrwaliło. Choć bardzo od siebie różni, byli dla wielu z nas jak ekipa z tego samego podwórka, debel wzorcowy, komplementarni dostarczyciele wrażeń.

Pamięci zresztą dziurawej, skoro nieodświeżanej przez tyle lat. Na jej sicie pozostały głównie tytuły, Bahdaj również miał do nich rękę. *Stawiam na Tolka Banana* – tytuł fantastyczny; *Do przerwy 0:1* – głęboki, zgoła Cioranowski; *Podróż za jeden uśmiech* – ładny. Pozostały też, nie wiedzieć czemu, bo pamięć na pstrym koniu jeździ, *kawony*. Przez długi czas tak mówiłem na arbuzy, nazwę podszepnęli *Piraci z wysp śpiewających*, czyli z Jugosławii, gdzie rozgrywa się powieść, podczas wakacji oczywiście. Inni kupowali arbuzy, jeśli je akurat rzucano do sklepów, ja uparcie wystawałem w kolejkach za kawonami; ojciec też w końcu przygarnął to słowo. Nigdy zresztą nie były tak soczyste jak w książce.

No i pozostał Elegancik, stwór Bahdajopodobny. Mężczyzna w średnim wieku, śledzony z Maćkiem na Grochowie, w tych samych mniej więcej rewirach, po których pęta się i szpieguje dorosłych cwaniaków gang Tolka Banana. Piątek czy świątek ubrany w błękitny garnitur, sunący na automatycznym pilocie od baru „Zagłoba" do baru „Osiedlanka", zahaczając niekiedy o wyszynki przy Rondzie Wiatraczna, a nawet, pewnie po wypłacie, przy Rondzie Waszyngtona. Poznaliśmy dokładnie jego życiową marszrutę. Byliśmy przekonani, że coś przeskrobał; nie sądzę, byśmy się mylili. Kiedyś zapukaliśmy nawet do jego drzwi, żeby zobaczyć, z kim mieszka. O co pytaliśmy wątłą i wystraszoną kobietę, która otworzyła, nie pomnę. Nabrałem wtedy przekonania, że wystarczy za kimkolwiek dokładniej pochodzić – a szpiegowanie starych było stałym tematem literatury dziecięcej i młodzieżowej – by jak Salinger przekonać się, że każdy dorosły ma coś na sumieniu albo nieodwołalnie pędzi ku klęsce.

Przejrzałem zatem kilka tamtych powieści, czego rzecz jasna osobnicy tacy jak ja nie powinni robić. Po co komu świadectwo z zaświatów, niech lepiej świadczą najmłodsi i na żywo. Tyle że kto jeszcze czyta Bahdaja tak jeden do jednego, w wieku, w którym należy go czytać? Są jakieś nowsze wydania, już bez cudnych rysunków Butenki i innych, ale nie bardzo mogę sobie wyobrazić nowych, wniebowziętych czytelników. Świadectwa o Bahdaju (Niziurskiego czyta się dziś więcej, zaczyna zyskiwać niejasny status pisarza „kultowego") składać muszą faceci po czterdziestce co najmniej, którym, jak wiadomo od Kerouaca, ufać nie można.

Patrzę na stopkę ostatniej powieści Bahdaja, *Tańczący słoń*, rok publikacji 1987. Te same co w wielu innych jego książkach wątki, stały schemat – wakacje, grupa dzieciaków przemieniona w Indian i detektywów, wmieszana w intrygę kryminalną z dorosłymi, ale mechanika narracji już mocno rozregulowana. Widać rzemiosło i sztukę pisarską, i widać zarazem, jak się rozsypują. Tak czy owak, pierwsze wydanie: sto tysięcy egzemplarzy. Sto tysięcy! Łabędzi śpiew życia literackiego w PRL-u, ostatnie bizantyjskie frenezje wydawnictw przed wynalezieniem kapitalizmu i Internetu.

Bahdaj i Niziurski to i owo przewidują, na początku lat 60. oczekują na pierwszy lot człowieka na Księżyc, wspominają o mózgach i maszynach „elektronowych" (a także o promieniach „ultrafiołkowych"), lecz tego jednego, dzisiejszych nakładów książek, tyle co kot napłakał, wyobrazić sobie prawdopodobnie nie umieli.

9

Sami stali się beneficjentami setek wydań, pomnikami lektury. Bahdaj był niewątpliwie nieco łatwiejszy do czytania, bardziej przewiewny. Wpuszczał trochę powietrza z zewnątrz, wywożąc nas, jak we wspomnianych *Piratach*, za granicę, lub każąc marzyć swym bohaterom o wyjeździe. Miał stałe, niezbywalne punkty odniesienia: powieści indiańskie (bo wszyscy byliśmy Indianami), powieści detektywistyczne (bo wszyscy znaliśmy Sherlocka Holmesa), powieści podróżniczo-ewazyjne (bo wszyscy czytaliśmy o przygodach Tomka Sawyera i Huckleberry Finna) i, gdy się da, piłka nożna (wiadomo).

Nie miał natomiast takiej nieprzewidywalnej, gagowo--filmowej wyobraźni jak Niziurski, wszystko było u niego gruntowniej realistyczne i bardziej po kolei, nawet jeśli naiwne. Nie miał też w przeciwieństwie do Niziurskiego ciągot do groteski i do burleski, do jego niemal surrealnych opowieści. *Niewiarygodne przygody Marka Piegusa* Niziurskiego, jedna z najbardziej znanych jego książek, są napisane przez kogoś, kto napatrzył się niemego kina, komedii Chaplinowskich z ich niekończącymi się seriami następujących jeden po drugim wypadków. Marek Piegus to inny młody Chaplin, sympatyczna ofiara pecha, który spada na niego jak łaska na jansenistów, bez wiedzy i zgody zainteresowanego. Wystarczy, by raz się potknął, a już uruchamia się cała fala nieszczęść; zachodzi obawa, że za chwilę zawali się cały świat. Wystarczy, że weźmie się do odrabiania lekcji, a w mieszkaniu zostanie roztrzaskana wiolonczela sublokatora Surmy, rozbije się flakon z pchłami, które pogryzą ciocię Dorę, przyjedzie pogotowie, wycieknie bomba (przez pomyłkę wypełniona mlekiem, a nie środkiem wybuchowym, który za chwilę spożyje po podgrzaniu ojciec Teosia, miłośnik nabiału), rozbiją się okoliczne wazony i kryształy, stłuką żarówki, zostanie zrzucony żyrandol. Itd., itp.

Całą książkę wypełnia czarny, absurdalny humor, dymek lekkiego szaleństwa, szampańskiej przesady duchem z Kabaretu Starszych Panów, u bardziej konkretnego i dosłownego Bahdaja nie do pomyślenia. Losy gangsterów i detektywów, Wieńczysława Nieszczególnego, Chryzostoma Cherlawego, Hippollita Kwassa, dziś wydają się zwiastować późniejsze sekwencje Tarantinowskie. Podejrzewam, że tworzenie prototypowej *pulp fiction* było najbardziej naturalną dyspozycją wyobraźni pisarskiej Niziurskiego, tyle że nie zawsze szedł za jej głosem, musiał ją zafastrygować bardziej „realistycznymi" narracjami, takimi jak *Awantura w Niekłaju*, również bardzo dobra powieść, choć napisana w całkiem innym stylu.

Bahdaj nie komplikował swych opowieści językowo. Co sprawia, że gdy otwieram je dzisiaj, wystarczy je kartkować, by utrzymać się w książce, śledzić fabułę, podczas gdy *Sposobu na Alcybiadesa* Niziurskiego nie da się czytać wyrywkowo. Zresztą po co, leci się od dechy do dechy jak na najlepszym surfingu. Tak się nieraz zdarza, gdy pierwsze skrzypce gra w powieści nie fabuła, a sam język. To z tego punktu widzenia dość szalona książka, zwłaszcza jeśli uprzytomnić sobie, że pisana była przecież „dla młodzieży". Niziurski wymyśla dla swych szkolnych bohaterów mowę nieistniejącą czy raczej niecodzienną. Gówniarze, nawet ci najbardziej zapóźnieni w nauce, przemawiają prześmieszną, ale świetną polszczyzną, w której tony wysokie mieszają się z niskimi, tworząc rodzaj szkolnego wolapiku, jaki nie istnieje i nie istniał, ale którego zręby na swój sposób wszyscy w naszych klasach wymyślaliśmy.

Dużo jest w tej najlepszej zapewne powieści Niziurskiego ferdydurkizmu, tak w koncepcji ogólnej: szkoła jako połączenie starego i młodego w jednym, jak

w samym stylu, nie mówiąc o kreacji nazwisk. Ciam-
ciara, Zasępa. Czy chociażby Wątłusz Pierwszy, mistrz
bijatyk, który wpadł w depresję i został poetą. „– Co
ty opowiadasz? Wątłusz przygnębiony? – spojrzeliśmy na
Kickiego z niedowierzaniem (…). – Wątłusz Pierwszy
jest nie tylko przygnębiony – powiedział Kicki. – Wątłusz Pierwszy znajduje się w stanie rozbicia zasadnicze-
go". Gombrowicz, nie Gombrowicz, chichoczemy bez
żenady. Nawet dzisiaj *Sposób na Alcybiadesa*, i w nieco
mniejszym stopniu *Jutro klasówka*, łącząca jego poetykę
z poetyką *Marka Piegusa*, czy niektóre kapitalne opowiadania z *Nikodema czyli tajemnicy gabinetu* smakują
wprost, a nie w perspektywie czegoś tam i w jakimś tam
kontekście (peerelowskiej literatury młodzieżowej chociażby).

10

Razem z Wątłuszem i Zasępą „bijemy pięścią poezji
w szczękę nicości". Nawet będąc uczniami ciemnymi
jak tabaka w rogu, nie wiedząc, kto z kim się grzmocił
pod Termopilami i kto napisał *Zemstę*, mamy u Niziurskiego złote usta, gadamy jak najęci, jak najęci inteli-
genci, a nawet lepiej. Zresztą i tak się w końcu okazuje, że wiemy więcej, niż na to wyglądamy, używamy
takich nazwisk z dziejów kultury, że nie ma wstydu,
nosimy niekiedy takie ksywki jak Szekspir, a Adam
Mickiewicz pojawia się w naszych dialogach jako ważny
gość. Kontrast między wiekiem gadającego a zdaniem,
które wymawia, jest uderzający i nieuchronnie zabawny, młodzi są u Niziurskiego, i niekiedy też u Bahdaja,

po gombrowiczowsku wyżsi i niżsi, niżsi ze względu na społeczny status ucznia i smarkacza, wyżsi ze względu na wymowę i ogólną bystrość. Przy czym bohaterowie Bahdaja, choć generalnie w podobnym wieku co ci od Niziurskiego, wydają się parę lat od nich młodsi, naiwniejsi. Ale też mają swoje gadane.

Pojawia się przy tej okazji ogólny problem pisarstwa młodzieżowego. Jaki stan wiedzy o kulturze młodym przypisać? Jakiego języka pisarz „dla młodzieży" ma swej młodzieży użyczyć? Swojego, dorosłego zafundować im w całości nie może. Tego, jakim ona sama nawija, nawet jeśli pisarz dobrze nadstawia ucha, nie odtworzy tak, by oprzeć na nim swoją opowieść. Nawet jeśli podchwyci tembry i wyrażenia, wyjdzie na cwaniaka, który się przymila, podlizuje i nie znajdzie się po tamtej stronie – udaje się to rzadko, jak Konwickiemu w *Dziurze w niebie*. Niziurski często przeskakuje bez pardonu tę kwestię, w *Alcybiadesie* zwłaszcza. Znajduje ton w swym wysokoniskim żargonie; tworzy, jakże szczęśliwie, nową mowę, o to mu chodzi. Gdzie indziej zdarza mu się lawirować między dwoma rejestrami, lecz nigdy tak widocznie jak Bahdaj, który nie miał takich kreacyjnych ciągot ani umiejętności.

Bahdaj nie bardzo umie się zdecydować, na której lirze zagrać; nie przeszkadza mi to zresztą, po to jest literatura, żeby sobie różne nuty mieszać, ale niekiedy daje to efekty właściwie komiczne. Oto wódz indiańskiego plemienia z *Tolka Banana*, następnie tymczasowa szefowa gangu, Karioka (Rio w Warszawie, też możliwe!), piętnastoletnia dziewczyna z poprawczaka notowana

189

przez milicję, zamiast mięsem rzuca Chagallem, Picassem i Miró, i tłumaczy chłopakom, czym jest metafora, czyli „przenośnia poetycka". Nieprawdopodobne i naiwne, choć z drugiej strony, jak by tu rzec, sympatyczne.

Może niepotrzebnie się zresztą czepiam Bahdaja, przecież pamiętam Zdzicha. „Przerośniętego", jak określał to Niziurski, czyli drugorocznego, siedziałem z nim przez jakiś czas w jednej ławce. On z rodziny robotniczej, pijącej, ja z drobnourzędniczej, trzeźwej; przepaść była nie do przebycia, nigdzie nie odczuwało się takich różnic klasowych, takich społecznych zabobonów jak w socjalistycznej szkole, co wymienione powieści dobrze ilustrują, ale jakoś, na marginesach życia szkolnego, kumplowaliśmy się, wzajemnie szanowaliśmy i lubiliśmy. Wiele lat później Zdzichu trafił do pierdla z bardzo dużym wyrokiem. Napisał list, poszedłem, otrzymawszy specjalne zezwolenie od prokuratora, na wizytę. Zszedł z innymi do więziennej stołówki, od razu go poznałem po ironicznym uśmiechu, nawet „cześć" nie powiedział. Bo pierwsze dosłownie zdanie, jakie usłyszałem po paru dekadach niewidzenia się, wycharczane z głębi więziennego dresu, brzmiało: – Wiesz co, kurwa, tego Cervantesa nie całkiem rozumiem.

Nie wiem, czy nie jest to złudne wrażenie długo po faktach, ale wydaje się, że w dawnych czasach osmozy między światem wiedzy a światem nieuctwa, między szkołą a antyszkolną *praxis* codzienną, między prymusostwem a abnegactwem były mocniejsze; więcej przechodziło na stronę prawdziwego życia, więcej „kultury" trafiało do łbów.

11

W szkole używałem nieco dla zgrywy, a nieco dla poklasku czasu zaprzeszłego; wydawało mi się, że to jest niezły sposób na podwyższenie „ja" w oczach otoczenia; nawet Maćka w to wciągnąłem. Kiepsko to musiało wyglądać.

Każdy z nas, jeśli nawet dba o swój język, ma w nim swoje ślepe plamki; nazywamy je pretensjonalnością. Wyrażenia, słowa, zwroty, które w ustach danej osoby (bo już w ustach kogoś innego niekoniecznie) zwracają uwagę swym niedopasowaniem do jej ogólnej postaci czy do jej obrazu, jaki sobie wytwarzamy. Bezlitosny Marcel od Prousta wypatrzy czy raczej usłyszy wszystko; zwraca uwagę na czyjeś słówka, tak jak inni zwracają uwagę na czyjeś blizny czy krosty. Jeszcze nie pocałował Albertyny, a już zauważa, z pewnym dysgustem, że używa ona słowa „absolutnie". Być może to ono odkłada całusa na czterysta stron później; gdyby Albertyna nie była powiedziała „absolutnie" w pierwszej ich rozmowie, sprawy mogły były potoczyć się o przynajmniej dwieście stron szybciej. Mogę sobie wyobrazić, że dzisiejszy Marcel umiałby też dokonać stosownej retardacji, gdyby usta naprzeciw pławiły się w przytaknięciu „dokładnie". Albo poprzedzały swoje odpowiedzi na różne pytania oświadczeniem: „powiem tak:...". Albo wyrażały swe lekkie oburzenie na czyjąś opinię teatralnym „Błagam cię!", czy „No proszę cię!".

Zatem jednym z moich pretensjonalnych zachowań językowych było, i co gorsza pozostało, posługiwanie się czasem zaprzeszłym. Paradoks polega na tym, że używam go całkiem naturalnie w mowie potocznej, dla precyzji wypowiedzi, dla ustalenia kolejności rzeczy, nie

191

uzmysławiając sobie zdziwienia, jeśli nie śmieszności, które może wywołać. Natomiast gdy piszę, stawia mi on opór. Wydaje mi się, że nadto przyciąga na siebie uwagę, to językowa ciotka wariatka, która daje w ten sposób do zrozumienia, że w okolicach – w zdaniach poprzednich i kolejnych – jest elegancko, nobliwie, a nawet wykwintnie. A przecież ma być przede wszystkim inaczej i bardziej precyzyjnie.

Czas zaprzeszły praktycznie z naszego języka już zniknął; niekiedy się pojawi na prawie cytatu, mrugnięcia okiem, lecz nie w potoczystym ciągu wymowy i tekstu. Zauważyłem ostatnio jego jednokrotne użycie w powieści Doroty Masłowskiej (*Kochanie, zabiłem twoje koty*); w otoczeniu chwackiej mowy codziennej wyglądał świetnie. W moje gadanie wtargnął on wcześnie, zapewne w chwili, gdy rozmiłowałem się w językach obcych. Jego kruche już wtedy – były lata sześćdziesiąte – istnienie w polszczyźnie uzyskiwało w mych oczach pomoc od francuskiego i innych języków romańskich, a także od niemieckiego i w jakiejś mierze od angielskiego, nie mówiąc o łacinie. Skoro świat różnicował tak dokładnie następstwo czynności, nie widziałem powodu, dla którego polszczyzna miałaby z tej precyzji rezygnować. No i trudno się nie domyślić, że dziecku podobało się, iż plusquam, pluskwam!, perfectum jako insekt należy przy okazji do językowego bestiarium, obok pchły szachrajki i innych ważnych robaków.

Szkoda mi dzisiaj czasu zaprzeszłego, jego snu w sinej dali dawnych książek, tak jak szkoda wszystkiego, co idzie w rozkurz. Szkoda także dlatego, że wnosił

w język polski coś, co mu jest raczej obce, gest porząd-
kujący stajnię czasowników i ich czasów gramatycznych.
A także rodzaj elegijno-melancholicznego westchnienia.
„Poszedłem byłem": alem sobie wtedy poszedł, ale sobie
wtedy byłem, to dopiero się działo!

Czas zaprzeszły nie narzucał się, brzmiał jak nieco
inna, niespodziewana dodatkowa nuta w partyturze. Jak
ściśle odmierzony ruch w tym bajecznym i cudownym
rozmamłaniu, którym obdarowuje polszczyznę największy bodaj jej skarb, czyli stado przedrostków zerwane
z logicznej uwięzi.

Posługiwałem się w późnym dzieciństwie jedną
przede wszystkim formą czasu zaprzeszłego, owym
wspomnianym przed chwilą „poszedłem byłem", szpa-
nując beztrosko i bezskutecznie wśród innych benia-
minków i dziewic; pewnie nawet nie docierało do ich
uszu albo słyszano przecinek między jednym czasownikiem a drugim. „Poszedłem byłem" albo „byłem poszedłem" (zrobiłem byłem, widziałem byłem...), czyż
nie ma w naszym czasie zaprzeszłym ontologicznego,
„heideggerowskiego" ciężaru? Rodzaju medytacji nad
stanem bytu; afirmacji skutkującej dokonaniem czynu,
czynu pójścia gdzieś (zrobienia czegoś, zobaczenia czegoś)? Byłem poszedłem. Byłem, więc poszedłem: najpierw należało ustalić swoje status quo, miarę swego
istnienia, później zgodzić się na możliwe skutki, czyli na
przeniesienie bytu na własnych nogach w jakieś miejsce.
Byłem, no, jednak byłem, więc ostatecznie poszedłem.
Albo poszedłem-byłem: stan skupienia własnej egzystencji chwilę wcześniej nie wydawał się najwyższy, ale że

poszedłem, coś z sobą zrobiłem, to i w końcu byłem, wyrwałem się z niedoistnienia. Czy podobnie.

12

Bohaterowie Niziurskiego nie wiedzą niby nic, trzęsą się przed klasówkami jak przed tajfunem, i wiedzą zarazem bardzo dużo. Wiedzą między innymi to, że istnieje System i na różne sposoby badają jego luki, w które można wcisnąć granat kpiny, wygłupu, draki.

System ucieleśnia szkoła, z jej Ciałem złożonym z „gogów", czyli nauczycieli, a w czasie wakacji przedłuża go Kolonia; uczniowie i koloniści Niziurskiego stosują niejawny, ale sprytny opór, wprowadzając nieciągłość w ciągłość, różnymi sztuczkami rozbijając całość, no i w razie czego dając nogę. Jedną ze stosowanych metod jest „dryf", czyli spychanie gogów w dygresje, przemieszczające w ludyczny bezczas jednostki terroru, jakimi są lekcje z ich przepytywaniami i klasówkami. Skoro mowa o Grekach: młodzi mają coś z Demokryta, chichoczą nieustannie ze świata, który został im dany, i ta bezwzględna kpina jest ich gestem sprzeciwu. W *Sposobie na Alcybiadesa* wytwarzają wręcz metodyczny Antysystem, anarchistyczną odtrutkę, antyciała, które pozwalają w Systemie przetrwać, jakoś go zneutralizować, ironicznie przenicować. Byliby Błaznami wobec Kapłanów, gdyby powieści młodzieżowe pisał Kołakowski.

Ciału wydaje się, że sprawuje kontrolę, a kontrolowani fałszywie podtrzymują to złudne wrażenie. System i Antysystem współistnieją w miarę pokojowo, jeśli tylko jeden nie przebiera miarki. Jak tłumaczy feralnej klasie 8a, źródle szczególnej gogicznej troski, nestor uczniów Alibaba, ich wariackie zachowania naruszyły równowagę: „Od dwóch dni obserwujemy groźny niepokój i chorobliwe ruchy Ciała. Zwróciliście uwagę gogów na nas i dostarczyliście im argumentów przeciw wolności. Od dwóch dni gogowie zapuszczają w nas sondy próbne i badają głębokość naszej wiedzy". Uczniowska starszyzna szkoły śledzi te ruchy z niepokojem i zaleca klasie 8a strategiczne uspokojenie Ciała. W przeciwnym razie „będziemy musieli przejechać się po kolegach".

Ostatecznie po kolegach się nie przejadą, nie „zrolują ich" (zanikłe już słowo, ale użył go nie tak bardzo dawno Michał Kłobukowski w przekładzie *Lolity*; jestem niemal pewien, że czytał Niziurskiego) ani nie „wymasują", misja uspokojenia Ciała zostanie wykonana. Bo też społeczne minigry kończą się rozejmem, w którym wygrane są obie strony. Uczniowie 8a, zastosowawszy specjalny sposób na Alcybiadesa, belfra od historii, unikną zniewolenia ze strony Systemu, ale zarazem na własnych warunkach, ożywieni nieoczekiwaną pasją, zdobędą wiedzę historyczną. Ten rodzaj wzniosłego pata, czy, jak kto woli „zwycięskiego remisu", jest normą tamtej literatury młodzieżowej. Naturalna wojna pokoleń wycisza się, obie strony dostają swoje gratyfikacje, jesteśmy tu daleko od otchłannych doświadczeń Holdena Caulfielda i innych buszujących w zbożu. Z tą literaturą do piekieł młodości, to jasne, na pewno nie zejdziemy, ostatecznie wygrywa klajstrująca przepaście sielanka, choć u Niziurskiego gdzieś pod spodem czuć ich buzujący ogień.

Niziurski moralizuje, Bahdaj moralizuje, nie ma wątpliwości, taka jest reguła gry, treści pedagogiczne muszą być. I nie jest to w sposób konieczny strategia wobec cenzury; tak wygląda naturalna poetyka gatunku. Jednak Niziurski zapędza swe opowieści do dydaktycznej zagrody kapryśnie, niesystematycznie i nie licząc mojej grubej i wstępnej *Księgi Urwisów* (niezwykle solidnej powieści w poetyce socrealistycznej z niemieckimi dywersantami w roli szwarccharakterów), dość delikatnie, lekkimi gestami, niekiedy w sposób dwuznaczny. W *Awanturze w Niekłaju*, będącej remakiem *Księgi Urwisów* w czasach odwilży, doktor Otrębus, wielki kontroler i miejscowy działacz, okazuje się postacią raczej śmieszną, a w każdym razie niezdolną do inwigilacji młodych, którzy wciąż wynajdują strefy niepodległości.

Puzon, bohater ładnego opowiadania *Równy chłopak i Rezus*, musi się czymś popisać, aby stać się w klasie równiachą. Dostaje misję: wykraść z mieszkania profesora zwanego Rezusem tematy klasówki. Już sięga ręką po belferski kajecik, ale daje spokój; przed chwilą z Rezusem rozmawiał i niespodziewana konfesyjna opowieść belfra o jego życiu rozbraja Puzona. „W lustrze naprzeciw zobaczyłem swoją wystraszoną jeszcze twarz piętnastoletniego Puzona z pierwocinami wąsów i z nieco odstającymi uszami. Więc wszystko na nic – na nic chwyty dżudo, ćwiczenia na drążku, na nic encyklopedyczne studia i zadymianie szkoły. Nie będę równy. *Arrivederci Roma*. Przypatrz się – pomyślałem – tak wygląda twarz kretyna. Pomyślałem i uśmiechnąłem się.

– Czemu się uśmiechasz, kretynie? Z czego się

cieszysz? – wykrzyknąłem w duchu, ale uśmiechałem się coraz bardziej".

W literaturze młodzieżowej, literaturze specjalnej troski, wszystko jest z nadania rzeczy Rousseauistyczne, człowiek, a już zwłaszcza uczeń, największy choćby osioł i największy choćby zbir, jest dobry z natury, trzeba tylko, by doszła ona do głosu. Dorośli, nie licząc kilku czarnych charakterów przestępczych, są również w porządku. U Bahdaja wykazują ponadto czujność i w razie czego łagodnie interweniują, aby smarkata wolność nie przekroczyła pewnych granic, pozostała pod rodzicielską pieczą. Miłą jazdę przez Polskę pary uciekinierów mimo woli, Dudusia i Leosia, gdy staje się już ona nadto swobodna, ubezpiecza wysłana przez rodziców pani Królowa Autostopu, która zapewnia superprzygody i delikatną kontrolę (*Podróż za jeden uśmiech*). Lektura tak kochanego niegdyś *Stawiam na Tolka Banana* okazuje się dzisiaj, niestety, bardzo przykra; zbyt mocno przebija w niej motyw resocjalizacji. „Gang" Karioki jest umiejętnie sterowany przez harcmistrza, który podaje się za legendarnego Tolka Banana, wielkiego uciekiniera ze świata dorosłych i przy okazji szlachetnego Robin Hooda. Miłe łobuziaki, chłopaki z ulicy, sprzątają dom staruszki, myśląc, że szukają skarbów, a harcmistrz znajduje im miejsce w technikum czy w domu kultury, gdzie będą mogli rozwijać swoje pasje. A na koniec dowiadujemy się w dodatku, że legendarny Tolek Banan, niedoszły James Dean *à la polonaise*, sam zgłasza się na milicję.

Trudno ważyć po latach bilans strat i zysków tamtych

lektur: tylko lewitowaliśmy czy może też coś w nas dydaktycznie i zbędnie przenikało? Wspominam je raczej bojowo; zachwyt i gorączka wyobraźni brały góry nad wszystkim.

Tym bardziej muszę jeszcze coś dopowiedzieć do Niziurskiego, bo *Sposób na Alcybiadesa* i podobne mu książki nie dają mi spokoju. Odżyły dawne szkolne marzenia: wygłupić się totalnie, wrazić w Ciało (w System) żądło kpiny. Dokonać Wielkiej Zgrywy. Mam nawet niejasne wrażenie, że Zgrywa, anarchizująca Zgrywa, była jeszcze jednym prawdziwym żywiołem jego wyobraźni, powstrzymywanym, ale wciąż nawracającym.

Po szkolnych, dziecięcych czasach tylko Zgrywa przesyła z przeszłości tęskne wezwanie. Nie zostaliśmy Indianami, choć mordy mamy czerwieńsze, nie będziemy już detektywami i nie znajdziemy skarbów, cztery procent na lokacie to i tak nieźle, swoje bramki na boiskach i na klepiskach już strzeliliśmy. Ale Ciało wokół nas trwa, w takiej czy innej formie, w takiej czy innej instytucji, jest taką czy inną władzą. Gdy piszę do różnych pism i wydawnictw, też je widzę: to Ciało Redakcji. Marzy się więc zgrywa, martwa mysz podrzucona do buta naczelnego, lecz niestety, będzie tylko tekst. Jest choć nadzieja, że niedochodowy.

Ale wraz z zewem Zgrywy Niziurski przemyca też naukę mimikry: zawsze będzie Ciało, zawsze będzie istniała Władza, rewolucja niczego nie da, nie pozostaje nic innego jak spływać na boki, wycinać w Systemie własne ścieżki, niezagrożone miejsca – jak mówi wspomniany Alibaba – wolności. Nic lepszego raczej się nie wymyśli. Raczej.

13

I Niziurski, i Bahdaj rzemiosło mieli w małym palcu, naj-
mniejszych problemów z opowiadaniem historii, z organi-
zowaniem narracji. Niziurski był zdecydowanie lepszym
pisarzem, ale Bahdaj lepiej zagospodarowywał podstawowe dziecięce fantazmaty. Więcej było śmiechu przy tym
pierwszym, lecz żyły bardziej łaskotały przy lekturze tego
drugiego. No bo i Indianie, i dalekie podróże, i więcej piłki, które wówczas pozostawały podstawowym źródłem
marzeń. I, jak by tu rzec, ogólna słodycz istnienia emanu-
jąca z jego książek: będzie ogólnie fajnie, będzie świetnie,
wszystko się ostatecznie ułoży, a przyszłość jak kobierzec
już ściele się przed naszymi młodymi stopami.

Choć, gdy dobrze podrapać, zedrzeć lukry, przyjrzeć
się bliżej jego bohaterom, okaże się – jak w świetnym
Do przerwy 0:1, pierwszej istotnej i najlepszej powieści Bahdaja – że mają nieraz ciężkie życie, że wy-
wodzą się często z rodzin patologicznych, że w domu
im się nie przelewa. U Bahdaja prawie w ogóle nie ma
ojców, albo są nieobecni, zapracowani lub zapijacze-
ni; synowie muszą szukać zastępczych przewodników
wprowadzających ich w świat. Między poszczególny-
mi chłopakami, rzadziej dziewczynami (nie doczekały
się one u obu autorów swojego miejsca, co najwyżej
naśladują chłopaków), istnieją duże różnice społeczne;
powraca odwieczny motyw spotkania księcia i żebraka,
i ich przyjaźni przewartościowującej wartości. Książęta
mają ciuchy z zagranicy i nowe radio, żebracy zbiera-
ją butelki; książęta są wycackani, mają lepsze stopnie,
mieszkają na przykład na Saskiej Kępie i więcej czytają,

lecz nie mają kumpli, żebracy znają życie, są cwani, już kombinują, jeżdżą na bazar Różyckiego, mówią chwilami warsiawskim slangiem, żyją w ferajnie. Ale wszyscy podśpiewują *Biedroneczki są w kropeczki* i inne modne przeboje.

Peerelowskie realia, choć niekiedy kreślone, zdawałoby się, mimochodem, są mocno obecne; dzisiaj to dobrze widać, zwłaszcza u Bahdaja. To, co nie udało się innym w literaturze wysokiej, opisanie ruin powojennej Warszawy, Bahdajowi udało się w gatunku niższym, powieści młodzieżowej, podobnie jak Tyrmandowi, który też potrzebował do tego intrygi kryminalnej i piłki nożnej. Kolejne książki Bahdaja, częściej niż u Niziurskiego wielkomiejskie, ilustrują na drugim planie społeczne przemiany, a zwłaszcza nastanie małej stabilizacji w latach 60. po przełomie roku '56, z jej strefą prywaciarską, z jej modami bikiniarskimi, z jej złotą młodzieżą, z jej handelkiem na boku, z jej riflami jako najwyższym szykiem, z jej bigbitem, z całą jej strategią „załatwiania", wydzieraną z gardła komunie. I z językiem tamtych lat – który świeci dziś niekiedy muzealną patyną. Bo kto jeszcze powie o kimś, że jest – to kolejne tamte słówka – „morowym chłopakiem" albo „morową dziewczyną", albo że trzeba „sypnąć się do sklepu" (czyli pójść coś kupić) czy do parku.

U Niziurskiego jest i wielkie miasto, Warszawa cokolwiek pozaczasowa, mniej realistyczna, ale też ujawniana po drodze w swym groteskowym konkrecie: jak choćby owo komiczne sublokatorstwo z *Marka Piegusa*, powszechny koszmar obcego w domu, którym straszono mnie w dzieciństwie. I jest prowincjonalny Niekłaj, miasteczko otwarcie „socjalistyczne", ze swymi fabrykami, ze swą produkcją państwową, i zarazem magiczne mini Makondo, gdzie rozgrywają się rzeczy, o których nawet Leninowi się nie śniło. Bo też muślin magii i baječności narzucony na komunę czynił wszystkie te książki nie tylko strawnymi, lecz cudownymi: przecież chcieliśmy mimo wszystko pięknie żyć. I piękniej żyliśmy. Ten, kto podważa enklawy, więcej, całe zasoby piękna tamtych dni, ten retuszuje przeszłość, tak jak cenzorzy retuszowali fotografie z niepożądanymi już politykami.

Morał, musi być jakiś morał. Mam kumpla od lat, Andrzeja. Od dawna nie rozmawiamy o polityce, bo byśmy się pozabijali; różni nas wszystko. Więc rozmawiamy raczej o książkach, ostatnio właśnie o Bahdaju, w którym to i owo lubimy, i o Niziurskim, którego wielbimy. Nasze wybory języka, wybory gadania okazują się silniejsze niż wybory polityczne. Przypominamy sobie tamte określenia, słówka. Wynieśliśmy je z tamtych czasów jak łupy w kieszeniach; pouciekały, złuszczyły się, lecz na powrót próbujemy je wyłapać, sprawdzić ich przydatność i zweryfikować ich dawną świetność, bo słowa, choćby umykające, to żołnierze naszej pamięci, czyli tej porcji przyszłości, która nam pozostała. Rządy mijają i się zmieniają, partie się kotłują, nasza przyjaźń jakoś trwa. Stawiamy na Ciamciarę i Zasępę.

Karandasz

– Hej, ty, podaj piłkę.

– Nie podam.

Mogło to się zdarzyć na trawniku w parku albo na plaży przy rzece, piłka toczyła się coraz wolniej, aż wreszcie zastygała, miała zdobyczny czas, póki ktoś nie podbiegnie i jej nie odrzuci w stronę kręgu. Olga lubiła patrzeć, jak przez chwilę piłka leży tylko dla siebie, uspokaja się, odpoczywa; i podobnie było przy boiskach, gdy przechodziła obok i widziała uganiających się chłopaków, czasami przystawała, przyklejała nos do metalowej siatki. Myśleli, że to na nich się gapi i starali się pokazać, mocniej wchodzili w siebie ciałem, albo głośniej krzyczeli i przeklinali; nie wszyscy, teraz słyszało się to wyraźniej, wymawiali „r".

Lecz ona śledziła tylko lot piłki i jej uciekanie w bok, niekiedy całkiem daleko, pod ogrodzenie, i to jej zastyganie, sen na okamgnienie, a później przeczytała książkę--bajkę o chłopcu z piłką, właściwie piłeczką nie wiadomo z czego, może z kauczuku, ze skóry albo z magicznego metalu, lżejszego od powietrza.

Piłeczka była w książce niewielka, trudno ją było sobie wyobrazić, o golfie wówczas jeszcze nigdy nie słyszała, tym bardziej o squashu, ping-pong by się od biedy nadał, lecz celuloid był za lekki i za szybki, jak głupawy, rozlatany na wszystkie strony szczeniak. Więc myślała raczej o krągłych owocach, albo o kłębkach wełny, ale nie z wełny. Właściwie to nie była nawet piłka, a kulka, w każdym razie książka ją zauroczyła, piłeczka-kuleczka odbijała się od ziemi, wpadała w dłonie chłopca bohatera i wystarczyło mu w tym czasie pomyśleć, aby się spełniło. Aby spełniło się, o czym się pomarzy. Ale o czym tu marzyć, zagraniczne kredki Caran d'Ache już miała; rysowała nimi kreski, dziesięć kolorów obok siebie, co można lepiej. Lepiej można było tylko namalować obrazek na blaszanym pudełku, zaśnieżone góry nad jeziorem, lecz nie umiała. Mówiła „mam karandasze", brzmiało jak zaklęcie, więc tak pomyślała o piłce, że gdyby i ją miała, nazwałaby ją karandasz.

I wtedy ojciec przywiózł z innego dużego miasta takie coś. Takie coś już bardziej większego, niewiele mniejszego od piłki tenisowej, którą kiedyś widziała w pysku psa. Ale to coś w ogóle nie było białe, to przyszły wszystkie kolory zbełtane w jednej tęczy, przeplatające się jak w wielopasmowej wstążce albo jak na jej rysunku. Tym by się chciało siebie samą opleść, w tym chciałoby się zamknąć, być w środku niczym w grocie, tężeć w niej i kulić się zarazem.

Nie wierzyła ze szczęścia własnym oczom i własnym

palcom, szkoda, że piłeczka nie była całkiem jabłkiem, to by Olga zjadła ją od razu, szkoda, że nie była całkiem globusem, to by odwiedziła na niej cały świat. Brała to jabłko niejabłko, ten globus nieglobus w dłoń i ważyła tak, jak ojciec ważył na straganie melona z importu, lekki jest czy pełen treści, oszukany czy poważny, i dłoń czuła ciężar, jakby piłeczka połknęła ołów, lecz prawdziwy cud następował w chwili, gdy dłoń się z nią rozstawała, gdy piłeczka leciała w dół i nagle wzlatywała w górę, jakby dotknięcie podłogi nadawało jej mocy, jakby coś u stóp mówiło „a teraz sufit". Ale i sufit to było za mało, Olga wybiegała na podwórko, rzucała piłkę pod nogi i leciała za nią trochę wzrokiem, a trochę cała, aż do pierwszych liści drzew, albo, gdy dobrze się ustawiła, aż do nieba. Albo do trzeciego piętra, gdzie mieszkała jak w innej bajce sąsiadka starucha, która w każdej chwili mogła zejść i zjeść jej owsiankę i ją samą.

Niekiedy bała się, że piłeczka odleci, złamie pakt i rozerwie ją na pół, i tak już zostanie, kawałek Olgi przy ziemi i kawałek w górze, i może wcale nie ten najlepszy, więc odbijała piłkę od ziemi ostrożnie, jakby tylko nieco popuszczała smyczy, lecz wtedy żałowała, że tak ją poskramia, zamyka w budzie własnej dłoni, więc znów rzucała ją mocniej i widziała od spodu, jak wraca, wrysowana w powietrze ciemnym brzuchem, który, jeszcze metr, jeszcze pół, rozświetlał się na barwną plamę i wtedy, przed dotknięciem przez piłeczkę ziemi, pakt się odnawiał i Olga czuła radość, że wszystko się kiedyś zdarzy, że kiedyś wszystko przyjdzie, będzie szybko nadchodziło, choć wciąż nie wiedziała co.

Gdy chwytała piłeczkę w dłoń, szeptała tylko lub powtarzała w myślach „karandasz"; nieważne było, co miało się zdarzyć, oby tylko zdarzało się i spełniało. Odbijała piłeczkę i pełno było wokół nadchodzenia, dnia, który pękał jak orzech i smakował światłem, bo czuła wtedy, że światło ma smak, lekko słodki i lekko słony zarazem. Na ziemi było za mało miejsca, zalegały na niej schodki, ławki, kubły na śmieci, jakieś samochody, latarnie, i zdawało jej się nieraz, że ona sama nie mieści się tutaj, gdy piłeczka odlatywała, że ciągnie ją w górę tak jak samolot ciągnie szybowca; nieraz Olga się potknęła, na kogoś wpadła, lecz musiała czuwać, aby karandasz wrócił, nie zgubił się na drodze mlecznej, na drodze kefirowej wśród innych piłek.

Słońce zachodziło, od pewnego czasu mogła już kłaść się później i przekonywać, że ciemność nie jest tak groźna, obca i niepojęta. Czytała jeszcze bajki, albo słuchała głosu ojca, i myślała nie, to niemożliwe, dobre wróżki nie mogą brać morza w rękę, a złe przynosić burz i piorunami siekać w ludzi, nie wszystko jest aż tak tajemnicze i nie w każdej pieczarze, i nie zawsze na trzecim piętrze czai się potwór. I ojciec nie wraca nad ranem dlatego, że miał w lesie sekretne spotkanie z półborsukiem a półkoniem. Łapała się coraz częściej na myśli, że piłeczka jest już tylko zabawką, a „karandasz" tylko zbitką durnych głosek. Ale wciąż do niej mówiła, leć!, wciąż do niej wołała jak do gołębia wypuszczanego z dłoni. Nie przemawiała już do lalek, umiała teraz ojcu powiedzieć: o, akurat! ale z karandaszem toczyła jeszcze rozmowę, może jednak był półkotem, póljabłkiem i całym globusem.

Co się mogło dziać w tamto sobotnie popołudnie, niskie chmury nad miastem, zimny wiatr? Nagłe obroty powietrza, walka prądów z północy i południa? Wyszła na podwórko z karandaszem w kieszeni; czuła się dziwnie, jakby uroczyście, może to nadchodząca niedziela przesyłała zawczasu swą pustkę ziejącą nudą. Olga szła przed siebie, szkoła była blisko i za parkanem, przy boisku, zobaczyła chłopca w jej wieku, może nieznacznie starszego, opierał się o słupek bramki, jakby na coś czekał i trzymał w ręku długą różę. Spojrzał na nią, nie chciała być gorsza, a może chciała być lepsza, wyciągnęła piłeczkę i odbiła ją z całych sił o chodnik. Poszybowała jak za najlepszych dni, karandasz, szepnęła Olga i złapała piłkę, gdy opadła i po trzecim koźle traciła już skoczność. Chłopiec przez chwilę wpatrywał się w Olgę, obserwował powtórkę sceny, jej wystawne odegranie, i jeszcze jedno, po czym podszedł do kraty. – Serwus – powiedział – chcesz różę?

Może ją wyrwał z klombu albo z działkowego ogródka, na dole zauważyła kępkę ziemi przyklejoną do łodygi, lecz im wyżej, tym bliżej do czerwieni, do płatków, z których jeden odstawał na bok jak ucho źle przyklejone do głowy. Chłopak podsunął różę przez kraty, wystawiła łepek na jej stronę, Olga powąchała, bo kwiaty są do wąchania. – To co, chcesz? Za piłeczkę.

W jego głosie była prośba i naleganie, dwa tony, i nie wiedziała, który z nich przeważa i dlaczego musi im ustąpić. Ale może chciała tej róży, nigdy róży nie miała, róża pachniała i była czerwona, dzień był chłodny i ciepły na zmianę, fale przychodziły i odchodziły, piłka odbijała się i spadała, róża czekała. Po raz pierwszy Olga poczuła, że ona to nie ona, i podała piłeczkę chłopakowi ręką, która nie była jej ręką. Podsunął jej ostrożnie kwiat, nie spojrzeli sobie w oczy, oboje nagle zawstydzeni.

Przez chwilę wracała do domu radośnie i gdy przeniosła z kuchni do jej pokoju wazonik, patrzyła jak zauroczona na kulę czerwieni wśród jasnobeżowych ścian. Ale już wiedziała, że nie jest pewna, że gdzieś siebie oszukuje, że może popełniła okropny błąd. Siedziała na łóżku, czuła, że nie ma siły opuścić pokoju, i wypełniała ją tęsknota za karandaszem; patrzyła na różę i chwilami zdawała się jej zbyteczna, płatki po paru godzinach zaczęły się już rozchylać, jednak chwilami jej czerwona żaróweczka w zapadającym zmroku była tak przyjazna i piękna. Źle zrobiłam, bardzo źle, czy może jednak dobrze? – spytała siebie i zasnęła. Gdy obudziła się bardzo wcześnie nazajutrz, pierwsza w świecie niedzieli, róża była już na wpół zwiędła; podniosła jej główkę jakby to była chora albo martwa sarna, zapach był już nikły i niezbyt miły. Później coś się działo, może kino albo jazda do lasu, trochę zapomniała i pomyślała, że zapomni w ogóle. Zapomniała. Dorastała, wreszcie dorosła, a pytanie – dobrze postąpiła czy źle? właściwie czy niewłaściwie? – w niej zasnęło.

I wtedy, któregoś dnia, sto lat później, gdy czytała komuś na głos bajki, przyszło. Odezwało się raz czy drugi, gdy usiadła w fotelu, włączyła telewizor, bez dźwięku, i odpoczywała po dniu, gapiąc się w obrazki, które, pozbawione słów, ośmieszały kolejność rzeczy; odezwało się znowu, gdy wkładała bluzkę i miała przed sobą długą niedzielę. I gdy wyturlała się rano z nocy i jej dziecinna twarz w niemłodym ciele gładziła białą poszewkę; świt był prawdziwszy niż reszta dnia i podsunął jej najczystsze obrazy, więc dała im jeszcze chwilę. I odezwało się wtedy, gdy siedziała w tamtej kawiarni nad dymiącą herbatą i o tym opowiadała, dotykając opuszkami gorących ścian szklanki, jakby badała, czy można już wstąpić we wnętrze wulkanu. Palce stukały w szklankę niby w kulę wróżki; zginały się lekko w przegubach, jakby same stawiały w powietrzu znaki zapytania. Dobrze zrobiłam czy źle, dałam sobie czas, czy go odebrałam, pytała, i wszystko wokół, i wszystko wzdłuż i wszerz znikało jak wycofany seans.

Oczarowani

1

Nie czytaliście? To posłuchajcie. Historia jest w miarę prosta. Zaczyna się jak niejedna opowieść młodzieńca, a nawet starszego gościa. Narrator, niech będzie, że Gérard, kocha się w paryskiej aktorce, uwodzicielskiej Aurelii, która żywi względy nie tylko wobec niego, lecz i wobec innych. Jest mu zatem smutno na duszy i tęsknie wspomina wczesną młodość, kiedy to w podparyskich wsiach Châalis, Ory, Chantilly i innych, w całym czarownie rustykalnym regionie Valois, podkochiwał się w Adriannie i smalił cholewki do Sylwii, która trochę cierpiała z jego powodu. Później niedostępna Adrianna wstąpiła do klasztoru. Czyż zresztą nie przypominała aktorki paryskiej, wypisz, wymaluj Aurelia to ona, Adrianna w dawnej postaci! Gérard zresztą wie, że twarze kobiet mu się nakładają jedna na drugą i że tak naprawdę „ściga obraz, nic więcej".

Nie zmienia to faktu, że melancholia chwyta Gérarda za gardło, po co siedzieć w obrzydłym, zdradzieckim

Paryżu, wróćmy ku przeszłym dniom, godzinę czy dwie godziny drogi stąd. Gérard rusza do Valois, odnajduje – jakże teraz piękną i wydoroślałą – Sylwię, gawędzą sobie, chodzą na spacery, odwiedzają stare kąty, przebierają się w szaty weselne starej ciotki i jej męża, jest im dobrze, wszystko wydaje się jak dawniej, dawniej jest teraz, cień Adrianny tylko chwilami muska oczy Gérarda, bo, kto wie, może piękna nadal żyje w pobliskim klasztorze?

Ale nostalgiczne i wdzięczne odrabianie przeszłości, sielanka z nową-dawną Sylwią zaczyna się szczerbić, Sylwia nie jest jednak tą samą Sylwią co niegdyś, zmieniła się, urządziła nowocześnie swój pokój, no i ma narzeczonego. Gérard błąka się po okolicy, twarze kobiet w jego myślach nakładają się na siebie, znowu widzi Adriannę, która tak bardzo przypomina Aurelię, paryską aktorkę. Wiejskie życie, lasy i łąki, przed chwilą jeszcze tak bliskie i serdeczne, wydają się odległe, wraca więc do Paryża, biegnie z kwiatami do teatru. Jest jakby lepiej, Aurelia przyjmuje kwiaty i ponowne zaloty, Gérard trochę podróżuje, wspomina Sylwię, pisze sztukę teatralną o niespełnionej miłości artysty do zakonnicy (czyli Adrianny), obsadza w roli głównej Aurelię. Jakiś czas później zawozi ją na spacer do Valois, pokazuje miejsce, gdzie ujrzał po raz pierwszy Adriannę, tak bardzo, wyjawia, podobną do niej, Aurelii, że można się pomylić. Aurelię biorą diabli, gdyż czuje się jedynie obrazem jego pierwszej miłości, zrywa związek.

Gérard uporczywie do Valois powraca, udaje mu się zaprosić do teatru na swoją sztukę Sylwię, już mężatkę, opowiada jej o podobieństwie między Aurelią i Adrianną,

Sylwia informuje go, że Adrianna zmarła dawno temu w klasztorze. Gérard nie ma już nikogo, utracił wszystkie swe dobre wróżki, ale nadal zajeżdża do Valois, do Sylwii, gawędzą sobie teraz o książkach, a jej dzieci igrają dookoła.

Historia jest, powtórzę, w miarę prosta, lecz podczas lektury tracimy orientację: gdzie teraz jesteśmy, w jakim miejscu, w jakim czasie, i w ogóle która kobieta jest którą? Nic nie jest powiedziane do końca, mgły spowijają lasy Valois, jest trochę tajemniczno, trochę melancholijnie, a trochę rzewnie i bardzo uroczo. Tak bardzo, że czytało się kiedyś *Sylwię* – jedną z moich pierwszych francuskich lektur – wciąż od nowa, długimi latami, od wczesnego trądziku do siwej brody i w wyobraźni woziło do Valois, teraz to ledwie trzy kwadranse pociągiem z Paryża, własną Aurelię, by tym skuteczniej gmatwać prostą rzeczywistość i komplikować sobie życie.

2

Wyszedłem z teatru? Wychodziłem? Wracałem? Wróciłem? Od „wychodzić" zaczyna się *Sylwia* i pierwszy problem tłumacza (w oryginale: *Je sortais d'un théâtre*). Tłumacz angielski nie ma wyboru – od tego z kolei zaczyna swoje wykłady o *Sylwii* Umberto Eco, jej najbardziej znany admirator – gdyż nie ma w jego rodzimym języku prawdziwego *imperfectum*. W obu przytoczonych przez Eco możliwych wersjach przekładu na angielski pojawia się *I came out of a theatre*, dopiero w dalszej części zdania będzie można różnymi dodatkami (typu *I used to…*) nadrabiać fundamentalny brak dwuznaczności czasu niedokonanego, wprowadzającego doznanie bądź dłuższego trwania, bądź powtarzalności danego gestu czy działania. Wyszedłem? Wychodziłem?

Dwa polskie przekłady *Sylwii*, Leona Choromańskiego z końca lat 50. i ogólnie bardzo dobry Joanny Guze z roku 1993, stawiają od razu na czas dokonany. „Wyszedłem z teatru, gdzie co wieczór zjawiałem się w loży w paradnym stroju wielbiciela" (Guze); „Wyszedłem z teatru, gdzie co wieczór ukazywałem się w pierwszych rzędach w uroczystym stroju wielbiciela" (Choromański). Ryszard Engelking w przekładzie najnowszym – świetnym – wybiera niedokonanie: „Wychodziłem z teatru, gdzie co wieczór, w loży nad proscenium, występowałem w nienagannym stroju wielbiciela". Choć może wolałbym jednak strój „paradny".

Być może dla zmiany tego jednego choćby słowa, z „wyszedłem" na „wychodziłem", warto *Sylwię* na nowo tłumaczyć. Zmiana wydaje się oczywiście niewielka, w całości rozdziału niemal niewidoczna, lecz jest o co krzesła łamać, jeśli uznamy – a trudno o inne wrażenie – że całe opowiadanie utkane zostało z różnego rodzaju czasowości, których wzajemne przenikanie się, ścieranie, niekiedy blokowanie się wywołuje przy pierwszej co najmniej lekturze uczucie zagubienia w powtarzalności działań i w chronologii zdarzeń. Już Prousta, jednego z pierwszych prawdziwie przenikliwych i zakochanych czytelników *Sylwii*, męczyło i urzekało zarazem to pomieszanie chwil, konieczność powrotu do wcześniejszych stron, by odzyskać czytelniczą orientację, nie zgubić się w kilku warstwach trwania.

Zatem „wychodziłem z teatru...", a nie „wyszedłem": jeśli nadstawimy uszu, już od pierwszej chwili usłyszymy ciche westchnienie, zadumaną elegijną nutę, która nad szybsze tempo przedkłada skromny upór powtórzenia, bezradnej fiksacji podbitej leciutką nutą autoironii.

Wraz z pierwszym zatem słowem w czasie niedokonanym dochodzi do rozszerzenia pola melancholii, otrzymujemy odrobinę czaru więcej – a wzmacnianie czaru należy do zadań tłumaczącego książkę. Słowa „czar", „oczarowanie" padają tak u Nervala jak w komentarzach do *Sylwii* wyjątkowo często, od Eco analizującego struktury narracyjne opowiadania po poświęconą *Sylwii* znaną i bardzo dobrą książkę Sarah Kofman *Nerval: le charme de la répetition* [Nerval: wdzięk powtórzenia]. Stały się wręcz szlagwortem recepcji tego opowiadania, jednego z najbardziej komentowanych w całej literaturze francuskiej, jego najgłębszą dla czytelnika racją bytu; czytanie *Sylwii* to gdziekolwiek spojrzeć *uleganie magicznemu czarowi*. „Czar", „czarowny", „czarujący", „magiczny" należą zresztą do Nervala, jak Bastylia do markiza de Sade (Muray); *Sylwia* jest sama w sobie, jak pisze się we francuskich opracowaniach na lewo i prawo, *arcydziełem uroku*, lecz Nerval rozbraja i czaruje ogólnie.

„Niewątpliwie uroczy", wyzna Paul Valéry; „Najbardziej urokliwy, najbardziej wdzięczny, najbardziej bezbronny mag XX wieku", powie Philippe Muray, z którego uwag często będę tu korzystał, „jeden z naszych aniołów", „nasz śliczny paź", niewinne, nie tak mocno naznaczone swą płcią pacholę. „Najdziwniejsze – ciągle Muray – że nie umiemy nie być zauroczeni tym urokiem i tą magią. Że chcemy więcej. Że prosimy o jeszcze i jeszcze". Urokliwy i bezbronny, jedyny pisarz, obok Jana Jakuba Rousseau, którego we francuskim panteonie się bezceremonialnie tyka; Gérard, a nie tylko Nerval (Proust mówi wciąż „Gérard", ale o Flaubercie nie napisze „Gustave"), dobrotliwie znoszący wzywanie go po imieniu, jak u nas Jul, Julek, Juliusz (Słowacki) – kuzyn po wyobraźni, też wiecznie młody i też trochę, wiadomo, chory na głowę.

Gérard wieczny młodzieniec (to słynne słowa ojca na wieść o śmierci czterdziestosiedmioletniego syna: „Ach, umarł młodzieniec"), rozczulający swą osobnością, swym najsmutniejszym wśród smutnych odejściem, swą chorobą, swą drugoplanowością, bez monumentalnego zadęcia Hugo, bez nudy szerokiego poetyckiego gestu posła i poety Lamartine'a, bez namaszczonej epickiej sążnistości oficera i poety de Vigny'ego, ale też bez marginalnej i krzykliwej pikanterii „małych romantyków" i ich kultu Sztuki (Teofil Gautier przede wszystkim) kosztem medytacji nad ludzkością w kryzysie czy w momencie przejściowym.

Gérard przysyłający nam z oddalenia, ze swego drugiego planu, z samotnych stolików kawiarnianych ulotne dziełka, przy których tężeje przysadziście większość wielkich dzieł francuskiego romantyzmu, bledną jeziora Lamartine'a i Hugoliańskie słońca, i wszelkie okrzyki profetów. „Najbardziej poetycki mag, jakiego mamy na składzie (…) – napisze jeszcze w swym pamflecie na francuski wiek XIX Philippe Muray. „Z tragicznymi dziejami, nad którymi nikomu do śmiechu.

I z rozbrajającą przeszłością rodzącą nostalgię, i budzącą nasze własne tęsknoty za dzieciństwem i czystością. Z tą matką zmarłą na Śląsku, gdy miał dwa lata, w trakcie przemarszów Wielkiej Armii. Z tym małym domkiem w Mortefontaine i wujowską biblioteką nabitą dziełami alchemicznymi... Lasy Valois, Chantilly, Ermenoville, Châalis, Senlis, powieść edukacyjna we mgle... Zamglone też kobiety, skrzydlate anielice, tym bardziej obecne, im bardziej stracone, tym bardziej pożądane, im bardziej martwe. Sophie, kuzynka; Jenny, śpiewaczka. Pogańskie boginie, córka szejka druzyjskiego, Izys w grocie. Boginie powszechne, kochanki, ukochane matki. Dzieje to wieczna kobiecość w piecu lirycznej alchemii".

Oczywiście, to działało i ciągle działa. Wieczna kobiecość, wiele kobiet o podobnej twarzy, wiele konkretnych ciał jednej mitycznej bogini, melancholia, porzucanie miasta dla nieodległej, ale już sielankowej prowincji Valois, powrót do młodości, nieokreślona tęsknota nie bardzo wiadomo za kim i za czym, błąkanie się bez celu po własnej pamięci i po wiejskich duktach i miedzach. W sumie historia mężczyzny uciekającego od fałszywego blichtru życia artystyczno-miejskiego, poszukującego w różnych wcielaniach kobiet tej jednej rzekomo niegdyś poznanej, rzekomo idealnej, upatrującego jej wcielenia w wiejskich dziewczynach, lecz przecież skazanego na wieczną tułaczkę po własnych złudzeniach, na ciągłą dezercję z własnej teraźniejszości.

Umberto Eco przeczytał opowiadanie, do chwili gdy o nim pisał, bodaj osiemnaście razy, lecz od tamtego czasu w Tybrze musiało przybyć drugie tyle. Mnie do rachunku lektur wystarczą dwie ręce i myślę (a w każdym razie przyrzekam sobie), że ta obecna jest już ostatnia. Czas pomyśleć poważnie o własnej przyszłości.

3

Sam Nerval wie, że w *Sylwii* (rok wydania styczeń 1854), prozie najbardziej „czarującej" w całym jego dziele, coś się stało, coś się wydarzyło, że na tle jego innych utworów ten właśnie ma wyjątkową siłę. W *Aurelii*, utworze ostatnim, stwierdzi: „Z wolna wracałem do pisania i napisałem jedno z moich najlepszych opowiadań". Nie da się i nie ma potrzeby bronić Nervala przed nim samym; i wcześniej, i wewnątrz zbioru *Córki ognia*, w którego skład *Sylwia* wejdzie, inna proza jest faktycznie nieco słabsza, a już na pewno mniej urokliwa. Jeśli ktoś bardzo lubi stawianą najczęściej w porównawcze szranki słynną *Aurelię*, napisaną nieco później (wydanie pierwszej części w styczniu 1855, drugiej części już pośmiertnie), musi także przyznać literacką wyższość temu wyjątkowemu opowiadaniu zawierającemu wobec innych, by tak rzec, artystyczną nadwyżkę, literacką wartość dodatkową, dzięki której nie przestaje ono przyciągać kolejnych tłumaczy choćby. Ta wartość jest przede wszystkim estetyczna; opowiadanie ma się podobać, jest ono wydarzeniem piękna; z pewnością są teksty Nervala intelektualnie ciekawsze, lecz nigdy nie tak „czarujące" i nie tak „śliczne".

Albert Béguin kończy komentarz do całego cyklu zdaniem: „Trzeba czytać *Córki ognia* pamiętając, że Nerval kładł w tę książkę swą wielką nadzieję, że będzie po śmierci kochany". Sarah Kofman uważa, że Nerval usiłuje zauroczyć czytelnika z całą świadomością rzeczy; „to tylko dzięki pisarskiemu urokowi *Sylwię* można czytać jako dowód psychicznego zdrowia, świadectwo rozumu (...) jeśli ulegniemy urokowi tekstu, trudno przyjdzie nam pojąć, że *Sylwia* została napisana przez człowieka hospitalizowanego w domu wariatów". To może niezbyt elegancka opinia, nie chciałoby się też, aby to z dementowania szaleństwa wyrastała oryginalność *Sylwii*, ale Kofman dobrze wypowiada pakt czytelniczy zawarty z autorem: istota tej lektury polega na tym, by dać się zauroczyć; jeśli nie, przejdziemy obok opowiadania jak obok wdzięcznie wyciągniętej ręki.

Czy opowiadanie powstawało w chwili szczególnej łaski? Pisane było w pierwszej połowie roku 1853, istotnie w okresie nasilonych ataków choroby psychicznej, sądząc chociażby po półtoramiesięcznym pobycie w szpitalu, przeplatanych powrotami do jakiej takiej równowagi (a w każdym razie odzyskiwaniem fizycznej wolności); pisane i zarazem niejako zbierane, gdyż różne krótkie fragmenty krążące wokół pierwotnego pomysłu z roku 1852 powstawały wcześniej. Wówczas Nerval myślał jeszcze o tytule *Przemijająca miłość*, albo *Sceny z życia*, lecz teraz tamte fragmenty zostały przepisane, ujęte w karb, wpuszczone w nową narrację, poddane zwiększonemu artystycznemu namysłowi. Całość układała się – tak to można sobie wyobrazić – jak puzzle. Nerval wspomina, że pisał *Sylwię* „z trudem, niemal zawsze ołówkiem, na oddzielnych kartkach" i widać w symetrycznej budowie opowiadania pracę dopasowywania kolejnych ułamków, wytwarzania z nich zwartej, jednolitej kompozycji.

Łaskawy dla Nervalowskiego pióra rok 1853 zatem, kiedy Nerval pisze również swój najsłynniejszy wiersz, poetycki sztandar melancholików, *El Desdichado*, otwierający drugie obok *Córek ognia* dzieło, dla którego dzisiaj jest czytany, *Chimery*.

> *Ja – mroczny, ja – wdowiec, mnie – nikt ulżyć nie może,*
> *Ja, książę Akwitanii o zniesionej wieży...*

Chimery, zbiór dwunastu sonetów, zostanie dołączony do *Córek ognia* i jego wyższość poetycka nad pozostałymi poezjami jest także uderzająca. To przedostatni rok życia Nervala, naznaczony, jak była mowa, ciągłymi nawrotami choroby. Po wyjściu z przytułku doktora Blanche'a pozostała mu jeszcze ostatnia podróż do Niemiec latem 1844 (zdąży napisać: „w Niemczech nikt mnie nie bierze za wariata"); miała to być kolejna wyprawa na Wschód, ale ślady prowadzą tylko do Weimaru; przypuszcza się, że Nerval pielgrzymował ponownie do grobu matki w Głogowie. W sierpniu 1854 wraca pod nadzór lekarski i pracuje nad *Aurelią*; jesienią zostaje kolejny raz wypuszczony z przytułku, włóczy się, nie ma w Paryżu stałego adresu. Wiesza się przy minus osiemnastu stopniach w styczniu 1855 roku. Wszyscy podkreślają, że tamtej nocy było w Paryżu minus osiemnaście stopni.

Jeśli otworzyła się zatem przed Nervalem przedśmiertna chwila twórczej łaski, to mogłaby ona polegać na nagłym, iluminacyjnym wpasowaniu powracających, odkąd pisze, jego ulubionych tematów w nadzwyczajnie zwartą – nazywam ją geometryczną – formę; na uzyskaniu dla nich harmonii i artystycznej równowagi. Na znalezieniu zwłaszcza dla swego królewskiego tematu, czyli dla nieustannej reduplikacji bytów (kobiecych przede wszystkim), dla ich sobowtórowego rozplenienia, dla synonimicznego ich powtórzenia – harmonijnej osnowy, która ureguluje te wszystkie ekscesy reinkarnacji, wprowadzi je w czytelną, przejrzystą, architektonicznie doskonałą budowę.

Już nieraz pisał o pierwotnej miłości, która nie przemija i która z kolejnych kobiet czyni warianty pierwszego obiektu uczuć; już nieraz przedstawiał sytuację wielbiciela rozpaczliwie szukającego w teatrze widoku śpiewaczki i stawiającego swe platoniczne (tak woli) do niej uczucie nad rywalizację z bardziej sprecyzowanymi działaniami innych wielbicieli. Już nieraz przechadzał się po wiejskim Valois, przywoływał swe podparyskie marszruty po raju dzieciństwa. Już nieraz mieszał porządek czasu, przeplatał teraźniejszość z najdalszą przeszłością, jedną przeszłość łączył z inną, już nieraz śnił na jawie i marzył nocą, wplatał wizje półsenne w realność lub w jej pozory. Ale nigdy dotąd nie znalazł dla tych podstawowych dla siebie sytuacji narracyjnych równie pełnego, harmonijnego właśnie kształtu. Być może nawet, to cicha sugestia, czternaście rozdziałów *Sylwii* odpowiada czternastu wersom sonetu, który w tym samym roku staje się po poetyckiej stronie apogeum Nervalowskiej formy.

W *Sylwii* rozpoznajemy Nervala, jakiego znamy z całego dzieła i z całego jego życia, lecz paradoks tego opowiadania polega na tym, że choć jest ono tak bardzo „nervalowskie", do tego wręcz stopnia, że wydać się może pastiszem siebie samego, że choć tak bardzo koncentruje wszystkie ulubione tematy i, jak sam mówi, wiodącą jego życie „obsesję", to zarazem nie jest tak mocno naznaczone ich stemplem. Uwalnia się od wszelkiej przesady, od namolności, od eksplikacyjnych dyskursów zewnętrznych z jednej strony i od wpływów (w istocie u Nervala zawsze jakoś ograniczanych) surrealnej oniryczności czy paramistycznej wiedzy z drugiej. Odcina obsesje i wyobrażenia od źródeł, wykorzystuje ich potencjał literacki, a nie ich maniactwo. Samoregulują się one i tworzą autonomiczną, czytelną całość, która nie wymaga żadnych odautorskich komentarzy (jakie znajdziemy w innych tekstach) ani znajomości biografii czy Nervalowskich idei.

Sylwia jest czubkiem góry lodowej, wielkiej budowli Nervalowskiej myśli i wyobraźni, jednak w szczególny i zadziwiający sposób ten skryty ogrom nie daje tu o sobie mocno znać. Tak jakby cała „pionowość" – kult zmarłych, „innych istnień", pokoleń przodków, sztafet kobiet przekazujących sobie przez wieki tę samą tożsamość – ustępowała „poziomości": narracji tu i teraz, zamkniętej w jednej przestrzeni, w jedności miejsca i akcji; jakby zaczynała jej służyć, barwiła opowiadanie tylko nieznacznie, literacko, „czarująco", a nie obciążała je ekspresją nawiedzenia.

4

A przecież kopalnia Nervala jest niezgłębiona, można nią schodzić do najstarszych czasów, spotykać miliony zmarłych i siebie samego w innych wcieleniach, odszukiwać jedne imiona w drugich, odkrywać w jednych miejscach inne miejsca; jedno u Nervala zawsze skrywa drugie, a zmarli przekazują sobie przez wieki tajemną wiedzę. Przez całe życie tworzy on sobie duchowe mienie, bank przodków, jest, jak mówi Muray, „kapitalistą nekrofili". Muray: „Doprawdy zrobił wiele i z całą mocą, systematycznie, aby pokazać, że jest pełen trupów. Czy istnień wcześniejszych, jeśli ktoś woli delikatniejsze sformułowanie. Wszędzie, we wszystkich czasach i wszystkich miejscach szukał gorączkowo wsparcia dla XIX-wiecznej religii. Malta, Egipt, Syria, Cypr, Konstantynopol, Neapol. Globtrotter tajemnych stolic! Presurrealistyczne, czyli inicjacyjne spacery po Paryżu. Ulice-szarady. Kryptografia starych kamieni. Anonimowe ślady sekretu rozproszonego przez pokolenia, pozostawione harcerzom-magom, by odnaleźli ścieżki przyszłości".

Nerval nie różni się w swej pasji magiczno-nekromanckiej od innych romantyków, wznosząc własną kryptę-skarbiec, duchowe zaplecze, z którego będzie wywodził swoje i powszechne *hic et nunc*. W dzisiejszej polskiej narodowej sytuacji, w nasilonej politycznej poetyce żywych grobów wiele by można wykrzesać analogii między naszą „nowoczesnością" a tamtą dziewiętnastowiecznością, między galwanizowanym na nowo trumiennym mesjanizmem a romantycznym odnawianiem znaczeń, rewitalizacją cmentarzy. Nerval jak mało zresztą kto wśród Francuzów całkiem dobrze się orientował w towianizmie, pisał w „Almanach Cabalistique" o Mickiewiczu z późnych wykładów w Collège de France i o samym Towiańskim, którego *Biesiadę* znał. Ton jest sprawozdawczy, uwagę przyciąga od dawna go pasjonujący żywiony przez towiańczyków kult Napoleona, „ludzkość z pewnością wynajdowała śmieszniejsze apoteozy", skwituje.

Nervala wszelcy mesjaniści mocno interesowali, lecz nie da się go przyłapać na gorącym uczynku wyznania ich wiary, czymkolwiek miałaby być. Wyjątkowo ostrożny, gdy pisze… Podobnie jak na gorącym uczynku okultyzmu, z którym tak mocno się go wiąże. Zajmował się miękkim przejściem między rzeczywistościami i nierzeczywistościami, między światami, między rozumem a szaleństwem, ujawniał brak granic, lecz nie odprawiał guseł, nie wywoływał duchów z porcelany, nie wystukiwał ich z głuchych blatów i z głębi baketów. Miał z nimi łączność, lecz kanały komunikacji prowadziły przez kody języka, przez fizjologiczne podobieństwa, przez nagłe semantyczne i fizyczne (*bionda grassa*, tłusta blondynka, jego ulubiony typ kobiety; właściwie powinien jeździć jak Casanova do Czech) analogie, lecz nie przez czary-mary owocujące w następstwie spójnymi do absurdu ideowymi systemami.

Jak tylu innych mu współczesnych nie dawał sobie rady w myśleniu bez metempsychozy, bez różnych trybów reinkarnacji, bez grzebania w początkach świata i siebie samego. To go, wraz z szaleństwem i wywoływaniem u potomnych czułej pobłażliwości, łączy ze Słowackim, urodzonym rok później. „Wtenczas dawne stanęły mi życia jasne jak słońce i przypomniałem sobie, jak w III wieku po Chrystusie byłem kaznodzieją na Libanie; później, daleko później, palikarem greckim i w górach wiodłem życie rozbójnicze ucierając się z Turkami, którzy po wzięciu Konstantynopola zapuścili łupieże swoje po Morei. Z palikara Bóg mi kazał wejść w ciało Polaka i cierpieć za Polskę".

Tak czy inaczej wyrażone, metempsychozy u Słowackiego obarczone były misją; szło o ducha i zawsze jakoś o ojczyznę. Wiktor Hugo reinkarnował się (zwłaszcza podczas wygnania na wyspy normandzkie) humanistycznie; misja była przede wszystkim ogólnoludzka, wszechplanetarna i panorganiczna: pokolenia, zwierzęta, rośliny, minerały i anioły łączyły się w jednej, nieprzemijalnej i wznoszącej się całości. Ze słońcem-Bogiem pośrodku, niewiadomej religii, o rysach samego Hugo być może, a w każdym razie jego, Hugo, rozmówcą. „Głupi jak Himalaje", powie Leconte de Lisle.

O Nervalu nikt tak się nie wyrazi; może wariat i szaleniec, lecz nie głupiec, może tylko marzyciel, może ciemny poeta. Ciemny, czarujący i niepocieszony. *Ja – mroczny, ja – wdowiec, mnie – nikt ulżyć nie może (...)*. Ale też romantyczna potrzeba syntezy, łączenia rozdzielonego, odzyskiwania martwego wyraża się u niego nieostro, niesystematycznie, w sposób, który w razie czego zawsze można określić kaprysem wyobraźni czy poetyckim zabiegiem. Metempsychoza nie jest u niego metodyczna, wiąże się z onomastyką, magicznymi genealogiami, z wymyślaniem niestworzonych filiacji; nie warto, ale chyba też nie da się wyszukiwać w nich duchowej misji rekonstrukcji świata i jego globalnych wyjaśnień, żadnych u Nervala *Genezis z Ducha*; nie ma też żadnego wyrazistszego politycznego obwarowania, choć – lub: dlatego że – Nerval jako pierwszy pojął, że socjalizm jest iluministyczną projekcją i wyrosnąć mógł tylko z okultystycznego, mistycznego podglebia.

Słowacki będzie kilkanaście razy próbował ustawić, utrzymać w słowie, za każdym razem inaczej, fundamentalną formułę „Ja-duch"; powaga wyrazu jest absolutna, za każdym razem jest wciąż nie tak, trzeba zaczynać wers od początku, dociskać każde słowo, aż zajęczy. Nerval pisząc, zawsze zostawia furtkę otwartą; jest miejsce na dystans, na oddech, na nie-absolutność, na urok; jedno słowo może w miarę swobodnie zastąpić drugie, efekt może w razie czego przerastać przyczynę. U kogo innego trudno byłoby określić filiacje i podobieństwa między Adrianną, Aurelią i Sylwią inaczej niż jako mistyczne; Nervalowski filtr literacki do jego opowiadania mistyki właściwie nie przepuszcza.

5

Geometria kompozycji i geometria przestrzeni: Nerval wpisuje swe opowiadanie w zamknięte koło, z którego się nie wychodzi. Jesteśmy w krainie symetrii, dokładnie wyrysowanych linii, kompozycyjnych i topograficznych. Paryż w rozdziale pierwszym, przed wyjazdem, Paryż w rozdziale trzynastym, po powrocie, i wewnątrz wspomniane podparyskie Valois, obszar geograficznie ściśle

226

wytyczony, który przyjmuje w siebie całą akcję. Rzadko spotkać można wydanie *Sylwii* pozbawione mapy Valois, z dokładnie zaznaczonymi miejscowościami, między którymi porusza się bohater – choć mikrologiczna analiza geograficzna wykaże, że Nerval nie zawsze jest precyzyjny i skraca lub wydłuża dystanse w trakcie wędrówki swego bohatera. Te kartograficzne edytorskie inicjatywy są rozbrajające, pokazać, gdzie to wszystko się toczy, wyrysować miejsce „akcji" niczym w podróżniczych powieściach Juliusza Verne'a, czytać raz jeszcze jak chłopiec.

Siedemnastowieczne Mapy Czułości, towarzyszące tak zwanej literaturze wykwintnej, mocno salonowej, wpisywały w mapy pozornie geograficzne, które odzwierciedlały faktyczne mapy Francji, geologię sentymentalną: oto tu (gdzieś na wysokości Paryża) rozciąga się Jezioro Obojętności, tam na południu (mniej więcej w pobliżu Pirenejów) wyrasta skała Pychy, wzdłuż i wszerz ciągną się miejscowości: Szczerość, Lekkość, Zapomnienie, Niedyskrecja, Otwarte Serce. Po bliższym wejrzeniu topografia realna staje się całkiem abstrakcyjna i nierealna – nierzeczywista mapa wyraża rzeczywiste, nazwane uczucia i działania.

Mapy dołączane do *Sylwii*, topografie jak najbardziej rzeczywiste, prawidłowo skopiowane, stają się natomiast niejako realnym zapisem nierzeczywistości. Jesteśmy w Loisy, jesteśmy w Châalis, kręcimy się wokół Ermenoville, Pontarmé, miejsc jak najbardziej konkretnych, lecz im bardziej doprecyzowuje się obszar, tym bardziej narasta kontrast między jego konkretnością a nieuchwytnością tęsknoty drążącej Gérarda. Patrzymy na konkretną mapę doklejoną do książki i widzimy, zaglądając do niej za każdym rozdziałem, że jest to mapa nieokreślonego marzenia, które przybrało dla niepoznaki skalę, kierunki i określoną ilość kilometrów kwadratowych. Wodzimy jak najęci po niej palcem, przebiegamy ścieżki i drogi, którymi łazikuje narrator, jak kot oznaczamy nasz teren, gdzie nie ma przecież żadnego skarbu, żadnej skrytej groty. To jest – dla zaczarowanych – nasza kieszeń we wszechświecie, nasze słodkie melancholijne odosobnienie. Czekające na zawsze gdzieś z boku, gdzieś poza, jak kryjówka lub azyl. Albo pod spodem świata, niczym dziecięca skrytka pod stołem dorosłych. Można tu pielgrzymować na mapie, można podjechać pociągiem z Gare du Nord do Senlis czy do Chantilly i ruszyć w drogę. W Chantilly zawsze czuć woń koni, nieopodal jest tor wyścigowy okolony długim ciągiem stajni, dżokeje palą gitany, siedząc na ogrodzeniu, ich śmiesznie krótkie, podkurczone nogi zdają się należeć tylko do ich dżokejskiego świata i nie mieć zbyt dużo wspólnego z naszymi kończynami. Czasami spotyka się piechurów z plecaczkami, w Ermenoville, w Orry. Czytali, nie czytali?

Valois: miejscowości i wioski Senlis, Ermenoville, Dammartin, Chantilly, Apremont. Magiczny krąg. Zakreślona figura złotego miejsca, złożonego z tęsknoty i idylli, niezapełnionego, pozostającego wciąż przez nas do zapełnienia. Rezerwat Rousseau, który tu mieszkał, odwiedzany przez Nervala (i przez „jaskółki angielskie w przelocie na południe", Słowacki), później odwiedzany dla Nervala przez Eco i innych. Czysty wytwór literatury, gdzie można wkraczać, przez chwilę zamieszkiwać, dojeżdżając tam kolejką, przemierzając okolice pieszo, tak jakby z literatury powstawała dokładnie oznaczona enklawa, którą trzeba tylko natchnąć własną obecnością. Własną słodką nieokreślonością, przyjemnie i boleśnie niesprecyzowaną tęsknotą, dla której stworzono tutaj miejsce na ziemi, liściasty „domek" i „gniazdeczko", gdzie można uciec, skryć się, przeczekać życie – jak pisał w równie czarującym liryku lozańskim Mickiewicz.

Krytycy konserwatywni widzieli w *Sylwii* przede wszystkim wyidealizowany obraz życia we Francji wiejskiej, francuskiej *par excellence*, Valois, część podparyskiej sielskiej l'Ile de France, czyli Wyspy Francji, powrót do starego serca kraju bijącego jeszcze dawnym rytmem, gdzie wiejska prostota i królewska wielkość, i godność trwały w harmonijnym związku. Oto miasto, które ciągnie na wieś, ku życiu bardziej autentycznemu – temat znany nam później z Wyspiańskiego – i odkrywa prawdę Francji głębokiej, jakiej czas i przemiany cywilizacyjne nie zdołały w swej istocie odmienić. Nerval był dla konserwatystów kimś jak Kolberg, wędrownym kolekcjonerem ludowych pieśni, uchem wychwytującym w kolebce ojczyzny autentyczne nuty, pierwotne szczere dźwięki; w jego tekstach wylicza się przecież kilkadziesiąt ludowych ballad i setki odniesień do starofrancuskiego folkloru, a rozpraw z pogranicza etnografii i literatury powstanie o Nervalu bez liku.

Tak, jeśli nawet wraz z *Sylwią* wkraczamy w krainę nieokreśloności, krainę nieuchwytną, jak będzie podkreślał Proust, nie możemy przejść mimo całej, by tak się wyrazić, precyzji regionalnej opowiadania. Jego inny paradoks polega na tym, że choć najbardziej zdaje się smakować w nim magiczne niedopowiedzenie, Chateaubriandowska „nieokreśloność uczuć", to lektura przynosi przede wszystkim morze konkretnych, a nie abstrakcyjnych rzeczowników i mnóstwo osobliwych przymiotników, oddających dźwiękowe i chromatyczne otoczenie akcji. Strona materialna (żadną miarą nie cepeliowska, wszakże mocno naznaczona prowincjonalną codziennością) jest w *Sylwii* bardzo silna; w przekładzie Engelkinga widać zresztą wielką staranność i troskę o to, by całe wiejskie tło z wszystkimi realistycznymi szczegółami znalazło w polszczyźnie dokładny wyraz; tłumacz pisywał listy do ostatnich tkaczek, by pytać o polskie nazwy niektórych części ich warsztatu.

Jednak cała ta skrzętna lokalność służy niejako swej odwrotności, wzmacnianiu „marzenia o marzeniu" (czy „snu o śnie"), jak określi to w słynnej formule streszczającej *Sylwię* Proust, odrzucający dość gwałtownie konserwatywne lektury i zdecydowanie naciskający na stronę niedopowiedzianą, nieokreśloną, niewyrażalną Nervalowskiej prozy, na to, co stoi w kontraście z wszelką określonością i dosadnością miejsca, pejzażu, detalu. Ta nieokreśloność dotyczy też samej kondycji narratora – Gérarda – wypowiada jego niepewną tożsamość, zawieszoną między jawą i snem, między życiem tu a życiem gdzie indziej.

Sam Gérard mówi o „półśnie", z którego wysnuwa obrazy i wspomnienia. Dlatego wspomnianą przed chwilą formułę Prousta najlepiej byłoby oddać jako

„śnienie o śnieniu". To właśnie sformułowanie pojawia się w podtytule nowego przekładu *Aurelii*, przygotowanego przez Ryszarda Engelkinga, *Aurelia czyli śnienie i życie*. Sięgnięcie po to archaiczne nieco słowo wydaje mi się znakomitym pomysłem; wyraża ono najpełniej istotę aktu wyobraźni, z którego wyrasta Nervalowska proza, a już zwłaszcza *Sylwia*. Bo też nie chodzi o czysto senne, najbardziej choćby poetyckie i wyraziste majaczenia, ani też o marzenia w zwyczajowym sensie słowa; w śnieniu środkami realnymi, na jawie, produkuje się nierealność. Nie byłbym przeto za tym, by podkreślać „charakter oniryczny" (Kofman) opowiadania. Podkreślanie onirycznego charakteru *Sylwii* implikuje rodzaj nieczytelności podmiotu śniącego, jego obcość wobec podmiotu jawnego, świadomego, i tworzy świat nie tyle nierealny, ile surrealny; tymczasem bohater *Sylwii* jest, mówiąc po Kunderowsku, badaczem własnej egzystencji, jej różnych możliwości, tworzy swoje ego eksperymentalne, doświadczalne sytuacje. Nie ma w opowiadaniu zdania, które samo w sobie nie byłoby przezroczyste, w pełni zrozumiałe. Jeśli nawet obsesja narratora wywodzi się z sennych majaków czy z szaleńczych rojeń, logika opowieści czyści zmieszanie, narzuca swe prawa. *Sylwia* aż wibruje literackością i aż uderza swą „czytelnością".

Jak napisał Baudelaire, podkreślając słowa kursywą, Nerval („poeta godnej podziwu uczciwości i wysokiej inteligencji") *był zawsze przytomny* – co sam Nerval, nieskrywający się bynajmniej z chorobą, chętnie powtarzał. Na krótko przed śmiercią wyznawał jednemu z przyjaciół: „Przyznaję oficjalnie, że byłem chory. Nie mogę jednak powiedzieć, że zwariowałem, ani nawet, że miałem halucynacje". Doktor Blanche wspominał: „Spoglądał w swoje szaleństwo twarzą w twarz".

6

Skąd zatem *nieodparty urok*? Dla Kofman, powtarzającej ideę Prousta, wypływa on przede wszystkim ze skomplikowanej czasowości opowiadania; z utraty młodzieńczego oczarowania i prób jego rekonstrukcji przez narratora, co wymaga żonglerki różnymi wymiarami czasu. „Za każdym razem rzeczywistość jest tylko zniekształconym echem przeszłości, echem rozdzierającym: «teraźniejszość» powtarza przeszłość w różnicy, wywołując wciąż gorzkie rozczarowanie, utratę złudzenia co do jedności, przerywa zauroczenie: można rzec, że kolista, lustrzana konstrukcja *Sylwii* jest ostatnią próbą, przez gorzkie doświadczenie rzeczywistości, utrzymania zaczarowania, utrwalenia chimer, powstrzymania ich przed rozpadem (...). Urok *Sylwii* wiąże się z konstrukcją opartą na echu, która, mieszając granicę rzeczywistości i fantazji, zbija czytelnika z tropu do tego stopnia, że przy pierwszej lekturze nie wie, z jakim czasem ma do czynienia i w jakim miejscu się znajduje (...)". Owszem; jeśli jednak ktoś, jak Umberto Eco, powraca do lektury kilkanaście razy w ciągu życia, komplikacja czasowa musi wytracać magiczną wartość. A przecież urok pozostaje; bo też melancholijna magia jeszcze bardziej niż z migotliwym trwaniem wiąże się z organizacją przestrzeni. *Sylwia* wydaje mi się wyjątkowym połączeniem literackiej sztuki geometrii i elipsy. Opowiadanie uwodzi sztuką niewypowiedzenia, nie sugeruje wszak ona jakiejś niepojętej tajemnicy, której należy się domyślać i do której tekst nieznacznie by tylko podprowadzał. Przeciwnie, to, co jest przestrzenią milczenia, co trwa w bieli dla domysłu, ma swoje kontury, wyraźnie wyznaczone granice. Nervalowska estetyka melancholii, a po Nervalu estetyka melancholii *tout court*, operująca nieokreślonością, niedomówieniem, polega na równoważeniu mglistości nastroju, niewypowiedzianej tęsknoty, wspomnianej nieokreśloności uczuć, geometryczną wymiernością. Nieokreśloność rozgrywa się w konkretnym, ograniczonym miejscu, nieuchwytność uczuć dotyczy uchwytnej przestrzeni i nie szuka jej przekroczenia; *poza, gdzie indziej, inny świat* nie są dla melancholii żadną inspiracją.

Melancholia to oksymoroniczna jedność konturów i mgły, uwięzienie czy raczej dobrowolne zamknięcie się w raz na zawsze wyznaczonym kręgu, którego zawartość pozostaje wszak otwarta i niezdefiniowana. Jego nieskończone zgłębianie, przemierzanie kolejnych warstw tworzy dynamikę opowieści; jak ujął to Eco, posuwa się ona bardziej w głąb niż do przodu i ten kolisty ruch działa na czytelnika jak ruch fakirskiego fleta na kobrę, lulająco i fascynująco. Najbardziej melancholijny i najbardziej czytany współczesny pisarz francuski, Patrick Modiano, duchowy syn poetyki *Sylwii*, udowodnił to w kilkudziesięciu wielkonakładowych, niewielkich objętościowo powieściach.

„Małych powieściach", powiedziałby Nerval, czy też „nie całkiem baśniach". W fundamentalnym dla sylwioznawców liście do przyjaciela definiował on *Sylwię* właśnie jako „małą powieść, która nie całkiem jest baśnią". Nie całkiem, lecz trochę tak; autor widzi swoje opowiadanie jako hybrydę łączącą dwie pokrewne, lecz odmienne poetyki, realistyczną i fantazyjną. Sam narrator *Sylwii* stwierdzi defensywnie po powrocie do Paryża: „Gdybym pisał powieść, nikt by nie uwierzył w historię serca żywiącego jednocześnie dwie miłości". Nie całkiem powieść, nie całkiem baśń; ta dwoistość realistyczno-magiczna wydaje się dziś przede wszystkim trafną definicją prozy melancholijnej – która nie ma czystości gatunkowej i która wprowadza dwoisty, komplementarny i kontrolujący siebie, równoważący własne odchylenia ruch odrealniania rzeczywistości i dorealniania nierzeczywistości.

7

Zawsze mnie uderzało, a właściwie rozczarowywało zakończenie *Panien z Wilka*. „Krok Wiktora, w miarę jak odchodził, stawał się mocniejszy i pewniejszy. Głowa wznosiła się do góry, a gdy wchodził na stację, machał już wesoło swoją teczką, myśląc o tym, co tam Janek w Stokroci przez te trzy tygodnie robił". Po tylu nostalgicznych chwilach spędzonych w Wilku z towarzyszkami swej młodości, po tak głębokim, hipnotycznym zanurzeniu się w przeszłość, Wiktor jednym krokiem i w jednym zdaniu (po sześćdziesięciu stronach tekstu) oddala się od własnego zauroczenia, z którego, odnosiło się wrażenie, nie zdoła się łatwo lub nigdy oswobodzić. Kontrast zdawał się tak silny, wymachiwanie teczką tak wesołe, że cały tęskliwy nastrój pryskał w mgnieniu oka. Podobne wrażenie może przynieść *Ostatnia kartka*, czyli kończący *Sylwię* rozdział XIV, z pewnością niespodziewany, w którym narrator nie tylko nabiera dystansu do swego zauroczenia, do swej, jak sam mówi, „obsesji", nie tylko lekko ironizuje na jej temat, ale też niejako ją przedrzeźnia przez swoje powroty do Valois jako świadek małżeńskiego szczęścia Sylwii, elegijnie godzący się z własnym losem i z życiem. To świadome odczarowanie, desakralizacja własnej manii, przerwanie magicznego kręgu, oznaczone cyfrą XIV, ma – wedle dość ewidentnej interpretacji – być aktem wyzwolenia. „Gdyby było tylko trzynaście rozdziałów, *Sylwia* pozostałaby zamknięta w magicznym kręgu powtórzenia i Nerval nie uciekłby spod mocy czarodziejki Artemidy-Izys" (Kofman). Cyfry XIII i XIV nakazują odwołać się do sonetu *Artemis* (jego pierwotny tytuł brzmiał *Balet godzin*), którego słynny incipit brzmi:

Trzynasta powraca… lecz to wciąż pierwsza
I wciąż ta sama – lub jedna to chwila.

Godzina trzynasta, godzina pierwsza, wszystko się powtarza (u Nietzschego wieczny powrót oznaczony jest nieco inaczej, przez tożsamość południa i północy), jak mogłoby się powtarzać na „szylkretowym renesansowym zegarze z uwieńczoną wyobrażeniem Czasu złoconą kopułką, podtrzymywaną przez medycejskie kariatydy na półwspiętych koniach", wspomnianym w rozdziale III opowiadania. Wiadomo, że cyfra XIII

nawiedzała Nervala; w tarocie choćby – który go interesował – trzynastką w wielkich arkanach jest śmierć.

To wszak nie tak ważne; odczarowanie, jakie przynosi rozdział XIV, przywodzi jednak przede wszystkim
na myśl opinię Prousta, który uznał – jeszcze więcej
czaru! – że przy całej cudownej marzycielskiej stronie
opowiadania jest w nim może „zbyt dużo inteligencji".
Można za Kofman rozwinąć tę uwagę, stawiając pytania:
dlaczego Nerval napisał opowiadanie dwiema rękoma?
Dlaczego z jednej strony napisał powieść-baśń, fantazję
pełną czaru i wdzięku i zarazem postanowił ograniczyć tę
fantazję, opanować ją, użyć „inteligencji" do jej poskro-
mienia? Czy „inteligencja" ma za zadanie rzucić niejako
spoza literatury cień na urok chimer, które zawładnęły
narratorem, i powstrzymać fikcję na rzecz realnej prawdy, wprowadzić instancję kontrolną, analityczną, mogącą spodobać się lekarzom i innym kastrującym ojcom?
Czy też użycie „inteligencji" jest tylko sprytną strategią,
odegraniem wewnątrz literatury użycia „inteligencji",
jego upozorowaniem, i nie ogranicza fantazji; literatura nie oddawałaby wówczas pola temu, co przychodzi spoza niej, by ją poskromić i właśnie skontrolować,
i stłumić?

Obie hipotezy zdają się równorzędne i na szybko to
odczucie czytelnika decyduje, która jest celniejsza: po
ostatnim rozdziale czuję się rozczarowany i odczarowa-
ny, czy też nie? Bohater ocknął się inteligentnie, bohater
wie o sobie wszystko, lecz jeszcze *tam* wraca. Kiedyś
literatura rządziła nim, narzucała mu fikcję obsesji, kie-
rującej jego życiem, lecz i on rządził przez literaturę:

czytał i opowiadał, a kto czyta i opowiada, ten ma władzę i dystrybuuje pragnienie. On czytał, opowiadał i pragnął, Sylwia słuchała i była pożądana. Później również Sylwia zaczęła czytać i mogła rozpoznać sytuację, postawić opór. Teraz, pogodzeni, czytają razem – „wiersze lub parę stron którejś z krótkich książeczek, jakich teraz się już prawie nie pisze"; nazywają się Lottą i Werterem, tyle że bez pistoletów i bez żółtej kamizelki, bawią się w cytaty, wyzuwają literaturę z bezpośredniości. Literatura została rozbrojona; przestała być kreatorem pragnienia i polem walki, stała się miłą muzyką dla ubarwienia codzienności. Ale tym może większe jest, wraz z ostatnim rozdziałem, nasze odczucie smutku; ta rezygnacja również czaruje.

IV

Dyptyk lśniący

Przez okno

1

„– Czy tak Cię właśnie poznałem? – pytał. – Szedłem ulicą w Filadelfii, był zmierzch i słota, woda spływała mi za kołnierz i ocierałem się niemal o ściany, chroniąc lewy bark pod skromnymi okapami i zepsutymi zębami dachów. Deszcz się wzmagał i po drugiej stronie ulicy dostrzegłem wylaną na chodnik żółtą plamę światła, którą osłaniały od góry markizy; strugi rozpryskiwały się po nich na drżące fontanny. Podbiegłem i blask oświetlił mi twarz jak na obrazach zwiastowania. Szybą, po bokach matową od pary, prześlizgiwały się w dół pojedyncze krople, łzy oderwane od twej twarzy. Patrzyłaś przed siebie znad talerza, w którym wyraźnie łączyła swe ekstrema kuchnia fusion, kupka ryżu, krewetka, trawa cytrynowa, wstążka łososia podwiązująca szparagi barwione na pomarańczowo; kelner parę metrów za tobą przystanął na chwilę, niepewny, czy jeden z trzech kieliszków białego wina na tacy był dla ciebie czy dla starszego, siwego mężczyzny obok. Wreszcie podszedł, omiotłaś wzrokiem talerz i poruszyłaś pałeczkami, jakbyś chciała mu pokazać, że nie zapominasz o jedzeniu i ci smakuje; ale gdy tylko odszedł, znowu zapatrzyłaś się przed siebie. Jeśli umiałbym powiedzieć, co było w twoim wzroku, umiałbym powiedzieć wszystko.

– Możliwe, możliwe, że tak było, tak, tak właśnie – mruczała – chociaż nigdy nie byłam w Ameryce. – Ciebie zobaczyłam po raz pierwszy tamtego wrześniowego popołudnia pod Bostonem, gdy wyszłam na spacer z motelu. Twój śmieszny żółty samochód wyglądał jak buldog przed spacerem, czekał tylko, aż się pojawisz, otworzysz bramę i wypuścisz go na alejkę. A ty stałeś na oszklonej z trzech stron werandzie, wpatrywałeś się w odległą, płaską linię horyzontu, za którą powinien już być ocean. Miałeś na sobie jasnobeżowy, cienki, na mój gust zbyt cienki sweter, na który narzuciłeś po chwili marynarkę, gdyż robiło się chłodno. Stałeś długo, bez ruchu i zdawało mi się, że pilnujesz, czy słońce zajdzie po dobrej stronie. Gdy tylko znikło, odwróciłeś się i cofnąłeś do pokoju i nagle poczułam, że pustka tej werandy jest dławiąca, smutna i wieczna.

– Tak, z pewnością – kiwał głową – tak, świetnie pamiętam, choć nigdy nie byłem w Bostonie".

2

Paryskie księgarnie mają ten miły zwyczaj, że w chwili wielkich wydarzeń artystycznych układają pod nie swoje witryny. W Grand Palais trwała retrospektywa Edwarda Hoppera i dziesiątki książek jemu poświęconych jak małe piramidy wyrastały wszędzie. Że albumy, to jasne; ale na stos rzucono dziesiątki próz i poezje, świadectwa pisarskich wzruszeń. Romanse toczące się w szklanych klatkach kawiarni, powieści, opowiadania, eseje, refleksje, wiersze: chodziłem od jednej księgarni do drugiej jak po wzgórzach Hopperlandu. Widziałem naocznie, że brać literacka znalazła w Hopperze swojego malarza, który pozwala jej zaciągać się metaforą jak skrętem, snuć bezkresne medytacje o samotności, czasie, melancholii, sobie samej zanurzonej w pustkach, przezroczystościach i czym tam jeszcze. Hopper maluje tak, jak oni (i my, czyli ja) chcieliby pisać, wyraziście i konkretnie, blisko rzeczywistości, a zarazem na tyle dwoiście, by detal niczym drobny Atlas dźwigał na sobie cały widzialny i niewidzialny świat, a sekunda miała gorzki lub słodki smak wieczności.

Kiedyś jeszcze mogło się zdawać, że każdy skrywa Hoppera tylko dla siebie, majstruje prywatny most do jego ulic, mieszkań i domów; teraz wydać książkę z okładką Hopperowską to wejść nie drugi, a setny raz do tej samej rzeki. Jeśli nawet był dawniej malarzem niszowym, dla „intelektualistów", dziś jest ikoną wyobraźni popularnej, a dziki tłum, stojący w świątek czy w piątek w kolejce do kas Grand Palais czy do innych muzeów z retrospektywami jego dzieł – powracają ostatnio co parę lat jak olimpijskie igrzyska – roznosi po domach niczym monstrancje postery z kobietami w oknach, morzem za werandą i pustymi stacjami benzynowymi. Sam od lat mam na ścianie sześć ikon z albumu Taschena, wyglądają jak rytualne wampuny, a może już makatki, i składam pod nimi codziennie kawę, kapelusz i garść morskiej soli.

„Le Nouvel Observateur" powierzył komentarz do paryskiej wystawy nie krytykowi sztuki, lecz oczywiście pisarzowi. Philippe Djian, autor wielkonakładowy, komentuje parę obrazów, *Nighthawks*, bo jak inaczej, *Morning sun*, *Gas*. Czytamy: „opresyjna cisza", „niewidzialna groźba, która zawsze ciąży nad światem", „duszące poczucie samotności" itd., itp. Już trochę nudno. Choć jakby koniecznie. Więc idzie się na kolejną wystawę Hoppera z przekonaniem, że nie da się z tych dusznych nastrojów i gardłowych kwestii istnienia wydostać i że na przekór trzeba by odebrać Hoppera pisarzom, ich/naszej gadaninie, aby na zimno i przednarkotycznie coś jeszcze innego w nim zobaczyć.

Zresztą nie tylko pisarzom. Do Hopperlandu wśliznęli się też fotografowie, malarze, filmowcy, artyści wszelkiej maści od surrealizmu do pop-artu i dalej, ich gremialna obecność w tej krainie usprawiedliwia nieco Hopperowskie ukąszenie literatów. Filip Lipiński w niedawno wydanej książce *Hopper wirtualny* opisał praktyki i ekscesy tej artystycznej hopperiady, do której wciąż dołączają kolejni namaszczeni. Coś Hopper ludziom uczynił; względnie słabo znany za życia, stał się później inspiracją dla tylu wyobraźni, że trudno sobie wyobrazić raźniej trzaskający ogień, który by oświetlał fantazje i fantazmaty ostatniego półwiecza.

3

Pierwsze sale wspomnianej wystawy są dla tego heroicznego zamiaru oddawania Hoppera Hopperowi obiecujące; malarz jeszcze nie jest autorem ikon, mocno wyeksponowany okres wczesny, francuski (trzykrotne dłuższe pobyty w Paryżu w latach 1906–1912) przynosi impresjonistyczne zamazanie kreski, jakie odnajdziemy jeszcze później, we wcześniejszych amerykańskich obrazach; w Ameryce będzie się ono co prawda zmniejszało, co „umetafizyczni" odbiór, lecz będzie chroniło przed fotograficznością i hiperrealizmem, w których wyspecjalizuje się malarstwo za Wielką Wodą. Debiutanckie pejzaże amerykańskie – gdzie do licha jesteśmy? Wzgórza, skały, morze, niebo zachwycają świetnością barw i rysunku, mógłby to malować francuski malarz na wakacjach w Vence, gdzieś obok musi stać niedopity pastis i talerzyk z oliwkami.

Albo te obrazy Paryża, Pavillon de la Flore, Luwr, fasady domów i nadbrzeża nad Sekwaną; tu już rozpoznajemy Hopperowską świetlistość, to już jest w dużej mierze światło, jakie będzie malował w przyszłości, lecz właśnie: wesoło jest czy smutno? Nieco podobna do późniejszej estetyka, ale obrazy raczej uderzają stroną pogodnie słoneczną i głębokim wglądem w bryłę. Tego Hopperowskiego Paryża nie da się zmelancholizować, natomiast rodzi się odwrotna sugestia, że jego nieco studyjnym i akademickim charakterem – barwy i formy – można by odmelancholizować późniejsze spojrzenie na urbanistyczną Amerykę.

Paryż jest ludny, gęsty. Hopper, owszem, chowa się nieco po zaułkach, robi szkice samotnych sylwetek, lecz lgnie do Degasa, jego tłocznych scen ulicznych, kawiarnianych, do Waltera Sickerta i jego wnętrz teatralnych, dwóch z tych kilku ulubionych miejsc Hopperowskiego

imaginarium. Gdyby tu został – a był gorącym gallofi-
lem – można sobie wyobrazić jego nienamalowane, hipotetyczne miasto: po Hopperowsku, „egzystencjali-
stycznie", drapieżniej niż u innych przedstawione scenki
komedii ludzkiej (bulwary, kawiarnie, kabarety, alfonsi
i kokoty, które chętnie szkicował), erupcje hałaśliwej,
beztroskiej zbiorowości; więcej krzątaniny niż tępego
trwania na zastygłych w słońcu ulicach. Więcej też gorącej strony społecznej, uwikłania w relacje, w teatr życia
codziennego. Niechcący ujawnia się cała podręcznikowa
różnica między surowością i nadmiarem amerykańskiej
przestrzeni a europejskim skłębieniem, gęstością uczuć,
między Ameryką dłuższego oddechu a Europą, gdzie
komedia ludzka oplata miasta i miejsca siecią bezlitosnej
gry klasowej i psychologicznej.

I dalej, po drodze do Hoppera z klisz, z okładek i po-
sterów, mamy serię ponad dwudziestu akwarel, malo-
wanych w połowie lat 20. na wybrzeżach Nowej Anglii
i w porcie Gloucester. To dzieła najłatwiejsze wówczas
do przyjęcia, pierwsze, które dają mu renomę i pieniądze i pozwalają porzucić znienawidzone zajęcie ilustratora. Pełne barw i energii, wciąż naznaczone poprawnością
akademicką; marynistyczne zainteresowania Hoppera,
miłość do lin i żagli, do wody morskiej i fal, opowiadają tu
o materii gęstej, witalnej i zarazem precyzyjnie utkanej.

O akwarelach będzie mówił jako o obrazach bez
„przedmiotu wewnętrznego", ćwiczeniach, których
dłuższe praktykowanie nie mogło go bawić. Samo słowo
„wewnętrzny" powraca nieraz w jego ustach. Na jednym
z poświęconych mu filmów dokumentalnych powołuje

się na słowa Goethego o literaturze jako odwzorowaniu świata zewnętrznego obrazem przychodzącym z wnętrza artysty; czyta te słowa wyraźnie, z kartki, widać, że recytuje własne credo, zmiętą kartkę wsadza w tylną kieszeń. Już jesteśmy blisko wiadomego Hoppera, ale przed wejściem na znane ulice powstrzymują nas jeszcze na chwilę ciekawe grafiki, mniej popularne, ostatnia z roku 1924, również studyjne w charakterze, noszące jeszcze ślady ręki ilustratora, zapowiadające wszak i tematyką, i przyjętym w nich punktem widzenia – dziwnie nieraz ustawionym, bardzo z góry, bardzo z dołu, bardzo z boku, co przypomina fotografie Kertésza – złotą serię najsłynniejszych jego płócien.

4

Zanim się na powrót w nie wniknie, by wdycha⁻ ¡ⁿk trawkę znane, hipnotyczne nastroje wielkiego vacuum, można jeszcze opóźniać chwilę, szukać w nich szczegółów, wpatrywać się na przykład w to, co na obrazach Hoppera ludzie robią z własnym ciałem. Ten ich wieczny kłopot, gdzie je ułożyć, jak je usadzić, jak trzymać nogi, które wyglądają niczym para nieszczęść. I te stopy, tak często zwrócone ku sobie, jakby nogi zostały wywrócone na lewą stronę. Bardzo dużo u Hoppera się siedzi, także na łóżkach (wciąż krzesła, kanapy, tapczany), coś trzeba z tą masą siebie zrobić. Niekiedy zdarzają się szczęśliwsze ułożenia, zwłaszcza w pozycji obserwującej – tak jakby perspektywa nadawała ciału prężność, zbawiała je od własnego ciężaru, gdy patrzy się w okno czegoś, nie wiadomo czego wypatrując.

Albo pojawia się w rękach filiżanka czy książka, bo bardzo dużo się też u Hoppera czyta, co pomaga dopasować jakoś ciało do siebie, lepiej je układa, likwidując jego niezatrudniony nadmiar. Bardzo jestem ciekaw, jak by malował ludzi z komórkami; to nagłe, wyrywające ich z życia skupienie nad ekranikami, gdy wystukują esemesa albo sprawdzają pocztę czy przelatują przez Internet, jak by pokazał to wydzielenie się głowy i szyi z reszty ciała, tak jak z rakiety oddziela się jej człon. I jak by malował sceny mieszkalne, widziane oczywiście z oddalenia, przez okno, gdy ciało siedzi bezradne, smutne, a komórka, po wykorzystaniu jej do cna, po wyssaniu z niej wszelkich wiadomości, leży porzucona, gdzieś obok, na łóżku czy stole, błyszcząc jak czaszka na starych przedstawieniach *vanitas*.

Hopper, podobnie jak intrygujący Valloton, którego oglądał w Paryżu, jest też poza wszystkim malarzem pośladków; to one, no i u Hoppera jeszcze łydki, wiodą w całości ciała swój niezależny żywot, najbardziej ekspresywny. Kiedyś redaktorka nie chciała mi uznać wyrażenia „nieinteligentne łydki" w przekładzie z Kundery, powinienem pokazać jej album. Nie mogę tu się powstrzymać przed przytoczeniem Prousta, jego opisu zadka niejakiego Legrandina: „(...) złożył głęboki ukłon z następującym ruchem wstecz, który cofnął jego grzbiet poza pierwotną pozycję (...). Ten nagły ruch spowodował w kształcie burzliwej i muskularnej fali – odpływ siedzenia pana Legrandin, o którym nie wiedziałem, że jest tak mięsiste; i nie wiem czemu, to kołysanie się czystej materii, fala na wskroś cielesna, bez śladu uduchowienia, smagana niby burzą odruchem uniżoności, obudziły w moim pojęciu możliwość Legrandina całkiem niepodobnego temu, któregośmy znali". Po tyłku do kłębka: mało kto jak Proust był wyczulony na szczegóły ciała, które mówią cokolwiek innego niż usta, otwierają drogi do innych opowieści. Ale również u Hoppera niekiedy wiodą one samodzielną przygodę; mięśnie naprężają się nagle w obliczu słonecznej inwazji przez okna pokoju, jakby czuły doniosłość chwili, jej gwałtowne napięcie, albo przeciwnie, luzują się, rozpełzają, gdy chwila traci swą ostrość, wpada w antrakt, czyli u Hoppera podstawową miarę czasu.

Patrzę w tej sekwencji na nieco mniej ograny obraz, *Excursion into philosophy* (1959), echo Rembrandtowskiego *Medytującego filozofa*; takich „intertekstualnych" mrugnięć okiem jest zresztą u Hoppera dużo, tworzą jeszcze jedną poboczną możliwość lektury. Na łóżku zatem nagie ciało kobiece odwrócone plecami – widzimy jej pupę, jej smutną pupę – do mężczyzny, *animal triste*, siedzącego bezradnie, ze zrozpaczoną miną na brzegu. Obok porzucona, rozłożona książka, w zapiskach Hopper wspominał o Platonie. Niczym odwrotne echo odpowiada temu obrazowi *Summer in the city*, tu z kolei nagi mężczyzna na łóżku odwraca się tyłem do kobiety. W obu przypadkach z tych ciasnych pomieszczeń bije poczucie beznadziei, cielesnej niewygody, naddatku materii, tkanki tłuszczowej, którą trzeba nosić jak krzyż.

Ta „filozoficzna wycieczka" podprowadza bardziej niż jakikolwiek inny obraz Hoppera na skraj konceptu,

249

podobnie jak słynne, ostatnie, pożegnalne dzieło, *Two comedians*, przedstawiające à la Watteau parę mimów – Hopper i żona – na estradzie; w tym czasie Antonioni kręcił *Powiększenie*, używając pokrewnej, nieco zbyt dosadnej symboliki: pamiętacie może, grupa mimów udaje na korcie, że gra w tenisa: oto kim jesteśmy w życiu, tym wielkim teatrze gestów.

Ale wszelka symbolizacja i konceptualizacja są z natury rzeczy obce Hopperowi, realizm przede wszystkim. Nie można zapomnieć przy tej okazji o wielkiej sprzeczności, konstytuującej całe amerykańskie malarstwo XX wieku, czyli na spotkanie w nim Hoppera i Pollocka, dwóch na przeciwstawnych słońcach bogów: realizmu i abstrakcjonizmu. Hopper pasjonował się XIX-wiecznymi fotografami, Eugène'em Atgetem, którego fotografie scenek paryskich pastiszował, czy zwłaszcza fotografiami z wojny secesyjnej, z Ameryki XIX-wiecznej; miał ich sporą kolekcję. Wracamy do amerykańskich początków twórczości Hoppera, do jego związków z Grupą Ośmiu, założoną w roku 1908 przez Roberta Henriego w geście buntu wobec konserwatywnej akademii; oraz z tak zwaną Ashcan School, szkołą śmietnika, wyznającą typowy dla każdej rewolty artystycznej i literackiej imperatyw „więcej rzeczywistości"; „więcej prawdziwego życia", więcej nowej, industrialnej Ameryki, więcej jej ulic i miast, więcej sklepów mięsnych. Hopper jest blisko tego prądu, lecz z boku, nigdy nie wiadomo na przykład, czy jego obraz o przemytnikach whisky, *Bootleggers*, jest scenką narracyjną z czasów prohibicji czy studium łódki na falach.

Kolejny wyimek ze wspomnianego wyżej filmu o Hopperze: wywiad telewizyjny z początku lat 60., dziennikarz zadaje pytanie o przyszłość malarstwa, o to, czy abstrakcja przypadkiem nie wygra. W końcu w 1953 Hopper podpisał wraz z trzydziestką innych artystów słynny manifest/projekt „Reality", skierowany przeciw MoMA, przeciwko predylekcji najważniejszego amerykańskiego muzeum dla sztuki abstrakcyjnej z ujmą dla malarstwa realistycznego. Żona Jo (również malarka, wedle większości świadków osoba monstrualnie agresywna, zaborcza, zazdrosna; to ona jest modelem wielu Hopperowskich kobiet, zwłaszcza nagich) tylko macha lekceważąco ręką i chichocze, Hopper (bardzo wysoki, powolny, oszczędny w gestach i słowach) łagodnie sylabizuje przekonanie, że malarstwo realistyczne w niczym nie jest zagrożone; na dźwięk słowa „abstrakcja" uśmiecha się, jakby była mowa o niesfornym dziecku. Może i dziecku w nim samym samym, tyle się o jego czystej geometryczności pisze; w niektórych obrazach – puste wnętrza mieszkań oświetlone słońcem – jesteśmy naraz po obu stronach, wystarczy jeden ruch oka, jedno drgnienie serca, by poczuć się zamkniętym to w pustce pokoju na pierwszym piętrze, to w nieokreślonej wielościennej formie. No ale krytykowi, który porównał go do Mondriana, odpalił: *You kill me*.

5

Geometrie są marzycielskie i nieustępliwe, wiadomo to od dawna, w malarstwie od czasów renesansowych, od Dürera przede wszystkim i związanych z jego dziełem teorii melanchologicznych. Nad geometriami w taki czy inny sposób krążą nieweseli pisarze, ot, znalazłem właśnie taki passus w powieści Andrzeja Stasiuka *Dziewięć*:

„Za oknem było jasno jak na wielkiej scenie. Świat niby gdzieś się ciągnął, lecz jego nieskończoność przypominała wnętrze niebieskiego pudełka (...). Z Żoliborza na Mokotów i odwrotnie ciągnęły sznury samochodów, a do głowy przychodziły myśli z dziedziny geometrii. Płaszczyzny domów nachodziły kolejno na siebie, by w końcu oprzeć się o płaszczyznę nieba. Wschodnie światło kruszyło się na prostych krawędziach dachów. W dole leżał cień. Kałuże jeszcze nie rozmarzły, lód odbijał się w szkle, szkło zwielokrotniało się w błyszczących płaszczyznach, które przesyłały sobie nawzajem pomnożone obrazy tak długo, aż w końcu któryś z nich trafiał do jego oczu".

To opis wszechogarniającego widoku, który staje się przestrzenną anamorfozą; oko wypełnia się obrazem streszczającym świat (świat tamtego warszawskiego poranka), który uległ witryfikacji, stężał w swych zwierciadlanych odbiciach. U Stasiuka pojawia się często, wręcz obsesyjnie, spojrzenie geometryzujące i zarazem zmrażające przestrzeń. Choć pada u niego wiele słów, choć opisy miejsc stają się niekiedy bardzo rozbudowane i metafory nieraz gonią się po piętach, nie wkraczamy do krain poetyckich, przynajmniej w potocznym wymiarze: że tak ładnie napisane i że tyle tu jest ślicznych obrazów. Nie, przestrzenne opisy Stasiuka tworzą światy alternatywne i wyczyszczone, pozbawione ornamentów i własnych znaczeń, choć w ich kreacji uczestniczy tyle zdań. Ich wnętrza układają się w formy zgeometryzowane, na tyle oddalone od miejsc konkretnych, że mogą się niekiedy wydać analogiczne do przedstawień czysto abstrakcyjnych.

Sam mam takie miejsce w Warszawie mocno dla mnie naznaczone doznaniem melancholii i często o nim myślę; kiedy wyobrażam sobie, jak mógłbym je przedstawić, widzę przed oczyma nie konkretny obraz tamtego śnieżnego, wigilijnego wieczora na skrzyżowaniu dwóch pustych ulic, lecz abstrakcyjno-geometryczne nagromadzenie czy zetknięcie się paru białych płaszczyzn, w które przemakam (jak woda przemaka przez papier) i tylko w ten sposób mógłbym to miejsce opisać.

To nie jest opowieść wigilijna, ale tamten grudniowy wieczór siedzi w pamięci, z roku na rok się rozrasta, wychodzi na czoło; jest teraz jak drzwi do tamtego świata. W domu Wigilia była odwołana, ojciec chorował i leżał w moim pokoju. W sklepach nie było już od dawna nikogo; sprzedawczynie musiały jeszcze wytrwać godzinę, pół, do chwili zamknięcia, przez witryny widziałem ich łokcie wbite bezczynnie w blaty. Jeszcze dziesięć minut, pięć i ogromna pustka wkraczała na ulicę. Z baru „Zagłoba" przy Grochowskiej wytaczali się ostatni panowie, na poczcie parę metrów dalej gasły światła, w cukierni obok krata już opadła. W barze „Osiedlanka", gdzie dotarłem w bezwiednym spacerze, też już nastała ciemność, zgasło ostatnie ognisko dzielnicy.

Od rana padał śnieg, równy i gęsty, tu i ówdzie nosił jeszcze ślady spieszących się butów, lecz z minuty na minutę świeży puch zdobywał teren. Wgniatywałem go na alejkach skweru przy kinie 1 Maj, i tuż obok, na małym podwyższeniu terenu zwieńczonego obeliskiem ku czci powstańców listopadowych. Śnieg dochodził już do kostek, zszedłem na Grochowską, na skrzyżowaniu z Podskarbińską jeszcze nie było świateł; jezdnie bielały na równi z chodnikami, nic i nikogo, raz jeszcze przejechał tramwaj. Stałem tam i nie wiedziałem dokąd pójść; nie umiałem się stamtąd ruszyć, wrastałem w skrzyżowanie, jakby stopy zaczęły pierwsze medytację, zapatrzyły się w biel. Śnieg po chwili zelżał, wreszcie ustał; powietrze, jeszcze zaprószone i lekko zamglone, powoli dochodziło do siebie. Trzeba było iść albo wracać, lecz stałem, biel wędrowała od stóp wyżej, zarażała swą obcością i spokojem; była tutaj i nie stąd, i wszystko wokół wydawało się tutaj, lecz nie stąd, pozbawione imienia i miejsca, jakby przystanęło tu przelotem. To przychodziło jak zawrót głowy, to był zawrót głowy, spokojne oszołomienie, biel wypychała ze mnie nazwy, tkwiłem w niej bez imienia i bez imienia krzyżowały się te ulice, dawniej Grochowska i Podskarbińska, teraz dwie smugi przecinające się bez celu i znaczenia, jak ślady samolotów na niebie, jak dwie ledwie widoczne kreski na ogromnej białej tablicy. Gdzie byłem, gdzie byliśmy, w jakim mieście, w jakim kraju; mapa się rozmazała, wessał ją śnieżny lej, pozostała przestrzeń nieokreślona, nienazwana, oderwana od miasta; geometryczna płaszczyzna, jasny wielobok wysublimowane z ziemi, do niej już niepodobne, wypełnione drżeniem bieli. Podobnie, wyobrażam sobie, oko malarza wytraca z miejsc ich nadmierną konkretność, ich szczegółową zawartość, doprowadzając te miejsca do postaci niemal abstrakcyjnej, choć nadal stąd.

Ale wracam do Hoppera, który warczy do krytyka *You kill me*, bo abstrakcja jest morderczo powszechna, natomiast rzeczywistość, rzeczywistość, którą on maluje, jest amerykańska, o to w końcu chodzi. Nawet jeśli ta rzeczywistość geometryzuje się, odrywa od konkretnej po drobne szczegóły scenerii, to jedną nogą zawsze pozostaje tutaj. Scenki z życia; purytańska oszczędność; przezroczyste wnętrza i rozwój społeczeństwa demokratycznego. Setki tekstów socjologicznych o Ameryce pierwszej połowy XX wieku będzie ilustrowanych obrazami Hoppera. Raz jeszcze: stacje benzynowe, drugstory, biura, miejsca najgęstszej codzienności. I zwłaszcza hotele, hotele amerykańskie, o których Henry James pisał: „Duch amerykański przyznał hotelowi wartość i użytek bez precedensu. Sprawił, że hotel tak bardzo zaczął wyrażać ideał społeczny, a w istocie też estetyczny; do tego stopnia uczynił z niego synonim cywilizacji, pozwalający uchwycić samą zasadę ludzkich zachowań, że rodzi się pokusa, by zapytać, czy przypadkiem duch hotelu nie stał się podstawowym horyzontem i podstawowym spełnieniem dla tegoż amerykańskiego ducha".

Rzeczywiście, tamte amerykańskie hotele to solidne stacje przesiadkowe; stacje bez rozkładów jazdy. Żadne z nich europejskie pluszowe przystanie, gniazda, które biorą na przechowanie egzystencje, wyciągając je łagodnie z biegu, kojąc swymi esencjami, szamponami z korzeni mandragory, swym pluszowym, domowym trwaniem, podmieniając im obroty sekundników na obroty ziemi.

Amerykańskie hotele (fantazmatyczne hotele naszych marzeń) tylko zadrażniają czas, przenoszą nas w dekoracje przelotności. Z ich podestów wbitych w pustynie miejskie i w pustynie prawdziwe widzimy nietrwałość naszych miejsc na ziemi i ogrom pustki do przemierzenia.

6

Tak mocno pożądało się w naszych gimnazjalnych głowach tej całej Ameryki, więc i realizmu amerykańskiego i to możliwie jak najmniej magicznego, oczyszczonego z wszelkiej, w przeciwieństwie do realizmu południowoamerykańskiego, fantastyczności. Trafiał do nas w dużych porcjach, na początku lat 70. wraz z pismem „Ameryka", wydawanym przez ambasadę amerykańską na papierze niezwykłej, jak na tamte czasy, jakości. Przy śmierdzącym starymi szmatami i chropowatym w dotyku miesięczniku „Sputnik", który kazali przynosić na lekcję rosyjskiego, „Ameryka" zdawała się emanacją nieskazitelnej gładkości; papier był bezwonny, co wówczas (bo dzisiaj tęsknię za niepięknym nawet zapachem tamtych książek i gazet) liczyło mu się na plus.

W jego wnętrzu pojawiały się od czasu do czasu obrazy, w które należało się dłużej wpatrywać, by dostrzec, że nie są fotografiami. Zdawały się o wiele bardziej „nieeuropejskie" niż skrajny abstrakcjonizm Pollocka czy Rothko, pewnie też dlatego, że przedstawiały najczęściej typowe, kliszowe wręcz pejzaże amerykańskie, wprowadzające w tamten wymarzony, niedostępny świat, pełen kultowych tęsknot za motelami na pustyni, za highwayami 66 i easy na nich riderami.

Rzucały urok, wciągały; to one, zwane hiperrealistycz-nymi albo fotorealistycznymi, drogą na wspak wiodły do wcześniejszego amerykańskiego malarstwa realistyczne-go, do Andrew Wyetha (z jego słynnym *Światem Krysty-ny* przedstawiającym kobietę pół siedzącą, pół leżącą na łące tyłem do nas, z daleka wyglądającą na młodą dziew-czynę, a po wpatrzeniu się w jej ręce na niemal staruszkę, ciężko chorą) i do Edwarda Hoppera przede wszystkim, z którego zdały się wywodzić. „Kiedy pierwszy raz poje-chałem do Ameryki, pomyślałem, że byłem już tu wiele razy" wielu z nas później powtarzało. Byliśmy w Teksasie w '69, w Nowym Jorku w '78, rok później we Frisco, choć nie mieliśmy paszportów i wiz, a angielski znaliśmy głównie z tekstów Dylana.

Hiperrealiści rysowali nasz sen o Ameryce, miejsca, w które dawaliśmy nogę z ulicy Gagarina czy alei Mani-festu Lipcowego, czytając Salingera, słuchając chicagow-skiego bluesa czy rock and rolla począwszy od Billy'ego Halleya. Byli naszą słodką tautologią, Ameryką jak na dłoni. To takie amerykańskie, więc fascynujące, bo ame-rykańskie. Czasami słucham jeszcze płyty Johnny'ego Casha *America* i odnajduję podobne wrażenie fantastycz-nie podanego – tym razem nie oku, lecz uchu – masła maślanego, monady, która bezwstydnie i hardo wyśpie-wuje własne istnienie. Kiedy Cash opowiada na płycie o powstawaniu kraju, o tworzeniu się kolejnych stanów i wymawia jedna po drugiej ich nazwy tym swym fan-tastycznym niepodrabialnym burbon-barytonem, w któ-rym każda głoska turla się po gardle jak rolada po za-rdzewiałym roller coarsterze, powraca doznanie słodkiej odpowiedniości wszystkiego ze wszystkim: dźwięki pasowały do słów, słowa pasowały do rzeczy, rzeczy pasowały do życia, życia pasowało do nas, *let's go*, *let's go*, *let's go*. Nebrasca, bo Nebrasca, Missouri, bo Missouri, Oregon, bo Oregon.

U Hoppera i jemu podobnych odnajdowałem później z zachwytem podobne drugstory, puste szerokie ulice z namotanymi w powietrzu kablami elektrycznymi, wszystkie te amerykańskie przestrzenie codzienności, tak odmienne, a przecież nie mniej wciągające niż nagrzane od barw, od gorącej wegetacji pejzaże prowansalskie. No i odnajdywałem tę szczególną świetlistość, estetykę zastygnięcia w słońcu albo też w neonowych blaskach – bo bez odpowiedniego naświetlenia malarstwo hiperrealistyczne, podobnie jak fotografia, nie może się przecież obejść. Patrzę na Don Eddy'ego *Untitled (4 WVs)* z roku 1971, obraz czterech nachromowanych do przesady volksvagenów garbusów ze stojącym w słonecznym tle pick-upem, to jest tło tak bardzo amerykańskie, że wchłania – w mych oczach – nawet pierwszy, i tak szalenie atrakcyjny plan. Czy na *McDonalds Pickup* Ralpha Goingsa z 1970, sielankowy niemal malunek fastfoodu w kalifornijskim upale; weźmie się ćwierć funciaka, *quarter pounder with cheese* i przeczeka w cieniu do wieczora. Albo na Davisa Cone'a *Thompson*, obraz, na którym zbiera się cała ta amerykańskość, ostrość kątów budynku Theatre Thompson, wrzynających się w błękitne niebo, wielkie neonowe litery wywalone na fronton, niskie druty elektryczne i przed teatrem na pustej do cna ulicy samochód, w którego kracie-maskownicy ugrzęzło słońce. Czy na *Public Pay Telephones* (Don Jacot), obraz kilku świecących na srebrno telefonów w kabinach telefonicznych: zawsze mnie zastanawiało, jakim cudem bohaterowie amerykańskich filmów zawsze mają *coins* przy sobie. Czy wreszcie te proste – bo po co zakręcać, skoro widać horyzont na dwieście mil stąd – ulice prowincjonalnych miasteczek z domami na dwa piętra maksimum, których ściany żółkną od słońca tak dokładnie, że aż przedrzeźniają Vermeera.

Najciekawsze jest dla mnie jednak to, że w tym przenikaniu się dwóch kadrów, fotograficznego i malarskiego, w tym nieuchwytnym przeistaczaniu się kliszy w płótno lub w papier dokonuje się dziwna zmiana: wyciszenie czy wymazanie *punctum*. Czyli tego, co dla Barthes'a, autora słynnego określenia, stanowiło duchowe centrum fotografii, od którego wszystko zależało, od którego zaczynała się prawdziwa lektura zdjęcia, nawet jeśli owym *punctum*, które się odkrywało, wynajdywało, był pozornie najbardziej nieznaczący gest, spojrzenie, szczególne ułożenie ręki czy osobliwe usytuowanie przedmiotu. W przypadku obrazów hiperrealistycznych *punctum* nie da się odnaleźć. Stajemy tu wobec czegoś niesłychanie „płaskiego", zniwelowanego i lektura fotograficzna tego malarstwa – na tym polega jeden z jego paradoksów – niczego tu nie wniesie.

Może dlatego hiperrealizm urzekał tylko pod warunkiem, że był amerykański. Ameryka wydawała się najlepszym, najbardziej naturalnym dostarczycielem pejzaży, miejsc bez *punctum*. To znaczy przestrzeni i pustych, i wielkomiejskich, gdzie z amerykańskiej natury rzeczy wytwarza się jakaś metafizyczna niwelacja, która chwyta za gardło, fascynuje i poraża. Być może są to moje, albo nasze, europejskie fantazmaty obcej Ameryki (tak mocno wyartykułowane u Baudrillarda: *Ameryka nie ma środka*); to one jednak wzmacniają rolę hiperrealistycznego malarstwa, przydają mu racji bytu. Hiperrealistyczne przedstawienia Wenecji, Paryża czy Londynu wydają się mało interesujące; jest w nich coś z imitacji, drugorzędnego naśladowania, nawet jeśli technicznie i tematycznie wszystko się zgadza, to ich perfekcja lśni jak złoty ząb; czuję się przy nich tak, jakbym słuchał Włocha śpiewającego bluesa.

To jednak Hopper *rules*. Przy hiperrealistach Hopper jest bezwzględnie wyższą jazdą, kreował tak mocne nastroje, że od razu zaczynało się snuć wokół własne narracje, aby coś dogadywać, wprowadzać w opowieści, wpychać go we własne książki. A oni, hiperrealiści – i pewnie dlatego do nich czasem wracam – tworzyli raje beztroski, bezmyślnej szczęśliwości; przy dźwiękach Halleya i ballad country stawiali w swoich hiperrealistycznych barach kolejne piwa, przynosząc uniesienie lekkie, rozkosznie bezmyślne i przewiewne jak pianka.

7

Dawid zobaczył kiedyś u mnie tych parę Hopperów powieszonych jeden nad drugim na ścianie za szafą. Przystanął przed nimi kilka razy. Na ogół mało patrzył, sprawiał wrażenie, że nigdy się nie rozgląda, jednak tutaj tak. – Ale pusto. Ale czysto. I tak mało ludzi. Ładnie, pusto. – Podoba ci się, chciałbyś tam pojechać. Albo mieszkać?

Nigdy nie wyjechał na dłużej ze swego miasta, w którym po wojnie osiadł. Raz tylko za granicę, na proces; więcej się tam nie pojawił, choć jeszcze go nieraz wzywali. Nie chciał żadnych pieniędzy i rekompensat, niczego nie przyjął. Ale blisko siedemdziesiąt lat spędził w poniemieckim domu, jakby nie mógł się oderwać od tego, od czego kiedyś dla ratowania życia uciekł. Ogromna klatka schodowa, w mieszkaniu grube mury, ciemno, bez oddechu. Dusiłem się u niego, chciałem wychodzić, zmykałem, gdzie pieprz rośnie z jego ulicy, z jego dzielnicy, z jego miasta.

Pomyślałem, że Hopper to jest może przestrzeń dla Dawida. Skoro ją już zauważył. Pejzaż idealny, jakie się malowało w XVIII wieku, tam były to błękitne strumienie, mosteczki nad nimi, cyprysy, pinie i my w ich cieniu; tu bezludne ulice. Jego przestrzeń gdzieś po drugiej stronie, tam, gdzie nigdzie nie doszedł. Bo przecież o tym wtedy marzył. Że nie będzie nikogo na ulicach, że będzie mógł pójść tam, gdzie go oczy poniosą, że nic go nie uwięzi i nie powstrzyma, że bezkresna pustka jest jego przyjacielem, a wszechwidoczność i przejrzystość przestają być groźne. Tak sobie to wyobraziłem przynajmniej, tak pojąłem to jego przystanięcie, to zapatrzenie – jako zew przychodzący od strony snu, echo czegoś, o czym już słyszał, co jakoś zobaczył. Ale do tego czegoś nigdy nie dotarł, tak jakby zapętlona marszruta tamtej ucieczki, repetytywne powtarzanie miejsc, ciągłe nawroty w zamkniętym mieście raz na zawsze ustaliły sposób bycia, zawęziły mu mapę. Hopper, przed którym przystanął, a przystanięcie naprawdę było u niego zdarzeniem (bo on przecież nie przystawał), przyniósł nagle smak wolności, słodki smak nieokreślonej wolności. Wolności, nie melancholii, a to nie jest całkiem to samo.

Oczywiście, puste ulice bez ludzi albo pojedyncze sylwetki pod ścianami, w oknach, które zdają się tak bardzo zajęte swym niezatrudnieniem, swym powolnym gestem czy wręcz przejmującą jak dreszcz bezczynnością, że nie stwarzają żadnego zagrożenia. Ich oczy są niewinne, leniwe, zapatrzone, lecz nie wpatrują się wzrokiem szpicla w inne twarze, cudownie dla nich obojętne. Ale to pewnie zbyt łatwe skojarzenie.

8

Kto zatem zadrżał pierwszy, głośno przełknął ślinę? Poddał realizm Hoppera próbie destabilizacji i zemście uniwersalizacji, próbie wciągnięcia go w spekulacje melancholiczne, metafizyczne, inne? Pada nazwisko André Bretona, ojca założyciela surrealizmu, który po przybyciu do Nowego Jorku w 1941 w wywiadzie dla pisma „View" czyni analogię między Hopperem a ukochanym de Chirico. Dobrze odbyta praca żałoby, ulubiony obraz tego ostatniego, *Mózg dziecka*, pozostawiony w okupowanym Paryżu, Breton zastępuje Hopperowskim *New York Mowie* (1939). Mówi o sztuce metafizycznej, słowa zostały rzucone.

Więc co, nie podejmować ich, wracać do minikontekstów, do niuansów wykrywanych przez historyków i krytyków sztuki? Co zwłaszcza robić dalej z tymi pokojami bez mebli, z tymi odsłoniętymi oknami, z szybami panoramicznymi biur, z tym podglądaniem Amerykanów, które zdaje się tylu fanom Hoppera voyeurstwem metafizycznym? Z tym wpatrywaniem się wśród słonecznego blasku w przestrzeń gdzieś – ocean, preria, niebo – przed nami; wpatrywaniem się uporczywym, natężonym? Umiał doprawdy to robić, specjalizował się w spoglądaniu, w czasie wojny jako członek obrony cywilnej wypatrywał ze swego domu w Cape Code wrogich samolotów i statków podwodnych.

Jak komu po drodze; sam, znowu wgapiony w to wypatrywanie, uległem. Chwilę później miałem jechać do Stanów i przyszedłem do Hoppera szukać parametrów lokalności, sposobu bezładnego zwisania przewodów elektrycznych nad amerykańską ulicą, koloru cegieł, architektury parterowych, zbitych z desek domków z werandami. Ale w samej Ameryce, jak mogłem się wkrótce przekonać, granica między konkretem a alegorycznym uogólnieniem jest bardzo cienka, słabo widoczna. Przestrzeń amerykańska, w porównaniu do romańskiej, o wiele bardziej zamaskowanej, zbitej, uwarstwionej, także przez pokłady dziedzictwa, szybko ujawnia swą hipnotyczną nagość – jest ona magnetyczno-erotyczna i bardziej podatna na różne alegoryzujące działania wyobraźni. Widać tu dobrze, że w alegorii tkwi jakaś orgiastyczna, tanatyczna ostateczność.

Wystawa paryska w roli komentatora metafizycznego obsadziła Wima Wendersa, którego jedna z fotografii otwiera ekspozycję. To nie jedyny człowiek kina z Hopperem, pilnym widzem amerykańskiego czarnego kina, dialogujący. Twierdzi się powszechnie, że Alfred Hitchcock dla swej *Psychozy* miał wykorzystać Hopperowski obraz *Haunting house*, w każdym razie dom filmowy i dom z obrazu są niemal bliźniacze. Wenders opowiada przede wszystkim o niezwykle filmowym doznaniu czasu, jakie bije z płócien Hoppera. O tej nabrzmiałej chwili, która nastąpiła po jakimś niejasnym, lecz mocnym zdarzeniu. Na tej pustej teraz stacji benzynowej stał parę sekund temu, mówi Wenders, samochód z gangsterami w środku; gdzie odjechali, kogo zlikwidują, komu pokażą, że dług należy zwracać albo że samemu w mieście towarem się nie handluje? I przede wszystkim opowiada o tej napiętej jak struna chwili, która wywołuje w nas nastrój intensywnego oczekiwania.

Wenders przekabaca scenę na stronę sensacyjną, widowiskową. Ktoś na tej stacji benzynowej, można sobie po Wenderowsku wyobrazić, przed chwilą był, leniwie, może z rozmysłem trzasnął drzwiczkami, przeciągnął się; w bagażniku ma obrzyna i mówi do kumpla w ciemnych okularach, któremu nie chce wychodzić się z chevroleta długiego jak ta noc, że za parę godzin będą już siedzieli w motelu i pili burbona… i tak dalej. Odjeżdżają, kamera pozostaje przez chwilę na stacji, obserwuje niespieszne ruchy pracownika, który – zbyt dużo widział w życiu, aby zgrywać naiwniaka; przypomina barmana z noweli Hemingwaya *Zabójcy* – domyśla się, co to wszystko: i te gesty, i te krzywe uśmiechy, i leniwe ruchy, znaczy. Tej nocy komuś zostaną zamknięte oczy na zawsze, przybędzie wdów w mieście.

Jednak tak dobrze u Hoppera nie ma. Nie ma tak, żebyśmy byli pewni, iż czas zastygł na obrazie dlatego,

że przed chwilą biegł jak szalony lub dlatego, że za chwilę wywinie rumbę, i że na razie, na krótką chwilę tkwi-
my w niezatrudnionej pauzie, powidoku tego, co się zdarzyło, i aurze tego, co nastąpi.

W tym właśnie rzecz, że nie. Nie ma takiej pewności; zdarzenie wisi w powietrzu, ale zdaje się odwleczone
i jego największą siłą, jego piekielną, najgorszą złośliwoś-
cią może być to, że w ogóle nie nadejdzie, że powietrze
zeszkli się na nieprzemakalny, przejrzysty pancerz, przez
który nic się tu już nigdy nie przedostanie. Takiej sceny Wenders nie nakręci, musiałaby trwać tyle, co film.
Dla „literackiego", a nie „filmowego" widza Hoppera
dzieje się tak, jakby czas został oczyszczony z materii
dziania się; jesteśmy tu czy trwamy dość blisko czasu
Proustowskiego (ktoś by powiedział), choć u Prousta
uwikłany jest on w o wiele większym stopniu w ludzi,
w ich ciała, w ich relacje. Nawet jeśli czas Proustowski
osiąga pewną substancjalną czystość, to dlatego, że zostaje na chwilę, jakby na pokaz, wyfiltrowany z ludzkich
rzeczy. Po to, by ujrzawszy jego boską samoistność, można było obdarzyć go alegoryczną mocą wielkiej litery, po
czym na powrót wprowadzać go w gesty i słowa, w twarze, w korpusy, w nogi z żylakami i odzyskiwać jego ulotny byt w gmatwaninie zdarzeń i najdrobniejszych nawet
przypadków codzienności.

Patrzymy na obrazy Hoppera i ten substancjalny czas,
mocniej wydobyty niż u Prousta, uderza w twarz; czujemy, że istnieje taka możliwość, iż wkrótce, już wkrótce coś dramatycznego się zdarzy. Więc patrzymy, drżymy i oczekujemy. Ale z każdą chwilą rośnie poczucie,

jeszcze bardziej dotkliwe i gryzące, że nie, nic się nie zdarzy. Albo zdarzy się dopiero o wiele później, w innym już porządku, nienależącym do tego momentu, do tego drżenia, do tego zapytania. Jeden ze swych najbardziej dojmujących obrazów Hopper nazwał *Antrakt*. To rewers takich obrazów, jak *Woman in the sun*, na których wypatrywanie ma moc mobilizującą, stawiającą pytanie o możliwość zdarzenia. Antrakt: opustoszała sala kinowa, w fotelu siedzi kobieta, prawdopodobnie bileterka, jest znużona, nieco, zdawałoby się, bezwładna; jeden film już przeszedł, kolejny jeszcze się nie zaczął. Więc i chwila zdaje się bezwładna, omdlewająca, czas stał się gęsty, lecz dojmująco miękki; nigdy nie umrzemy, ale też może nigdy nie żyliśmy.

Czy się zdarzy, co się jeszcze zdarzy? Właśnie wszedłem do paryskiej księgarni. Na półce z nowościami książka zatytułowana *Po końcu świata. Krytyka rozumu apokaliptycznego*. Na okładce *Morning sun*, kobieta siedząca na tapczanie, twarzą do okna i patrząca gdzieś daleko przed siebie. Widzi trzech jeźdźców na horyzoncie? Czy jedynie nieruchomą płytę nieba? Co się zdarzy? Czy coś się jeszcze zdarzy? Czy może lepiej, żeby się nie zdarzyło?

9

Pierwszy obraz: słońce, kwadraty i prostokąty słońca wbite w ściany, liżące podłogi, smugi słońca wpadające do pokoju i drgające w swych korytarzach, wyzwalające z niewidoczności cząsteczki kurzu, słoneczne snopy punkcików, czysty kwadrat słońca przyklejony do framugi, nadchodzący z nieba jak zwiastowanie, jak chwila, która nie chce się już lub jeszcze toczyć, i wchodzi nam do oczu. Hopper to dla mnie namalował, Proust napisał.

„Biło południe, wreszcie przybywała Franciszka. I przez szereg miesięcy w tym Balbec, którego tak pragnąłem, bom je sobie wyobrażał jedynie smagane burzą i tonące we mgłach, pogoda była tak olśniewająca i stała, że kiedy Franciszka przychodziła otworzyć okno, mogłem zawsze bez zawodu oczekiwać, iż ujrzę tę samą ścianę słońca załamaną w rogu zewnętrznego muru, o niezmiennym kolorze, mniej wzruszającym jako znak lata niż martwym jako znamię nieżywej i sztucznej emalii. I podczas gdy Franciszka wyjmowała szpilki z portier, zdejmowała materie, rozsuwała firanki, odsłaniany przez nią letni dzień zdawał się równie umarły, równie odwieczny co wspaniała i tysiącletnia mumia, którą by nasza stara służąca ostrożnie odwijała ze wszystkich giezeł, zanim ją ukaże zabalsamowaną w jej złotej szacie".

Tym, których parę zdań Prousta, cudnie przez Boya przełożonych, kompletnie nie porusza, mówię: *see you later, alligator*, dla tych, których choć trochę dotyka, jest następny esej.

Żółta ściana

1

Dla mnie namalował to Hopper, dla Prousta – Vermeer. Proust zapisywał jeszcze Ver Meer, widział parę jego płócień, w tym *Widok Delft*, „najpiękniejszy obraz świata".

Wystawiany był za czasów Prousta w Hadze; Marcel dopytuje się o niego księcia de Guermantes, który Hagę właśnie był odwiedził. „– Ach, Haga, co za muzeum!". Zatem ten obraz, z pewnością książę go widział i podziwiał? „Ale książę był mniej wykształcony niż pyszny. Toteż odpowiedział tylko z arogancką miną, jak za każdym razem, kiedy ktoś wspominał jakieś dzieło w muzeum lub w Salonie, którego on sobie nie przypominał: – Jeżeli jest godny widzenia, widziałem!".

Spośród wszystkich światowych dialogów w *Poszukiwaniu...* ten jest moim ulubionym. Powtarzam go dookoła, zawsze się przydaje, ludzie chcą wiedzieć, czy się to i tamto widziało, czytało, słyszało, wciąż o to pytają. Czytałeś Munro? Jeżeli jest godna czytania, czytałem!

Cage? Messiaen? Jeżeli są godni słuchania, słyszałem! Ostatni Lupa? Jeżeli jest godny widzenia, widziałem!

Jak to często u Prousta bywa, pod dzieło fenomenalne, nad którym nie można przejść spokojnie do porządku dnia i które dla Marcela jest treścią wszystkich treści, bezwzględnym arcydziełem, podstawia się ironiczne zwierciadło codzienności, jej mięsny kawałek. Snobizm księcia na przykład. Albo żałosne salonowe pląsy i głupawe zachowania Vinteuila, autora genialnej sonaty, która zmieni życie Swanna, i autora arcydzielnego septetu, bez którego Marcel nie zacząłby prawdopodobnie pisać. Albo bluźnierstwa kochanicy córki tegoż Vinteuila, muzykolożki plującej na portret świeżo zmarłego kompozytora w chwili, gdy dobiera się miłośnie do ciała jego progenitury, a później z nadzwyczajną troską, poświęceniem i talentem odtwarzającej z rozproszonych papierów wspomnianą sonatę.

Po raz drugi sam Proust obejrzał *Widok Delft* na wystawie w paryskim Jeu de Paume, które wypożyczyło z Hagi obrazy Vermeera. Wedle pamiętników jego gosposi Celesty uważał, że jest bliski śmierci i nie będzie miał dość sił, by dotrzeć na wystawę; poprosił przeto o towarzystwo krytyka Jean-Louis Vaudoyera; tenże poświęcił Vermeerowi kilka bardzo dobrych, cenionych przez Prousta, artykułów, których fragmenty w powieści parafrazuje. Czy zechce Pan poprowadzić do muzeum trupa, który wsparty na pańskim ramieniu… itd. Poszli.

W muzeum źle się czuł, lecz wrócił do domu wstrząśnięty, zachwycony, przejęty do granic i miał powiedzieć Celeście: „Ach, nie wyobrażasz sobie, co za precyzja, co za wyrafinowanie… Najmniejsze ziarnko piasku! Cieniuteńki dotyk zieleni w jednym miejscu, różu w innym… Tak się powinno pracować! Będę jeszcze musiał poprawiać, poprawiać na okrągło… Dodawać ziarenka piasku". Tak też robił; szczotki kolejnych tomów są pokryte gęstą siecią skreśleń, korekt, dopisków i doklejeń, wielkie mrowisko liter rozbieganych we wszystkich kierunkach. Wydawane są teraz w edycjach albumowych, ni to druki, ni to grafiki, przepyszne obrazy nieskończonych poprawek, pajęcze sny o perfekcji.

2

Pisarz Bergotte, bożyszcze młodego Marcela, umiera w tomie piątym, zaraz po obejrzeniu w sali Jeu de Paume obrazu Vermeera. W porywającej, poruszającej i zarazem rozwirowanej od granic patosu, do granic groteski scenie opisana jest jego wyprawa na wystawę i w chwilę później jego śmierć – dobiła go niestrawność po kartoflach. „W końcu znalazł się przed obrazem Ver Meera, który pozostał mu w pamięci bardziej olśniewający, bardziej różny od wszystkiego, co znał, ale w którym, dzięki artykułowi krytyka, pierwszy raz zauważył drobne postacie ludzkie malowane niebiesko i to, że piasek był różowy, i wreszcie szacowną materię kawałka żółtej ściany. Zawrót był coraz silniejszy; Bergotte wlepiał wzrok w bezcenną ścianę, jak dziecko wpatrujące się w motyla, którego pragnie pochwycić".

I teraz padają te słynne słowa, jeden z królewskich cytatów powieści, ograny jak *Dla Elizy* w niedzielny radiowy poranek; pisarze klękają przed nim niczym do komunii świętej: „Tak powinienem był pisać – powiedział sobie. – Moje ostatnie książki były za suche; trzeba było je pociągnąć kilka razy farbą, uczynić każde zdanie cennym samo w sobie, jak ten kawałek żółtej ściany". Jeszcze patrzy, za parę chwil umrze; w galerii, na oczach publiczności, osunie się na kanapę, a po chwili na ziemię. Opowieść gęstnieje; Proust włącza, co na taką skalę zdarza mu się tylko w kilku miejscach swej powieści, najbardziej buzujące lampki, padną takie słowa, jak „anioły" i „zmartwychwstanie", a całość zakończy, co też jest dość rzadkim u niego zabiegiem, światłem, czyli bielą strony – zanim pojawi się następny akapit. Ta biel jest jak uroczysta, niewidzialna trumna dla pisarza.

Bergotte, bezwładnie już leżący na muzealnej kanapie, powtarza sobie: „Kawałek żółtej ściany, kawałek żółtej ściany z daszkiem". A chwilę wcześniej, tak jakby widział cały swój przeżyty czas w błyskawicznym streszczeniu – bo przecież umiera – dowiadujemy się tego jeszcze: „Na niebiańskiej wadze jawiło mu się jego własne życie obciążające jedną z szal, gdy druga zawierała kawałek ściany pięknie namalowanej na żółto. Bergotte czuł, że niebacznie oddał pierwsze za drugie". Powtarza zatem „kawałek żółtej ściany z daszkiem, kawałek żółtej ściany" i kona.

Narrator wlazł na chwilę do głowy Bergotte'a po drabinie Flauberta, jak wcześniej właził do głowy Swanna, by zobaczyć, co się tam jawi; to również zdarza mu się rzadko, zaglądać tak wprost w czyjeś myśli, a nie wyłącznie interpretować – czym zajmuje się najczęściej – czyichś min i zachowań. Jest wyraźnie poruszony; następnie

wypowie parę słów komentarza, da wspomniane światło
i wróci do Albertyny: okazuje się, że bezczelna znowu
skłamała, mówiąc, iż widziała Bergotte'a dzień wcześniej
i że z nim gawędziła; doprawdy, jej skłonność do łgarstwa
zaczyna coraz bardziej ciążyć. Nie ma wątpliwości, kon-
kluduje narrator: ci, których kochamy, opowiadają nam
bajki, raz za razem wpuszczają nas w maliny.

I dalej w tę stronę, o Bergotcie i Vermeerze już ani
słowa więcej, w chwilę później uwagę Narratora przy-
ciągnie złożona relacja między świadectwem zmysłów
a świadectwem intelektu i przy tej okazji przypomni
żółte pantalony barona Charlusa – co mnie przywoła
oczywiście przed oczy obraz Micka Jaggera w kanarko-
wych spodniach na koncercie w Sali Kongresowej i moje
własne welwety w tej barwie z czasów liceum; wzbu-
dzały uwagę, lecz nikt nie dostrzegał w nich cytatu. Nie
dość, że żółte owe spodnie barona, nadmiernie charakterystyczne, to jeszcze wdziewane na miejskie polowania,
na czujne krążenie za mężczyznami po ulicach Paryża;
w nich właśnie wstępował baron na dłuższą chwilę do
męskiego klozetu przy rue de Bourgogne.

Żółte spodnie, a w domyśle żółty mocz, zapach amo-
niaku, klozet określono przecież jako *pissotière*, „szczal-
nia" w dosłownym przekładzie – czy Proust z premedytacją dorzuca żółte do żółtego, barwi zabarwione,
podkopuje podniosłość poprzedniej sceny, tak jakby
chciał zrównoważyć jej emfazę? Czy raczej wynika to
z przypadku? Nie wiem; jeśli niestrawne kartofle ściąga-
ją w dół uniesienie, to i żółcień gaci drwić może z koloru
ściany u Vermeera. (Być może zresztą Proust wiedział,

że Vermeer pozyskiwał żółcień indyjską z barwnika pochodzącego z moczu świętych krów).

W każdym razie żółty staje się za czasów młodego Prousta kolorem modnym; najpierw odważnym, prowokującym, a później już dozwolonym, choć nadal ryzykownym. Goncourtowie zapisują w swym *Dzienniku* w roku 1877 taką uwagę: „Któż by się ośmielił jeszcze dwadzieścia lat temu namalować kobietę w żółtej sukni. Można było podjąć to wyzwanie dopiero po namalowaniu przez Regnaulta Salome. To nagłe wtargnięcie w oczy Europy koloru cesarzy Dalekiego Wschodu jest prawdziwą rewolucją w chromatyce obrazów i w modzie". Historycy barw podkreślają, że żółty był w imaginarium społecznym kolorem negatywnym, kojarzonym z Judaszem, Żydami, chorobą, cudzołóstwem, a przede wszystkim z prostytucją: paryskie nierządnice wdziewały ciuchy żółte lub też mocno tę barwę eksponowały, kwiatki zła.

Wracam do śmierci Bergotte'a: scena jest istotnie, mimo kartofli, podniosła. Bergotte umarł, czy umarł jednak, pyta Narrator, na zawsze? I rozwija refleksję nad możliwym przetrwaniem duszy. Żadnej wiary religijnej, żadnego słownictwa teologicznego, to tylko: pytanie, dlaczego niewierzący artysta czuje przymus „żółtej ściany", przymus ciągłego poprawiania, wracania do tego samego, nieskończonej pracy nad swym dziełem, „którego sukces mało będzie obchodził ciało toczone przez robaki". Narrator odczuwa w tym przymusie wierność nie wobec tego świata, ale wobec świata, jaki opuściliśmy, przychodząc na ziemię; na ziemi tutaj nie ma miejsca

na kunszt i na wyrafinowanie, na dobro i na poświęce-
nie – ale tam, skąd przyszliśmy, to one rządziły i wysiłek
artysty do tamtego świata jego, a może i nas wszystkich,
wiedzie z powrotem. „Tak, iż myśl, że Bergotte nie umarł
na zawsze, nie jest pozbawiona prawdopodobieństwa".

Co za zdanie, jakby Narrator wygłaszał wykład z lo-
giki i kończył wywód stwierdzeniem: wedle zebranych
dowodów nie jest to wykluczone. To mógłby napisać
jakiś Nicole od jansenistów czy nawet do kresu umate-
matyczniony Pascal: załóżmy, że nie całkiem umarł! Lecz
w chwilę później, kończąc opowieść o śmierci Bergotte'a,
Narrator wreszcie zdejmuje sobie kaganiec i idzie na całego: „Pogrzebano go, ale przez całą noc żałobną w oświe-
conych witrynach książki jego, ułożone po trzy, czuwały
jak anioły z rozpostartymi skrzydłami i zdawały się sym-
bolem zmartwychwstania tego, którego już nie było".

Jak daleko sięga metafora Proustowska, tego też nie
wiemy. Tamten świat, zmartwychwstanie. Słowa nie
z jego słownika przecież. Jest nieodmiennie francuskim
libertynem, którego interesuje tylko życie tutaj i który
widzi, że ludzie to potwory i że wszystko da się zbrukać;
wszystko z wyjątkiem wielkiej sztuki. Dla niej rezerwuje
w tej jednej chwili biblijne słownictwo; nie bardzo jest
co z nim w komentarzach zrobić, jeśli nie chce się wpaść
w sakramentalne gadanie o „religii sztuki". O nią chodzi
oczywiście, lecz też o kawałek nienazwanego miejsca,
które sztuka wytwarza. W słowach żegnających Bergotte'a słychać poetyckie uniesienie, odrobinę żartobliwej
nawet nostalgii, błysk ornamentalnej retoryki i zarazem
widać w nich cień niepojętej drugiej strony.

Używając biblijnego słownictwa – do metaforycznej analogii jedynie, która nie aspiruje do żadnej świętości, lecz mimo wszystko nie chce być całkiem gołosłowną formułą – interpretować można, jak to raz czy drugi proustolodzy już czynili, rolę tych paru bohaterów, którzy dla Marcela, przyszłego Narratora, tworzą klan wybranych, klan profetów, Swanna, Bergotte'a właśnie, Vinteuila. Swann: autor niedoszłego, nieskończonego *opus* o Vermeerze, jedyny w Salonie, który pojął, czym może być Sztuka, lecz nie sprostał swej wiedzy i swemu powołaniu. Przygotował wszak teren dla Narratora, przekazał mu swoje słuchanie Vinteuila, wskazał horyzont. Okazał się prorokiem, tym, kto wieści nadejście Dzieła, przeczuwa jego ucieleśnienie.

Vinteuil i Bergotte, „święci" tej powieści, zaszli już bardzo daleko na drodze spełnienia, wskazali samym charakterem swych dzieł, którędy należy iść, by dotrzeć do sedna; by wrócić do „tamtego świata". Vinteuil umarł, zostawiając rozproszone partytury, był już blisko; Bergotte nie zdążył celu osiągnąć, podążał w dobrą stronę, lecz może nie był wystarczająco wielkim pisarzem albo popełniał zbyt dużo błędów. Marcel przemieniony w Narratora powtórzy ich próbę, dorysowując wciąż i wciąż kolejne „ziarnka piasku". I jeśli zdąży, bo taka jest jego największa obawa wyrażona na ostatnich stronach powieści, to – próbuje uwierzyć – może jemu, chociaż jemu się uda.

3

Jak zauważa zgryźliwie Wojciech Bałus, „historycy sztuki nie bardzo lubią oglądać obrazy. Podobnie literaturoznawcy niezbyt lubią czytać". Trzeba dodać, że pisarze też chętniej się gapią, niż czytają, i w dodatku o obrazach piszą, nie zwracając większej uwagi na historyków sztuki, gdyż czują, że z nadania rzeczy mają lepsze papiery na nieodpowiedzialność, czyli na własne intuicje. To słodki błąd, od którego nie ma jednak odwrotu, więc brnijmy dalej, do kolejnego pisarza, który *Widokiem Delft* się zachwycił, czyli do Gustawa Herlinga-Grudzińskiego.

Zachwycił, lecz najpierw ostro zganił zachwyt Prousta, nazywając jego samego „cieplarnianym rafinatem". Dlatego przede wszystkim, że w obrazie Vermeera porwał Prousta jeden szczegół, żółty kawałek muru. I dalej Herling-Grudziński elegancko dorżnął kolegę: „(…) Rafinacje tego typu, podobne do wskazywania palcem «jednego szczególnego wersu» w długim poemacie lub «jednej zwłaszcza metafory» w ogromnej powieści nie prowadzą naturalnie do niczego poza pawim «patentem znawstwa» upragnionym przez ich autora. W wypadku *Widoku Delft* są gorzej niż śmieszne, bo irytujące. Cud namalowanego przez Vermeera miasta rodzinnego jest cudem c a ł o ś c i".

Proustowi, który starał się myśleć o swej powieści dokładnie jako o „cudzie całości", trudno zarzucać ignorowanie szerokich perspektyw, a z kolei, jak to Wojciech Bałus pokazuje, trudno utrzymać w przypadku Vermeera widzenie „całości", jakiej zawierza, czy raczej jaką kreuje w swej interpretacji Herling-Grudziński. Nie chcę tu zaprzęgać obu pisarzy do nierównej walki, alternatywa Herlinga-Grudzińskiego: pawi szczegół *versus* prawdziwa całość wypływa z humanistyki cokolwiek harcerskiej. Proustowi nie chodzi zresztą o jeden detal (by już nie wspomnieć o tym, że Bergotte to postać powieściowa, a nie *alter ego* Prousta, i to tym bardziej, że jego śmierć jest steatralizowana do granic), lecz o coś, co za Georges Didi-Hubermanem, który o detalu w malarstwie napisał świetny tekst, można nazwać „intruzją" czy „detonacją".

Bo też gdy Proust i jego Bergotte wpatrują się w obraz Vermeera i nad nim się unoszą, nie o jeden drobny szczegół im chodzi, o „kawałek żółtej ściany", *pan de mur jaune* w oryginale. Boy przekłada *pan* w sposób faworyzujący doznanie detalu, jako „kawałek", lecz dokładniejszym – choć gorszym dla ucha – byłoby słowo „połać". Didi-Huberman dostrzega wielką różnicę między tym, co jest tylko kawałkiem, „szczegółem", jak pisze, a tym, co jest właśnie połacią. W wypadku szczegółu, mówi, część można oddzielić od całości, podczas gdy w wypadku połaci część pochłania całość. Szczegół jest określony; jego kontur ogranicza przedstawiony przedmiot, można go więc pokazać palcem, jest niejako zagnieżdżony. Połać z kolei w mniejszym stopniu oznacza przedmiot, co tworzy możliwość: coś się wydarza, wibruje, opiera się „zagnieżdżeniu", uwięzieniu w jednym miejscu, ponieważ jest raczej wstrząsem, uderzeniem.

Otóż dla Bergotte'a żółta ściana właśnie „się wydarza". Nie patrzy on na obraz Vermeera jako na „fotograficzne" odwzorowanie widoku, zatrzymanie czasu, i żółcień ściany nie odnosi się tylko do ściany; Bergotte nie szuka w *Widoku Delft* pojęcia o tamtym Vermeerowskim Delft i nie zachwyca go bardziej niż inny akurat ten jeden określony fragment, kawałek żółcienia wybijający się spośród pozostałych. Tu nie ma mowy o spojrzeniu porównawczym i analitycznym, bo też pisarz nie ogląda obrazu, lecz, jak mówi Didi-Huberman, „zawiesza na nim wzrok aż do zdumienia – aż do umierania". Wpada w trans, w drżenie, podczas którego żółcień nie wydaje się biernym przedstawieniem czasu przeszłego, jego fotograficznym zatrzymaniem, lecz „wstrząsem czasu teraźniejszego", czymś, „co bierze nas z zaskoczenia"; co w nas się wdziera, co w nas detonuje, co nas powala, powala, jak w przypadku Bergotte'a, aż nadto dosłownie. Jego wzrok przenika w plamę, w warstwę materii i z tego dotyku rodzi się ekstaza „drgającym trwaniem". Żółcień wibruje, łączy w sobię barwę i światło, które przychodzi; choć nieożywiona, nagle żyje. Jest to ekstatyczne doznanie pokrewne temu, jakiego doświadcza Marcel słuchający sonaty Vinteuila z jej „jasnymi dźwiękami i hałaśliwymi kolorami", które błyszczą „natarczywie", i pragnący „widzieć jaśniej w zachwyceniu". Gdyż „jaśniejsze widzenie w zachwyceniu" jest wiecznym apelem o radykalny zachwyt, o drżenie, o łaskę drżenia przed tym, co staje się przed naszymi oczyma, o – za chwilę do tego określenia wrócę – wilgoć serca.

Herling-Grudziński pisze o *Widoku Delft*: „Pod powierzchnią, w absolutnej i sekretnej ciszy czasu zatrzymanego, coś się w senno-realnym mieście dzieje. Bardzo wolno, w nieuchwytnym dla oka ruchu, jak rośnie i dojrzewa perła w muszli". Ten zmrożony, ledwo sączący się czas, który ewentualnie skrywa ogromnie długi, niezmierzony proces krystalizacji, przypominający proces krystalizowania się miłości opisany przez Stendhala, nie jest czasem Prousta. Proust najmocniej eksponuje swoje doznanie czasu, doznanie szczęśliwe, tryumfalne, upajające, w chwilach nagłej erupcji materii (materii dźwięku, materii słowa, materii farby, materii cielesnej), gdy coś nagle rozbłyskuje, rozjaśnia się, rozwiera. To czas ekstatyczny, przychodzący nagle i zagrożony nagłym zanikiem – dlatego tak bardzo chciałoby się go utrwalać i przedłużać.

4

Zanim zapadnie decyzja o napisaniu książki, wtedy, w komnacie u Guermantesów, gdzie spóźniony Marcel czeka, aż skończy się koncert, i ochmistrz niechcący uderza łyżką o wazę, co okaże się gongiem duchowej rezurekcji, jesteśmy na samym dnie powieści. Wszystko się zestarzało, chyli ku umieraniu, a on, Marcel, zwątpił w możliwość pisania i utracił umiejętność zachwytu.

Drzewa, widziane z okna pociągu, przestają go urzekać – a przecież czas temu, w Balbec, unosił się nad ich rysunkiem na tle nieba; teraz okazują się nieistotną obecnością w nieistotnym miejscu. Z równą obojętnością spogląda na plamy słoneczne w szybach mijanych domów, na ich „różową przezroczystość". Czuje suchość swego serca, jego „wyjałowienie" – podobnie jak Swann, który dostrzegł, zasłuchany w sonatę Vinteuila, fatalną oschłość swego umysłu i całego swego dotychczasowego życia. I podobnie jak Bergotte, który – choć na wyższym już poziomie, bo w swych książkach – odczuwa mimo wszystko suchość zdań, tych, których nie zdołał natchnąć czymś więcej, nasączyć cudowną, witalną wilgocią żółcienia czy „żółtości".

Czym by to miało być, co miałoby stać po drugiej stronie oschłości i suchości, możemy poznać tylko przez analogie, przez obraz Vermeera, przez muzykę Vinteuila. Sam Narrator sięga po nieporadne słowa-wytrychy: „dusza artysty", „poezja" – póki objawienie na dziedzińcu i w komnacie-poczekalni u Guermantesów nie przyniesie szerszej odpowiedzi, póki nie zostanie rozwiązana „zagadka szczęścia", póki w powrotnej lekturze nie wnikniemy w głęboki sens tych słynnych słów z pierwszego tomu: „widzieć jaśniej w zachwyceniu".

Objawienie prawdy pamięci, będącej prawdą egzystencji i prawdą pisania, do którego dochodzi w komnacie Guermantesów, zastanawia mnie z paru powodów. Mniej nawet z powodu treści objawienia i zapowiedzi wielkiego dzieła; do tego już się niejako przywykło, o tym „się wie", to chodzi za Proustem jak wdowa za trumną. Bardziej mnie zajmuje, a nawet bawi sama sytuacja. Narrator wypowiada nam swoją iluminację i w chwilę później podejmuje jej obronę.

Opis iluminacji zajmuje raptem parę stron; faktem jest, że objawienia nigdy nie są długie. Lecz wokół pomysłu powieści, który natychmiast się z niej rodzi, zostaje bezzwłocznie zbudowana twierdza; Narrator podejmuje obszerną polemikę z tak zwaną literaturą realistyczną, to go zajmuje przede wszystkim. Jeszcze nie wyłuszczył projektu, jeszcze nie zgłębił iluminacji, a już się okopuje i wytacza obronne armaty. Odpiera z góry krytykę, jaką jego powieść może wzbudzić, pokazuje, na czym polega w literaturze prawdziwy „realizm", który nie ma nic wspólnego z życiem codziennym, ulicznym straganem i sklepami mięsnymi, natomiast wiąże się ściśle z wyobraźnią. I tak dalej.

Polemika bierze górę nad metafizyką, jesteśmy we Francji początków wieku, jesteśmy bardzo na tym świecie między Boulevard Saint-Germain a Bouvelard Haussmann. Trwają wówczas zażarte, dziś wygasłe jak wulkany w Owernii, dyskusje o stylach pisarzy, o poetykach powieści, krytycy i akademicy ciągle coś postulują i ciągle coś wyśmiewają, mało co jednak rozumieją i Proust na wszelki wypadek podejmuje od razu strategię kontrataku, defensywno-zaczepną wojenkę, zanim nastąpi frontalny atak, łatwy do przewidzenia na podstawie dotychczasowych reakcji krytycznych na pierwsze tomy powieści.

I to jeszcze, chwila nadzwyczajna: kiedy Marcel dostępuje swego objawienia, kiedy poszczególne wrażenia i wspomnienia spadają nagle na niego i domagają się natychmiastowej interpretacji, zaczyna się śpieszyć. Wie, że wydarzyło się coś nadzwyczajnego, że musi natychmiast, na świeżo, zinterpretować te nagłe błyski, w przeciwnym razie przepadną one, stracą moc i nie doprowadzą do wiedzy, którą skrywają. Ale ma, psiakość, mało czasu, gdyż za chwilę pierwsza część koncertu u Guermantesów, na który się spóźnił, dobiegnie końca i ochmistrz wpuści go do salonu. No a z zapowiedzianej wizyty nie można przecież rezygnować; nie można skryć się gdzieś w kącie albo pójść do Tuileries i tam przy chrzęście wgniatanego żwiru wydobywać z błysków treść objawienia, lekceważąc ordynarnie książęce zaproszenie. Salon, salon przede wszystkim, *c'est la vie*, wejdzie i dogada sobie otrzymaną iluminację.

Przekracza drzwi jak do sali treningowej, gdzie poćwiczy i doprecyzuje olśnienie, które na niego spadło. Miał właśnie pocytować sobie w pamięci Baudelaire'a, by odnaleźć potwierdzenie uzyskanych intuicji, lecz już musi się witać i pląsać w ukłonach. I nagle widzi, że będzie trudniej, niż myślał: spostrzega wokół nie uczestników koncertu, lecz maskaradę, scenę teatralną. Traci rezon, natknął się od razu „na najpoważniejszą przeszkodę zagrażającą [jego] planom". Bo przecież ma przed oczyma wieczór żywych trupów. Może nie głuchych na muzykę, na którą ich zaproszono, ale mocno w konaniu zaawansowanych. Jakby śmierć zainscenizowała w salonie fikuśny Breughelowski korowód, pląs makabryczny. Jaka więc do diaska wielka powieść, jaka pamięć odzyskująca, jaki, do licha, czas odzyskany wśród tych wszystkich galwanizowanych zombies czy widm zawieszonych na ostatniej nitce życia?

Wszędzie wokół, na twarzach, na rękach, we włosach, w gestach i w ruchach oznaki starości, rozpadu. Gdzie są niegdysiejsze śniegi, gładkie skóry, jędrne policzki i dumne grzywy – wszystko przetrwonione i złuszczone, wszystko spęczniało albo wysuszyło się, wszędzie tandetne karykatury młodych pierwowzorów, wszędzie kukły, które kiedyś były ludźmi. Iluminacja sprzed chwili zaraz się rozpłynie, zostanie z niej proch, i Marcel czuje dławiący niepokój: „odkrywałem ową destrukcyjną działalność Czasu w momencie, kiedy zamierzałem już uczynić jasnymi, zintelektualizować w dziele sztuki rzeczywistości pozaczasowe".

Dopiero po dłuższej chwili Marcel uświadamia sobie, że jest tak źle (tak źle: książę Gilbert powłóczy nogami, jakby obciążały go ołowiane podeszwy; Bloch „wykonuje kiwnięcia głową jak najstarszy ze starców", a jego rysy „przestały wyrażać cokolwiek raz na zawsze"; jedna z dam, poznanych za młodu, „sprasowana jest w złowieszczą staruszeczkę"; pan d'Argencourt, któremu trzęsą się kończyny, wygląda jak stary żebrak i ogólnie „tandeciarz"), bo jest tak dobrze.

Bo przecież wszystkie te przetworzenia, spotwarzenia, spotwornienia, wszystkie te przedśmiertne wygibasy ciał nie osłabiają, lecz – odwrotnie – wzmacniają ideę albo przeczucie dzieła, które nastało w nim godzinę wcześniej. Marcel wie lub chce wierzyć, że prawa niszczącego czasu i prawa pamięci – w której to, co istniało, i to, co istnieje, łączą się tak, że istnienie nie przestaje istnieć dlatego właśnie, że kiedyś istniało – tu, w tym salonie, stanęły w szranki. I że ta nagła konfrontacja stykająca dwa światy radykalnie odmienne, świat wydany zniszczeniu i świat dzieła, przynosi temu ostatniemu nadzieję tym większą, im bardziej nicościujące zdaje się działanie czasu na naszych ciałach, których delegacja w salonie Guermantesów nie pozostawia złudzeń co do ich śmiertelnego przeznaczenia.

„Niektóre twarze wyzierające spod kaptura siwych włosów cechowała już trupia sztywność, powieki przymurowane jak na moment przed śmiercią, wargi poruszane ustawicznym dygotem mamrotały jakby modlitwę za konających". Tyle koszmarnej fizjologii w dotychczasowych tomach *Poszukiwania...* jeszcze nie było; na jednej tylko stroniczce pojawiają się „brunatne plamy", „kolonia polipów", „jelito", „pasożyt utajony" i urywam dalsze wyliczenie, nie ma co przedłużać własnych tekstów na zwojach czyichś tasiemców i podwyższać ich na kopcach czyichś wrzodów. Barokowe z ducha opisy rozkładu następują jeden po drugim, ksiądz Baka z łatwością zamieniłby to w swoje tanatyczne trele, natchnione śmiertelne wyliczanki. A Morsztyn czy Naborowski w cudne wiązki wersów.

Lecz Marcel – widzę go przez chwilę jako Indianę Jonesa na przeraźliwym cmentarzu, gdzie straszą upiory – nie daje się mimo wstępnej paniki ostatecznie zastraszyć i zachowuje w tej salonowej kaplicy smak doznanego objawienia. I aż do bliskiego już końca powieści narastał będzie w Marcelu świeżo zainicjowany pomysł napisania dzieła, które wszystko zbawi przez wszechpotężną pamięć. Soczyste są trawy płodnych dzieł, mówi Marcel, wszystko umrze, ale dzieło przetrwa; znowu pojawia się słowo „wieczność" i myśl o „nieśmiertelności", które dokleił był wcześniej do opowieści o śmierci Bergotte'a.

Marcel jest niepewny; sam już słaby, postarzały, czeka na postępy choroby; nie wie, czy zdąży (wiadomo, że sam Proust ogromnie się śpieszył z pisaniem, czując bliski koniec) i czy podoła; wyznaje gryzącą go trwogę. I wyznaje jeszcze inny powód tej niepewności, mianowicie myśl o śmierci, która nie opuszczała go nigdy, którą od dziecka był zarażony. Nie własnej śmierci, tylko tej powszechnej, z kosą, dotykającej wszystkich i wszystko. „Dotrzymywała mi towarzystwa tak samo bez przerwy jak pojęcie mojego ja". Jednak Marcel brnie dalej, czy też kroczy zwycięsko, by na stronicy ostatniej zawierzyć dziełu, zamknąć powieść tryumfalną kodą, słowem – podniesionym teraz do godności majuskuły – Czas, od którego książka, siedem tomów wcześniej, się zaczynała.

5

Brnie dalej czy kroczy zwycięsko? I tego nie wiadomo. Tryumf rodzi się ciężko, w mękach, Marcel nie dmie w trąby, raczej posuwa się ostrożnie, ze znojem zdobywając kolejne przyczółki. Nie jest mu łatwo pokonać w sobie zobaczone w salonie obrazy tych, „co leżą z zamkniętymi oczyma, różańcem w ręku, odrzuciwszy na pół kołdrę stanowiącą już całun śmiertelny i są podobni figurom, które choroba wyrzeźbiła aż do kości w ciele sztywnym i białym jak marmur ułożony na płycie grobowca".

Nietrudno zauważyć, że pióro Prousta lubuje się w tych agonalnych opisach, osiąga w nich nadzwyczajną sprawność, czy też tu, jeszcze mocniej niż gdzie indziej, rozpala swój geniusz. Pewnie dlatego czuję, że wiara w dzieło i w jego transcendentne właściwości, w jego „płodne i soczyste" możliwości odzyskiwania straty, w jego rezurekcyjną moc wydaje się w *Poszukiwaniu*... tyleż konieczna, co wymuszona. Konieczna, gdyż to ona spaja dzieło, nadaje mu jedność, będącą estetycznym ideałem Prousta, jego zbroją, którą osłaniał swoje pisanie. Podręczniki krzyczą o „budowie wielkiej katedry powieści", lecz lepiej chyba oblać maturę i mówić ostrożniej o zbrojeniu jej betonu, o tych powtykanych w korpus powieści niewidocznych prętach, mających utrzymać konstrukcję. Znamienne są zapewnienia Prousta, że tom siódmy powstał zaraz po napisaniu tomu pierwszego.

Nie było to prawdą, co nie podważa artystycznej intencji pisarza: stworzenia wielkiego dzieła opartego na jednej unifikacyjnej zasadzie, na upragnionej przez niektórych wizji „całości".

A wiarę nazywam wymuszoną, jakby przyszywaną, gdyż sama materia dzieła nie całkiem jej potrzebuje; wszystko, co się w nim zdarza, mogłoby się obejść bez metafizycznej sankcji; pamięta się o niej bardziej na podstawie wiedzy o książce niż z samej lektury, w której migocze ona bardzo skrycie i wybucha dopiero otwarcie pod koniec ostatniego tomu. To jest czas konceptualny, nawet jeśli wywodzi się z objawienia na dziedzińcu u Guermantesów, podczas gdy prawdziwa czy, powiedzmy, najbardziej autentyczna czasowość Proustowska ociera się o całkowitą epifanię, wiąże się z gwałtownością, nagłością, zawirowaniem, po których nie ma ciągu dalszego. Objawienie doznane przed wejściem na koncert może nawet zostać intelektualnie utwierdzone przez tryumfalną kodę Czasu, lecz tylko ono – a nie koncepcja odzyskiwania Czasu – przekazuje Marcelowi i nam upajające doświadczenie. To, co nazywam „prawdą" dzieła – a może powinienem nazwać pięknem, poruszeniem, ciosem, siłą, wibracją – wybucha nie z arcydzielnej kody czasu i kody dzieła, nie z trafności poszczególnych spostrzeżeń, lecz ze zdań mknących po spirali metafor jak te właśnie:

„Biło południe, wreszcie przybywała Franciszka. I przez szereg miesięcy w tym Balbec, którego tak pragnąłem, bom je sobie wyobrażał jedynie smagane burzą i tonące we mgłach, pogoda była tak olśniewająca i stała, że kiedy Franciszka przychodziła otworzyć okno, mogłem zawsze bez zawodu oczekiwać, iż ujrzę tę samą ścianę słońca załamaną w rogu zewnętrznego muru, o niezmiennym kolorze, mniej wzruszającym jako znak lata niż martwym jako znamię nieżywej i sztucznej emalii. I podczas gdy Franciszka wyjmowała szpilki z portier, zdejmowała materie, rozsuwała firanki, odsłaniany przez nią letni dzień zdawał się równie umarły, równie odwieczny co wspaniała i tysiącletnia mumia, którą by nasza stara służąca ostrożnie odwijała ze wszystkich giezeł, zanim ją ukaże zabalsamowaną w jej złotej szacie".

Powyższy fragment przytaczałem już w szkicu poprzednim, lecz siostry i bracia w naszej wspólnocie łatwo pojmą jego powtórzenie. Pojawia się w nim zresztą to samo słowo, co w chwili, gdy Bergotte podziwia obraz Vermeera, połać, *pan*, przez Boya tym razem przełożony jako „ściana słońca". No ale daję już temu spokój, nauczyłem się fragmentu na pamięć i nic nie będę Boyowi zmieniał. Sam Proust był chyba do opisu kończącego drugi tom powieści od samego początku przywiązany. Grasset, jego wydawca, nie chciał, by w ten sposób tom się zamykał i prosił, by nastąpiły jeszcze kolejne strony. Proust próbował więc całość przedłużyć, dokleić ciąg dalszy, lecz wycofał się z pomysłu – tom miał się kończyć tak, a nie inaczej, tymi słowami, a nie innymi.

Próbuję zrozumieć od dawna, dlaczego z całego *Poszukiwania...* zakończenie *W cieniu zakwitających dziewcząt* jest moim królewskim zdaniem (czy właściwie dwoma zdaniami poprzedzonymi informacją o pojawieniu się służącej Franciszki). Widzę je oczywiście w ciągu tematycznym żółtej ściany, która porusza Marcela podobnie jak Vermeerowski detal poruszał Bergotte'a. Tak jakby widok z okna w Balbec podsuwał pod oczy oddaloną na obrazie Vermeera, gdzieś tam, w prawym kącie, ścianę domu.

Jedno życie i ściana przed oczyma, mieniąca się różnymi barwami. Pierwszy widok, jaki zauważyło dziecko Marcel ze swego okna to fragment ściany, szerokiej ściany oficyny stojącej naprzeciw. Nieco podobnie – przypomina mi się dzięki Proustowi – jak przed oczyma Rzeckiego, który jednak tej szarości w swej ciężkiej, nieruchomej melancholii, a nawet skrywanej depresji, nie umiał przepędzić ani przebarwić. Nie dla niego życie na mieście, wizyty i spacery, już zwłaszcza w święta. „Wolał przy święcie kłaść się na łóżku i całymi godzinami patrzeć w swoje zakratowane okno, za którym widać było szary mur sąsiedniego domu, ozdobiony jednym jedynym, również zakratowanym oknem, gdzie czasami stał garnczek masła albo wisiały zwłoki zająca". Chciałoby się przemalować widok Rzeckiemu, podstawić zamiast szarego tynku inną połać, jakąś weselszą *vanitas*, póki co przesuwam jego łoże ku plażom Balbec, ku pokojowi, w którym leży Marcel i Franciszka otwiera okna.

Gdyby miało spaść na mnie Herlingowskie z ducha oskarżenie o bycie cieplarnianym rafinatem, najpierw popiłbym je burgundem Grand Cru, a następnie użyłbym podobnego argumentu co przed chwilą, gdy mówiłem o tym, w jaki sposób Bergotte i Proust przeżywają obraz Vermeera i jak doświadczają „kawałka" (czy połaci) żółtej ściany. Czy dokładniej: lektura tego zdania wywołuje we mnie podobny rodzaj poruszenia, które ośmielę się porównać z doznaniem Bergotte'a wpatrzonego w *Widok Delft* czy Marcela wsłuchanego w sonatę Vinteuila. To nie jest zdanie wśród wielu, zdanie-szczegół, będące minicząstką powieści, lecz zdanie-połać, zimna epifania dokonująca w czytelniku intruzji, wybuchająca w nim, wprawiająca – by powtórzyć użyte przed chwilą sformułowanie – w ekstazę, w drżenie w zachwyceniu.

Przeto zamykam się obok Marcela w pokoju w Balbec, jak tyle razy zamykałem się w obrazie Hoppera. Dla mnie malował to Hopper, dla Prousta malował to Vermeer. Jednak Hopper namalował to również dla Prousta i Proust napisał to dla Hoppera. Bez Hoppera nie odkryłbym tego zdania Prousta. To: porażająca obecność dnia, który bije swym żółtym, złotym światłem, który daje blask, lecz czy da również życie? Uczestniczymy tu w pozornej rezurekcji dnia czy raczej w jego suwerennym nastaniu? W wibracji życia czy w żałobnym teatrze? Proust ściąga dzień Hopperowski w stronę teatralnej ekspozycji śmierci, Hopper popycha ten dzień w stronę wydarzenia, które może, choć nie musi nadejść. Stoją w tym samym pokoju (jestem to jednym z nich, to drugim), tak do siebie podobni, Proust bledszy i cofnięty, objęty jeszcze cieniem, Hopper krok do przodu, dotknięty przez promienie słońca.

Blask, o którym nie wiemy, czy daje życie, czy bije tylko od sztucznej emalii. Proust pisze „mniej", „mniej znak lata niż znamię nieżywej emalii", waży obie strony, obie istnieją, choć jedna, ta emaliowa i sztuczna, przeważa, narzuca swój jasny chłód. Dzień, odsłonięty przez Franciszkę, odrywa się jakby z katafalku nocy (pastiszuję z miłości do Proustowskiej frazy kolejne możliwe metafory), z agonalnych łóż, o których tyle się mówi pod koniec powieści. Rozświetla, lecz jest to „mniej" feeria słońca niż światło naśladowane, wewnątrz sztuczne, choć hipnotyczne. Chwila odsłonięcia światła i iluminacji pokoju jest radykalnie dramatyczna; jeśli tężeje ona i staje się niezmiernie gęsta, to nie dlatego, by wstrzymywała czas, opóźniała nadejście chwil następnych. Ona uderza, rozlewa się w nas i nami wstrząsa, i nie wiemy już, co było wcześniej i co będzie później.

W tym zakończeniu drugiego tomu, w tym obrazie dnia odwijanego z bandaży jak mumia, jest – teraz sam z kolei to powiem po harcersku – całe moje *Poszukiwanie*… Czas odnaleziony, no dobrze, nieśmiertelność dzieła, no dobrze, ale ta powieść (i może cała wielka literatura) to nic więcej niż to tylko: kształt życia zachowany w mumii, pozór życia w śmiertelnym całunie, światło sztuczne, które Proust umie rozpalić tak, że zachwyca i unosi, i przemienia się w światło pierwsze, i że niebacznie, lecz szczęśliwie przenosimy całe istnienie na szalę z żółtą ścianą, podczas gdy szala druga, nagle porzucona, huśta się bez użytku w pustce rzeczywistości.

V

Uciekać, trzeba uciekać

Wyjście Czejenów

1

„Czuwający mają świat wspólny, śpiący są odwróceni do swoich osobnych światów" – mówi Heraklit z Efezu w aforyzmie skatalogowanym przez Dietla jako 89 i tak właśnie przełożonym przez Adama Czerniawskiego. Od razu, jakby czujnie czekał za oczyma, widzę filmowy obraz. Bo ten aforyzm kręcony jest niemal w każdym westernie. Czyli w jednym z domów wyobraźni. Noc, ognisko, dwie czy trzy lekko oświetlone twarze, tu się jeszcze nie śpi, tu się jeszcze czuwa, okolice nigdy nie są bezpieczne. Poza kręgiem światła, pod derkami – niekiedy jeszcze kapelusz dołożony z boku na twarz, chroniący przed blaskiem – obłe kształty ciał, teraz, gdy śpiące i okryte, tak do siebie podobnych. Akcja na czas jakiś zostaje zawieszona; trzeba przetrwać do świtu, przeczekać noc, aby powrócić do dnia. Wsiąść na konie i pocwałować przez kanion do miasteczka albo do tego domu na odludziu, w którym będzie można się posilić, jeśli stary Jack jeszcze żyje.

Obóz, dzielący się na część jasną i ciemną, czuwającą i śpiącą, inscenizuje jakąś pierwotną – coś znanego od czasów jaskiniowych – scenę. To, co wydarzyło się wczoraj i co wydarzyć się może jutro, traci znaczenie; nastaje tylko ta chwila przerwy: otwartych i zamkniętych oczu, uważności i odpuszczenia. Czuwanie jest wspólne, gdyż wspólny jest lęk; ten szmer za drzewem, tamten chlupot w strumieniu, poruszenie przy sznurkach chroniących przed grzechotnikami, wszystko należy do jednej jawy. Czuwanie nie dopuszcza różnicy; ta rozpocznie zapewne swój przemarsz, gdy wraz z dniem wytężona do granic uwaga osłabnie, pojawi się światło i powróci akcja.

Noc, dzień; sen, czuwanie – symetria w sentencji Heraklita (w tej wersji i tak przełożonej) jest dokładna, równoważność obu członów pełna. Czy jednak najważniejszym słowem nie jest tu „odwrócenie"? Ono jedno zdaje się opisywać, odnosić wprost do gestu, a nie tylko twierdzić. Mówi – poza wszystkim innym – wprost o ciele, o ruchu wystawienia pleców tyleż konkretnym, tak bardzo, bardziej niż wiele innych poruszeń i gestów ciała, wsobnym, zamkniętym, niepodzielnym, naznaczonym taką przemożną siłą konieczności (jakże trudno go powstrzymać, gdy nadeszła senność), i zarazem mówi idiomem: odwrócić się, odwrócić się plecami – czyli odmówić patrzenia, odmówić czuwania i nie mieć z tym, co tutaj, nic wspólnego.

To być może najdziwniejszy, ale też, kto wie, najlepszy, najbardziej potrzebny, gdyż najbardziej obronny czy intymny gest, jaki jest nam dany. Ciało, które przewraca

się na bok i odwraca do nas plecami, wytycza wprost
granicę, staje się linią podziału: za nim, z tyłu, rozciąga
się świat właśnie porzucony, obóz czuwających, przed
nim świat senny, do którego chce za moment wstąpić.
Ten, kto śpi na wznak, tylko zasypia; bramę przekracza
kładący się na boku, odwracający się plecami. Odwrócić się, by zasnąć, oznacza w pierwszym rzędzie odejść
z szeregu, dokonać dezercji – szybciej, dokładniej, skuteczniej, pewniej, niż to się da uczynić za jawy. Heraklit
mówi o możliwej do osiągnięcia samotności, możliwej
zawsze, czekającej na podoRędziu, w naszym bliskim za-
sięgu; o zawartym w ciele, wrośniętym głęboko jak serce, geście odwrotu.

2

Jeszcze chwilę o westernie, bo w tym gatunku uciekało
się najwięcej i najbardziej widowiskowo. Zawsze gdzieś
kogoś niosło, zawsze byli goniący i uciekający, a zsiadanie
z konia, by przyjrzeć się śladom na piasku, należało do
scen równie rytualnych co gwałtowne otworzenie wa-
hadłowych drzwi w saloonie (w saloonie zaś muzyczka
z pianina i whiskey w szklankach dopełniane radosną
wrzawą: pozorna przerwa w dramatyzmie zdarzeń). Na
pędzie pogoni i ucieczki opierały się najbardziej klasyczne westerny i najbardziej klasyczne „indiańskie" powieści, jak *Ostatni Mohikanin* z ich wielką, wspaniałą,
tragiczną ucieczką przed demonem Maguą, ale też wiele
ważnych postwesternów czy, powiedzmy, westernów
nowej fali. I Jarmusch, i Peckinpah, i George Roy Hill,
by wspomnieć tylko najgłośniejsze nazwiska. Cudowne

dawanie nogi przez Billy'ego the Kida, czy, na weselszą nutę, ucieczka Butcha Cassidy i Sundance Kida ściganych przez najlepszych tropicieli, tak dobrych w swym fachu, że Butch wciąż powtarza zdumiony: – *Who are these people?* [Kim są ci ludzie?].

Albo ucieczka najbardziej przeżyta, najbardziej rozpaczliwa i bez nadziei, ta ze starszego od tamtych filmu Johna Forda, *Jesień Czejenów*, opowiadająca o wyjściu całego plemienia z rezerwatu i ich marszu ku ziemiom rodzinnym, będącym w rzeczywistości żałobnym pochodem ku śmierci. Wciąż, mam wrażenie, słychać to adagio kroków, szuranie mokasynów depczących liście i cichnących w piasku.

Westerny magicznie krystalizowały fantazmat odejścia i dezercji, ale było też tyle innych filmów dookoła, jak choćby *Ucieczka skazańca* Roberta Bressona, którą oglądało się z nabożeństwem, nie mogąc uwierzyć w aż taką cierpliwość, dokładność i upór więźnia przez miesiące drążącego drogę oswobodzenia; przynosił niedościgły wzór odpowiedzi na pytanie: jak dawać dyla. Jak dawać – rozpaczliwie – dyla uczyli później Thelma i Louise, Bonnie i Clyde, Kowalsky z filmu Richarda Sarafiana *Znikający punkt* i tylu innych amerykańskich zbiegów w swych amerykańskich samochodach pędzących po amerykańskich highwayach przez amerykańskie pustynie i pola jeszcze niezmodyfikowanej genetycznie kukurydzy.

A przede wszytkim *The Fugitive*, niewinnie oskarżony o morderstwo bohater serialu z lat 60. (później odtworzonego w remake'u z Harrisonem Fordem w roli głównej); co piątek siadałem przed telewizorem jak urzeczony;

ostatecznie bohater dowiódł swej niewinności i wszystko się dobrze skończyło, nie wiadomo po co; niewinny doktor powinien był uciekać do końca życia – lecz wówczas poza mną w wyobraźni nikt nie kręcił jeszcze seriali czterystuodcinkowych. Do dziś brzmi mi w uszach głos z offu na koniec każdego odcinka wypowiadający stalowym, beznamiętnym i patetycznym zarazem tonem sentencję: „ścigany musi uciekać dalej". No i niczym manna z nieba spadało przed oczy tyle lektur; od Marka Twaina począwszy, na Bahdaju skończywszy; ucieczki ze świata szkoły i świata domu w świat prawdziwy, były i, mam nadzieję, pozostały królewskim tematem literatury dziecięcej. Do Ameryki miałem uciekać z moim kumplem, Ryszardem Koziołkiem; jeszcze do tego nie doszło, na razie napisał piękny tekst o ucieczkach biblijnych, tej z Egiptu i tych Chrystusa z ziemi do nieba i z nieba do ziemi, bo „Chrystus daje nogę z nieba jak Olivier Twist, Tomek Sawyer, Huck Finn"; konieczność zwana przypadkiem sprawiła, że on i ja, miast dojeżdżać do słodkiej Alabamy, piszemy o tych samych uciekinierach w tej samej chwili.

Niedawno wpadłem na tekst Georgesa Pereca zatytułowany *Miejsca ucieczki*, opis czy raczej, jak to u Pereca, wyliczenie paryskich ulic, skwerów, bulwarów, różnych Perecowskich zakamarków, do których w dzieciństwie uciekał z domu i szkoły. „Kiedy dwadzieścia lat później – kończy Perec swój tekst – postanowił przypomnieć sobie (kiedy dwadzieścia lat później postanowiłem przypomnieć sobie) z początku wszystko było niejasne i niewyraźne. Potem stopniowo pojawiły się szczegóły: kulka, ławka, bułka, spacer, lasek, skalny ogród, karuzela, marionetki, barka, ulica Assomption, stacje metra, kanapka i kubek, wielki kubek z białego fajansu, z którego pił wodę (z którego piłem wodę), z wyszczerbionym brzegiem, pokryty w środku szarawymi prążkami, i przez dłuższą chwilę drżał nad kartką papieru (i przez dłuższą chwilę drżałem nad kartką papieru)".

To, wydaje się, jest mały, niewinny, nieznaczny tekst, lecz jego drżenie przychodzące z otchłannej samotności w wielkim, kolorowym mieście jakoś mnie przenika przez osmozę dawnych wspomnień. Ten smak, bo nie chodzi tylko o dotyk, mokrego asfaltu, gdy biegłem ulicą, zostawiając za sobą, z każdym krokiem coraz bardziej i coraz radośniej, budynek przedszkola (tak, uciekać zacząłem wcześniej od Rimbauda, lecz pisać niestety później); budynki dookoła, krawężniki pod stopami stawały się tak wyraziste, że aż nierealne, do zawrotu głowy; czerwień wozów straży pożarnej w remizie po prawej ręce biła w oczy nie ostrzegawczo, a dla kurażu, jeszcze, jeszcze dalej, ku światłu.

Ten dziwny, eteryczno-ziemisty zapach lasu zmieszany z zapachem smoły przy przydrożnych obejściach, gdy w oddali zniknął szary kolonijny dom porzucany dla zewu fugi; uliczki miasteczka, gdzie parę godzin później dotarłem, kąpały się w przedpołudniowym słońcu i pamiętam ten blask, w którym leniwie zastygały domy i ogródki, i okna błyszczały, i były jak zawstydzone policzki ścian; może nigdy czas nie wydał się tak zwolniony, tak dostępny, tak uchwytny i może nigdy później już nie miał takiego dosłownego, upajającego smaku i zapachu – ciepłej smoły, żywicy, mchu i bzu. To szorstkie łoże słomy w przydrożnej stodole, gdy przyszła ochota porzucić zwarty szyk trzecioklasistów podczas leśnej grudniowej wycieczki; nora wyżłobiona w kącie była jak igloo z żółtych łodyżek; wszelkie zimno pozostało na zewnątrz i chłodziło nie mój świat. Dopiero wiele lat później mogłem zrozumieć, że już wtedy powtarzałem wyczuty, pobrany przez mimowolną osmozę, a później wyuczony od innych gest, byłem aż zbyt wiernym spadkobiercą, rezerwuarem ich przeżyć.

3

Nie miałem jeszcze dziewięciu lat, byłem poza dobrem i złem. Ale tak czy inaczej uciekają i źli, i dobrzy. Nawet tutaj nie ma raju równości; są wśród uciekinierów bandyci i są prześladowani. Jednak podział nie jest bezpardonowo ostry. Ucieczka nie zaciera co prawda różnic, mordercy pozostają mordercami, ofiary ofiarami, ale niekiedy je łagodzi. Biografie się uromantyczniają, niech cię, kolego, nigdy nie złapią, niech szukają wiatru w polu, bo jesteś wiatrem, jak ja nim jestem. Jestem Billy the Kid, ty jesteś Sundance the Kid i zostawmy innym szeryfowanie, gwiazdy marshalla błyszczące na ich piersiach Pata Garretta.

Czytało się powieści Meriméego – jak włóczący się po Stanach Humbert Humbert z *Lolity* – więc lubiło się korsykańskich bandytów (na przykład). Z pewnością nie okradali bogatych po to, by dać biednym, lecz po to, by przydać sobie. Mimo tego, wmieszani często w sprawę niepodległości, przybierali szlachetniejsze rysy. Policja goniła ich za kradzieże i za bunt, jedne zlewały się z drugimi, rebelia windowała ich wizerunek na wyższe piętra. Jak w wypadku Yanna Colonny, ostatniego głośnego uciekiniera, ideowca i intelektualisty, który kilkanaście lat temu dokonał zamachu na prefekta Bastii i długo nie dawał się złapać, dając prasie okazję do wielosezonowej powieści w odcinkach; uważnie ją śledziłem i przy francuskich stołach czułem się, wbrew sobie, wspólnikiem obcej strony.

Tradycja ucieczek należy do historii Korsyki jak tradycja powstań należy do naszej. Biorą się za nią nawet psychoanalitycy, którzy dostrzegają w szeroko pojętym korsykańskim pragnieniu ucieczki (choćby pod postacią wyjazdu na kontynent) ślady zbiorowego kompleksu przekazywanego z pokolenia na pokolenie. Istnieje bogate słownictwo związane z aktem ucieczki, którego nie ma we francuszczyźnie kontynentalnej; przedostało się ono nawet do żartów, do mowy potocznej: wystarczy, że ktoś nie zajrzy przez parę dni do baru na jednego głębszego, aby już mówić o nim jak o zbiegu. Yann Colonna ukrywał się w korsykańskich górach i chaszczach przez ponad cztery lata; w tym czasie zmienił pięć podstawowych kryjówek. Pozostał na wyspie, choć wielu uciekinierów korsykańskich wolało na ogół rozpłynąć się gdzieś w Europie. Ale ci najtwardsi, członkowie FLNC, nie opuszczają swej (małej) ojczyzny. Przez trzy lata jeden z przywódców ruchu niepodległościowego sypiał w namiotach i na cmentarzach, a w legendach zapisał się dezerter z czasów pierwszej wojny światowej: skrył się w grocie, zwanej dzisiaj tak właśnie, „Dezerterem". Trzy lata, pięć, sześć lat to są „normalne" okresy zniknięcia. W ostatnich czasach najdłużej ukrywał się Richard Casanova, prawdopodobny uczestnik napadu na genewski bank, który spędził *en cavale* (jak to się określa, dosłownie „cwałując na koniu", czyli czmychając) piętnaście lat, zanim został zastrzelony w zasadzce w jednym z korsykańskich miast. Policja nie rozporządzała żadnym jego zdjęciem, wyjąwszy to jedno z młodości.

Korsyka czarowała swoją innością, przemierzałem ją jak rezerwat czy muzeum ucieczek, w dodatku była wyspą jak należy, bo wyspa, wiadomo, wzmaga fantazje, ale pociągała jeszcze z innego literackiego powodu. W piątek, trzeciego grudnia 1926 roku na jedenaście dni zniknęła Agatha Christie i liczne powstały o tym opowieści. Przez całych jedenaście dni od chwili wyjścia z domu w Berkshire (pocałowała na pożegnanie córeczkę Rosalind, wsiadła do morrisa i odjechała) do chwili jej odnalezienia w hotelu spa w Harrogate w tym świecie, świecie jawnym: rodziny, znajomych, gazet, jej nie było. Wielbiciele pisarki do dzisiaj pasjonują się tamtym zniknięciem, biografowie w swych grubych książkach stają przed domowym zadaniem do odrobienia, czyli postawieniem hipotezy, pisarze podają własne wersje prozatorskie.

Wiadomo mniej więcej to, że Christie była w depresji po śmierci matki, że wiedziała o romansie męża z niejaką Therese Neele, a wstrętna para wybierała się właśnie na wspólny weekend, że jej samochód znaleziono porzucony nieopodal willi, w której mąż i kochanka mieli spędzać czas, że w hotelu zameldowała się pod nazwiskiem tejże

303

Neele, jako kochanka męża zatem. Sama Christie bezpośrednio nic nie wyznała, jedenastego dnia znaleziono ją w hotelu w stanie ogólnej nieprzytomności, dotkniętą amnezją; najbardziej zawzięci tropią ślady transpozycji jej doświadczenia w późniejszych jej książkach.

Podstawowe hipotezy są psychologiczne. Jedna z ostatnich, autorstwa kolejnego biografa Christie, Andrew Newmana (lekarza z wykształcenia) mówi o tak zwanym *fugue state*, dlatego ją przywołuję. *Fugue state* oznacza psychiczny stan ucieczki, psychiczną przypadłość, którą nowoczesna psychiatria uznaje za odrębną przypadłość czy jednostkę chorobową. Chodzi o szczególny stan mentalny, rodzaj amnezyjnego, przejściowego transu. Nie wchodzę w psychiatryczne szczegóły, samo to określenie: stan ucieczki, czy stan fugi (a więc i sztuka fugi) wystarczająco przykuwa uwagę, rajcuje fantazję i wpisuje się w imaginarium dezercji. Ale na razie jeszcze Korsyka. Otóż istnieje korsykańska hipoteza albo turystyczny kit, że Agatha Christie w czasie swego zniknięcia trafiła właśnie na tę wyspę, a dokładniej do miasteczka Coti-Chiavari na południowo-wschodnim wybrzeżu – o czym świadczy być może jej opowiadanie *The World's End*. No bo jakie inne, jeśli nie to, z takim tytułem.

Czy też, gdy mowa o pisarzach, ten tragikomiczny monument ucieczki, jaki wystawił Lew Tołstoj na sam koniec życia, to jego ostatnie dawanie drapaka. Ostatnie kuszenie wyobraźni. O opuszczeniu Jasnej Polany i jej czterdziestu domowników marzył od dawna, może już od chwili ślubu. Zresztą powody są mniej istotne.

Gdy je nazwać, wydają się jakoś banalne, ulizane; liczy się narastający mus, wzbierająca fala (sam nieraz pisał o zbiegach), której Tołstoj chce się poddać. Temu wołaniu nie można się oprzeć, wypełnia nas tak szczelnie, rozrasta się tak suwerennie, że tłamsi wszelkie inne myśli. Próbował już parę razy, teraz ma osiemdziesiąt dwa lata i próbuje ostatecznie. W ciemną noc wyjeżdża ze swym lekarzem Makowickim; w dzienniku zanotuje wkrótce: „Drżę, spodziewając się pogoni". Powozy, pociągi, wciąż zmieniane kierunki, wciąż nowe pomysły.

Reszta jest aż zbyt dobrze znana, ileż tekstów poświęcono ostatnim dniom pisarza. Ucieczka staje się publiczna, Tołstoj jest zbyt sławny, zbyt jedyny, zewsząd zjeżdżają się dziennikarze, krążą wojskowe meldunki, krążą listy i telegramy, pojawiają się krewni, dzieci, kolejni korespondenci, urzędnicy, policja tajna i mundurowa, wysłannicy rządu, trwa – na miarę ówczesnych możliwości – relacja na żywo. Tołstoj zmyka, ciągnąc za sobą sieć, zmyka na oczach wszystkich, jak niegdyś Ludwik XVI, nieszczęsne, niemożliwe incognito rozpoznane mimo przebrania w swym królewskim majestacie. Zaziębia się, trafia na stację Astopowo, mającą to szczęście, że przejdzie od razu do historii, umiera. Syn Sergiusz, który zdążył dojechać z Moskwy, wspomni ostatnie godziny; ojciec miotający się w łożu, rzężący i jęczący, i nagle unoszący się w pościeli z okrzykiem: „Uciekać! Trzeba uciekać!".

4

Wciąż tam stoi. Można iść plażą od strony Helu, można iść od strony Kuźnicy. Gdy idzie się od Helu, twarzą na zachód, wydać się może początkiem długiego ich archipelagu, kończącego się na plażach atlantyckich; idąc na wschód – jego ostatnią wyspą. Z daleka wygląda jak zagadka do odgadnięcia, może jakaś atrakcja dla plażowiczów wydana własnemu tępemu trwaniu. Później, kilometr przed, ma się wrażenie, że pełza w miejscu, niepewny, czy ma stoczyć się w morze. Coraz bardziej masywny, coraz bardziej mroczny, prajaszczur czy lewiatan, gad zastygły, ale to wytarte wyobrażenia, jakby widziane już w kinie czy gdzieś wyczytane. Przychodzą od razu do głowy, gdy lubi się odczuć – a lubi się – skrót dziejowy. Bezkresna plaża, bezkresne morze, naturalne dekoracje dla wielkiego „zawsze", i gdzieś tu naoczny, obnażony ślad dawności, sześćdziesiąt lat, a może czterysta tysięcy wieków patrzy na nas. Brudne, ciemnoszare cielsko – zawsze to samo słowo, „cielsko", gdy patrzy się na bunkier – zaległe na piasku w poprzek plaży jak memento. Pamiętaj, ale pamiętaj o czym? Nie wiadomo. Bunkier daje do pamiętania i do uciekania, „teraz" wobec niego to cienka miara, natrętny, lecz ulotny zapach dorsza smażonego trzysta metrów w głąb, między morzem a zatoką.

Bunkry stały wszędzie, gdzie pamięć sięga, od zawsze; a sięga tam, gdzie były. Wyciąga je z dawnych widoków lepiej niż cokolwiek, jakby nie umiała rozpuścić ich twardych ścian w zamglonych już pejzażach wakacyjnych; pośród niewyrazistych obrazów trzymają się mocno i uparcie, tak jak na swych wydmach i wzgórzach. Najczęściej widywało się je przy wodzie; morze, ocean to ich ulubione sąsiedztwo. Tam były najlepsze, bo nienaruszone, drobne trawy nie tyle je zarastały, ile pokrywały delikatną szczeciną. Niekiedy – lecz jednak o wiele rzadziej – trafiało się na nie w lasach czy na ich skrajach, tu już zielska zdążyły wydrążyć swoje przejścia i wpuścić w nie zabójczą wilgoć; jeszcze trzydzieści, czterdzieści lat i układ sił mógł się zmienić, trzeba było postawić na nich krzyżyk.

Wyrosło ich kilka na zupełnie szczerym polu w pobliżu miejsca, gdzie spędziłem nieco więcej czasu, na pograniczu francusko-belgijskim. Po stronie belgijskiej otwierały się niemal barokowe wnętrza; piło się mocne piwa w sceneriach rodem z Magritte'a, na ścianach surrealistyczne kolaże z kapeluszy i parasoli; ciepło, swojsko. Po stronie francuskiej natomiast jałowe, odsłonięte przestrzenie i w nich, tu i ówdzie, małe bunkry wystawiające na szarość dnia swe ciekawskie łby.

Bunkry niewielkie, jeszcze z czasów pierwszej wojny, nieśmiali przodkowie potężnych blockhausów widzianych później przy plażach i na urwiskach kanału La Manche, i na wybrzeżach atlantyckich. Wystające ponad kłębki wyblakłej, zaszronionej trawy, lecz swą gładką, znużoną, zdawało się, postacią bez kantów i kątów niepostrzeżenie wsiąkające we wszystkie te pola. Najmocniej wyróżniało je to, że nie przyjmowały na sobie żadnego cienia, gdy pokazywało się słońce. Można było stać przed nimi w smudze promieni, lecz nie chciały być tłem, jakby należały do innego gatunku materii, nieobjętej powszechnymi prawami. Nieprzenikalnej dla oczu; wzrok ześlizgiwał się z nich jak kropla ze szkła, nie było do nich dostępu w 3D.

Przyciągały; szło się do nich parę kilometrów najpierw asfaltem, później miedzami. Gdy w ich czasach zbliżał się front, kryły zapewne niewielkie drużyny, czterech, może sześciu ludzi w jednej komorze. Wchodziło się do niej bez większego trudu, nie była głęboka, coś z kamiennego igloo w krainie, o której zapomniał śnieg.

To był mój koniec świata, *the world's end*, miejsce schronienia, opuszczone gniazdo, do którego wracałem. Wciąż tam zaglądałem, wracałem wytrwale jak po zadanie do spełnienia; ziemia w komorze była dość twarda, ubita; gdy się na niej stawało, trudno było się oprzeć wrażeniu, że przekracza się magiczny krąg.

Bunkry bałtyckie i nadatlantyckie, już z czasów kolejnej wojny światowej, były innego rodzaju. Musiały wytrzymać inny napór, strzały z krążowników i bombardowanie z powietrza. Nie miały nic z tych krecich kopców na polach Flandrii. Biła z nich monumentalność, jeszcze inny niż w przypadku tamtych rodzaj powagi. Stały pod jeszcze bardziej otwartym niebem, zdawały się mieć nieco mniejszy związek z ziemią, a większy z widnokręgiem. Tamte przycupnęły, wżarły się w glinę, a te jakby słabiej trzymały się podłoża, szły w górę niby obserwatoria, odnosiły się do tego, co przyjdzie zza chmur albo od tej sinej pręgi wieńczącej w oddali ocean.

Wyglądało to na spotkanie czegoś z niczym. Budowli czekającej na nie wiadomo co, na jakąś niewidzialność, która kiedyś się ujawni. Nagle i w niepojęty sposób, jak grom z jasnego nieba i z ciemnej wody. Położyć się w ich cieniu, zdrzemnąć, a nawet przespać noc po długiej podróży przynosiło dziwne, dwoiste wrażenie: obcości i schronienia. Były wciąż betonem wroga, skupieniem ohydy i zarazem osłaniały przed upałem lub w ciemnościach przebierały się za dom, przy którym przetrwa się do świtu.

Bunkier Helski był wyjątkowy, tak daleko wylegał na plażę, trójwymiarowy liszaj szpecący jej bezkresny pas, położony w poprzek jak granica czegoś. Bunkry Muru Atlantyckiego wywodziły się z innej kreski. Lepiej wkomponowane w wydmy czy w pogranicza plaż i wydm; zdawały się mniej leniwe, bardziej sprężone, wystawione na potężniejsze światło; mocniej eksponowały napięcie między ziemią a powietrzem, kształtem a bezkształtem.

Dojeżdżało się do nich pod koniec czerwca; w Normandii, w Bretanii autostop dobrze szedł, ludzie zapraszali na cydr, raz czy drugi zabierali na festnoz, bretońską fetę, podczas której tańczyło się wspólnie przy dźwiękach repetytwnej celtyckiej muzyki; wspólnie, w jednym szeregu i do upadłego. Niewielkie misterium do późnych godzin przy nadmorskich skałach; niekiedy resztę nocy spędzało się na piasku, gdzieś obok majaczyły kamienne świątynie.

Podobne wrażenie spotkam później u Paula Virilio, który – również marzyciel bunkrów – zżył się z nimi i napisał niewielką książkę o Murze Atlantyckim. Kojarzyły mu się nieraz z budowlami sakralnymi, z przestrzenią religijną, w której architektura militarna wytworzyła, chcąc nie chcąc, tajemną strukturę żałobną.

U Ernsta Jüngera odnajdzie pokrewne mitologizujące skojarzenia. Jünger, opisywał swą hipnotyczną wizytę we właśnie opuszczonym bunkrze XIV w pobliżu Greffern.

„(…) stanąłem sam między karabinami maszynowymi, wentylatorami, granatami i amunicją i wstrzymałem oddech. Niekiedy kropla wody odrywała się od sufitu, na którym zawieszono telefon rozbrzmiewający jeszcze różnymi dzwonkami. Dopiero teraz zobaczyłem w tym miejscu jakby siedzibę cyklopów wyszkolonych w pracach z metalem, lecz pozbawionych oka wewnętrznego, podobnie jak w muzeum dostrzega się niekiedy wyraźniej sens niektórych przedmiotów, niż dostrzegają ci, co je wymyślili i się nimi długo posługiwali. Tkwiłem wewnątrz piramidy albo w głębi katakumb. Twarzą wobec geniuszu czasu, który był dla mnie niczym idol, którego rozumiałem ogromną moc, niezależnie od blasku technicznej finezji. Zresztą przysadzista forma tych konstrukcji przypomina budowle azteckie i to nie tylko w powierzchniowym odczuciu: to, czym było w tamtych słońce, tutaj jest intelektem i jedno, i drugie pozostają w związku z krwią i z mocą śmierci".

Virilio spędzał w bliskości bunkrów wszystkie wakacje; uciekał od zabaw, od rówieśników, urzekły go, jego również, tyle że dużo wcześniej i intensywniej, od wczesnego dzieciństwa; wędrował od jednego bunkra do drugiego w zaczarowanej pielgrzymce, wielokrotnie powtarzał marszruty. Najpierw kontemplował je, nie wiedząc dlaczego, nie umiejąc jeszcze nazwać znaczeń, które z nich płyną: ulegał hipnotycznej potrzebie bycia przy nich, narażając się nieraz na niezrozumienie: dla innych to były pozostałości po najgorszych czasach, godne pogardy, a nie namiętności archeologicznej; czuł samotność, zbliżał się bardziej do bunkrów niż do ludzi.

Virilio zwiedzał bunkry, nieustannie zapuszczał się do środka, przesiadywał w nich tak długo, że jego ciało wsiąkało w nie jak jedna materia w inną materię. Interesowały go jako ostatnia w dziejach architektura granic, która w przypadku Muru Atlantyckiego przesuwała się z wnętrza lądów na brzeg oceanu, zwiastując w ten sposób nastanie w historii nowej przestrzeni militarnej – powietrznej. Bunkry posłużyły później Virilio jako specjaliście od teorii militarnych i od dziedziny, którą sam nazwał dromologią, wiedzą o szybkości, do rozważań o naturze wojny światowej, tej ostatniej. A także wojen nadchodzących, ich przyszłej przestrzeni militarnej, którą bunkry atlantyckie swym położeniem na skraju widzialności i niewidzialności, zwiastowały. Bo, jak pisze w swym tekście o bunkrach, „Pokój? A kto wymyślił pokój?".

We *Wschodzie* Andrzej Stasiuk wspomina również o bunkrach – tych zobaczonych w pobliżu Drohiczyna: „(…) to tu, to tam natrafiałem na sowieckie bunkry linii Mołotowa. Były w całkiem dobrym stanie. Można było wejść i się bronić. Jakby czekały. Gdzieś po drodze widziałem jeden we wsi, w obejściu. Stał wielki i ciemny jak mokra ziemia. Wbity w spadzisty teren (…) Niektóre bunkry zarosły krzakami. Jechałem wzdłuż granicy światów. Wzdłuż granicy Wschodu i Zachodu". Wspomnienie za wspomnienie: w ten sposób bunkry Stasiuka i moje bunkry tworzą przeciwstawne granice. Z jednej strony rysują zachodnią granicę Zachodu, z drugiej jego aktualną granicę wschodnią.

Czuję, domyślając się pokrewieństwa, że mamy obaj kiepską odporność na krótkie trwanie. Od razu pojawiają

się gumki, które wycierają w głowie wszystko, co przelotne, by odsłonić dzieje w ich najdłuższej odsłonie, od
zarania do kresu świata. Ileż to razy widziałem u niego
spojrzenie z lotu ptaka, czytałem z urzeczeniem słowa
o wiatrach wiejących, gdy świat się dopiero kształtował,
i zmrażających go na kość, gdy wszystko już przeminie,
wszystkich tych wiatrach kosmicznych i polarnych świa-
tłościach, które przenikają nasze tu życie, zdmuchują
z niego czy prześwietlają to, co w nim przelotne, nie-
trwałe. Może należymy do plemienia „ostatnich ludzi",
które doszło wraz ze swą Europą do kresu wszelkich
możliwości, wykrwawionego, wyblakłego, melancholijnego, niezdolnego do wierzgnięcia, rzucenia się w przyszłość, trawionego instynktem ucieczki od historii i jej
żandarma zwanego polityką. Może trzeba było wdychać
miazmaty przeszłości, dawne trucizny, których smrody
urodzonym kilkanaście lat po wojnie właziły jeszcze do
nosa; a później trzeba było oczyścić czas z jego ludzkich
zakłóceń, opłukać go do nieludzkiej czystości. Stąd bunkry, miejsca ucieczki, szara łódź podziemna.

5

The World's End, koniec świata, uciec na koniec świata, piękne wyrażenie i wcale nie rozpaczliwe. Zatem
jest jeszcze szansa, istnieje koniec świata, *ubi leones*, ale
istnieje jako miejsce inne niż to tutaj, jakoś samoistne,
niepodległe, Republika Kres, Republika Nie Tutaj, Republika Daleko Stąd. Mieszkam w niej od dawna i szu-
kam innych współobywateli, którzy tu choć czasem
zaglądają, jak inni do wolnego od podatków księstwa

Monaco w świecie zbyt realnym. Zebrałby się legion, samymi pisarzami wypełniłbym wielką antologię, gdyby antologie nie czyniły z pisarzy mięsa armatniego dla swych tematów. Nieustraszeni bohaterowie fugi, wspomniani przed chwilą Perec czy nieraz Toussaint vel Zinedine Zidane, dezerterujący z bitwy o mistrzostwo świata, setki innych. Albo Adam Mickiewicz, piszący – już tu wcześniej przytaczany – słynny wiersz złożony z trzynastu słów:

> *Uciec z duszą na listek i jak motyl szukać*
> *Tam domku i gniazdeczka –*

Wiersz, urywek, fragment, różnie to komentujący Mickiewicza nazywają; Przyboś mówi w słynnej formule o „wierszu-płaczu", ktoś inny o „czymś drobnym i ślicznym". Moi przyjaciele, Dorota i Olek, porządni filologowie, ślęcząc nad rękopisem, odkryli, że nie chodzi o jeden listek, a o liście, *uciec z duszą na liście*. Wolę, podobnie jak oni, tę wersję, gdyż w tej postaci – jeśli nawet chodzi o dawną oboczność liczby pojedynczej, „to liście" – miejsce ucieczki rozszerza się nieco, gęstnieje, wymaga może dłuższej chwili poszukiwania. Jest ciut mniej drobnie, lecz i tak gdzieś u kresu ucieczki czekać mają „domek i gniazdeczko", siedziby malutkie.

Duży Mickiewicz, małe słówka, nie lekceważmy wszak zdrobnień, to nie są dla uciekających cacuszka języka, pieszczotliwe określenia dla gładzenia siebie, lecz wydrążone przez wyobraźnię schronienia; to są punkty, punkciki dojścia znalezione u spodu, pod grubą warstwą języka. Zdrobnienia w słowniku uciekających rzeźbią korytarze, odwodzące od powierzchni, od normalnego stanu słów, czynią słowom to, co uciekając, więźniowie czynią kratom: rozchylają je nieco, rozciągają. Stąd tyle marzeń mikrologicznych o ukryciu się, skuleniu, przycupnięciu, wciśnięciu, o pomniejszeniu swej postaci. Fantazmaty takich ukrytych (w listowiu, w kopie siana czy gdzie indziej) siedzib są nieskończenie bogate, oczywiście jaskinie, pieczary, chatki na wyspie, nory w śniegu albo – jest cała grupa takich marzycieli, sam do niej należę – łodzie podwodne, U-booty, które zdają się tkwić na kresach świata przesuniętych w głąb.

Wersja mieszkalna kapitana Nemo, jego podwodny pływający apartament, z pewnością jest bardziej bezpieczna i gościnna, lecz prawdziwe, prawdziwe po Bachelardowsku, marzenie o fudze (trzeba ostatecznie pogodzić się z niefortunnością tego słowa) będzie raczej sterowało w stronę militarnych jednostek znanych z tylu filmów, odgrywających ku zachwyconemu przerażeniu marzycieli scenę fundamentalną: ucieczkę i pogoń, tutaj zagęszczonych aż do zawrotu głowy. Wojenna sceneria i akcja doprowadzały je do paroksyzmu, aż wreszcie nadchodziła chwila, gdy U-boot legł w drobiazgach na dnie bądź odpływał – królewski moment – w wodną siną otchłań toczyć dalej, przez czas jakiś, bez echosond i bomb na karku, swoje zatopione życie wśród głębinowych ryb nie z tego świata.

U-boot sam w sobie był miejscem ucieczki i sposobem ucieczki, spełniał dwa wyobrażenia w jednym bez względu na to, czy należał do marynarki, polskiej, niemieckiej czy amerykańskiej. Rozwiązywał idealnie podstawowy dylemat imaginarium ucieczki: czy ważniejsze jest jak najdalej stąd czy jak najszybciej tam?

Ucieczka przynosi bowiem dwie rozkosze, dwie ekstazy czasu. Chwilę, w której wyrywamy się na wolność i chwilę, kiedy znajdujemy schronienie, choćby tymczasowe. Ta druga chwila jest nieco elegijna i jest błoga – jej przedsmak znają ci choćby, którym uda się postawić namiot przed ulewą – lecz ta błogość jest otchłanna, jest jak łagodne doznanie słodyczy, tak łagodne, że się w nim rozpływamy, toniemy po uszy. Ta pierwsza, jeszcze trudniejsza do opisania, jest z kolei gwałtowna, chwyta za gardło, powoduje zawrót głowy, przynosi upojenie – nasuwają się określenia znane z doświadczenia transgresyjnego. Nic z panteistycznego rozklejenia się w cieple kryjówki, pod osłoną dachu, lecz mocne doznanie własnej cielesności, własnej sylwetki, własnej osobności, nawet jeśli chwila owa przynosi nieznane dotąd doznania, przez które – jak w upojeniu poetyckim – wydajemy się sobie kimś innym niż jesteśmy. Tylko strach, wilczy strach może powstrzymać tę ekstazę, czy raczej uczynić ją ekstazą paniki, lecz nawet w takim momencie uciekający doświadcza na sposób absolutny, przerażająco pełny, swojej odrębności.

Sny umieją wykrystalizować do postaci czystej oba te doświadczenia czasu, tak komplementarne i zarazem przeciwstawne. Ucieczki to jeden z ich wielkich tematów; nic w nich oryginalnego. Oryginalne może być ich natrętne powtórzenie; fiksacją też można się chlubić. To czynię; pamiętam tyle snów-ucieczek, pamiętam najpiękniejszy, najbardziej hipnotyczny sen, sen snów, kiedy to z Olgą daliśmy drapaka z jakiegoś przerażającego więzienia, w którym straciłem wszelką nadzieję, i biegliśmy w dół, za każdym krokiem zbliżając się do brzegu wielkiej wody, morza czy jeziora. Ogromny strach ustępował uniesieniu i nagle pojawiła się utracona nadzieja, a w chwilę później pewność, że się udało i wraz z nią nadeszło poczucie bezgranicznego szczęścia, uniesienia, lekkości... no starczy. Chodzi mi o nadzwyczajną, powtórzę, gęstość przeżycia, o dotyk czasu jako gęstej materii, w którą jesteśmy spowici.

Wiadomo, sen; „we śnie wszystko jest brzemiennie straszliwym, a niedocieczonym znaczeniem, nic nie jest obojętne, wszystko dosięga nas głębiej, poufniej niż najbardziej rozpalona namiętność dnia". Z jednym bym się w tej sentencji Gombrowicza nie zgadzał. W przypadku ucieczki, ucieczki tworzącej, rzekłbym, najprostszy senny scenariusz, znaczenie jest bardziej „docieczone" niż wypadałoby sądzić. A w każdym razie jego głęboka, psychoanalityczna treść traci na wadze; nieważne, kto skąd przychodzi i dlaczego zwiewa gdzie pieprz rośnie, ważne, że go ciągnie tu, że go tu z jego ziem i mateczników wygnało. Bardzo lubię – bo łatwo go narysować pędzlem Nikifora – ten fragment od Mickiewicza, z *Historii Polski*, gdy opowiada, jak duktem z kresów świata do Europy „przyczołgają się różne gatunki wężów, między nimi kilkułokciowe połozy. W wyższych sferach powietrza przylecą dropie, oddziały bocianów i gęsie dzikich, głównym gościńcem będą ciągnęły niedźwiedzie, dziki, jelenie. Łosie, tury, żubry, a wyżej na północy zabłąkają się czasem myszy wędrowne". Tak, wyobrażam sobie, prą do snów o ucieczce tysiące najróżniejszych podmiotów. Mogliby się spotkać wszyscy na stacji Astopowo albo w miasteczku Coti-Chiavari. Czy na takiej Ellis Island, jaką zobaczył Perec, nazywając ją „miejscem braku miejsca, miejscem rozproszenia"; nie szukał tam śladów po kimś, ani własnych korzeni, lecz, przeciwnie, pociągało go „coś bezkształtnego, ledwie dającego się wypowiedzieć", szukał tam „miejsca, z którego nie ma powrotu, świadomości radykalnego zerwania".

I tak w jednym pochodzie przez strony tej książki przechodzą i spotykają się Dawid i bohater literacki, kowboy z westernu, piłkarz i poeta, aktorka i chłopiec, wy i ja. Niech to się wyda anachroniczne, a nawet karygodne czy haniebne stykać żywych i wyobrażonych, uciekających od śmierci i przemocy, i uciekających dla przyjemności czy z nudy; uciekających na jawie i uciekających na papierze; ludzi zakatowanych i tych, co mają ledwie kaprys odejścia; tych ryzykujących wszystko i tych ryzykujących niewiele lub zgoła nic. Jest na świecie nieograniczona ilość cierpienia i przemocy, przed którymi się ucieka, i jest nieograniczona ilość marzeń o zmykaniu, gdzie oczy poniosą. Jest nieograniczona ilość milczenia towarzyszącego próbom odejścia, lecz jest ograniczona ilość figur, które o tym mówią – i którymi wypowiadają się uciekający. Podobnie jak w owej grze „w liska" opisanej przez Rolanda Barthes'a we *Fragmentach dyskursu miłosnego* (niczym w towarzyskiej zabawie zakochani przekazują sobie pierścień, pierścień fragmentarycznego dyskursu o ich miłosnym doświadczeniu i każdy z nich dodaje w ten sposób do tego wspólnego imaginarium własne figury mowy miłosnej), również dezerterzy i uciekinierzy, najróżniejszej choćby proweniencji i o najróżniejszych choćby losach, przekazują sobie pierścień. I dlatego hipotetyczne fragmenty dyskursu dezerterskiego, które mógłbym kiedyś napisać, opatrzone powinny zostać dedykacją analogiczną do tej („zakochanym – zakochany"), którą Barthes otwiera swoją książkę. „Uciekającym – uciekający". A wstęp do nich mógłby się kończyć parafrazą zdania z *Fragmentów* Barthes'a: „Jeśli bowiem użycza się tu podmiotowi uciekającemu swej «kultury», to w zamian uciekający podmiot przekazuje niewinność swego imaginarium obojętnego na użytki z wiedzy".

U-boot zatem, jeśli nie domek i nie gniazdeczko. Wąskie pakamery oblepione świecącymi lampkami i wajchami, przy których siedzieli (przy których siedziałem), nasłuchując stłumionych odgłosów porzuconego świata.

6

„Otóż zamiast uciec wtedy, choćby nawet w swoim ostatnim kierunku – bo tylko ucieczka mogła go utrzymać na czubkach palców i tylko czubki palców mogły go utrzymać w świecie – zamiast tego położył się, tak jak w zimie dzieci kładą się tu i ówdzie na śniegu, by zmarznąć (…) oto ten człowiek poza kręgiem naszego narodu, poza kręgiem naszej ludzkości, jest ustawicznie głodny, należy doń tylko chwila, owa wciąż trwająca chwila udręki, po której nie rozbłyska nigdy iskra chwilowego istnienia, zawsze posiada tylko jedno: swój ból; jednakże na całym obszarze świata nie ma dlań nic innego, co mogłoby udawać lekarstwo; posiada tyle tylko ziemi, ile jej trzeba dla obydwóch jego stóp, tyle tylko oparcia, ile go zgarną obie jego dłonie, a więc o wiele mniej niż sztukmistrz na trapezie w Variété, któremu na dole zawieszono jeszcze siatkę".

W ten sposób przedstawia Kafka w swoim *Dzienniku* z roku 1910 uciekiniera, Dezertera żyjącego, jeśli to jest dobre słowo, w miejscu tak ograniczonym, tak ogołoconym, że właściwym miejscem tego życia staje się jego własne ciało, ledwie zaczepione o ziemię. U Kafki jest to metafora opisująca kondycję społecznego banity, odrzutka, lecz moc obrazu jest na tyle silna, że nakłada się on na wiele innych opowieści o ucieczce. Tak to sobie wyobrażam, gdy myślę o Dawidzie, tak się właśnie działo, posiadał tyle tylko ziemi – kociego bruku, żwiru lub chodnika – ile jej trzeba było dla obydwu jego stóp.

W pewnej chwili było ich dwóch, on i inny zbieg. Nocami włamywali się do piwnic, w ciągu dnia chodzili po mieście. Musieli chodzić: gdyby przystanęli na dłuższą chwilę, zostaliby rozpoznani; w marszu ich rysy migały, migotały, były trudniej uchwytne, nie składały się na wyraźną twarz. Chodzili po kilkanaście godzin, od rana do wieczora; byli wiecznymi tułaczami miasta. Mit Wiecznego Tułacza, sam w sobie ironiczno-tragiczny, podnosili jeszcze o nutę wyżej, bo musieli chodzić dosłownie, aby nie umrzeć. Byli tymi, którzy musieli wiecznie chodzić, nie mogli się zatrzymać i to wieczne chodzenie oznacza tu bezpośrednio życie, możliwość życia: Dawid Wieczny Tułacz skazany jest na chodzenie i nie może umrzeć, czy raczej: chodząc, może nie umrzeć.

W opowieści Dawida jest inna jeszcze rzecz, która nie daje spokoju. Plucie na twarz. Rankiem, przed wyjściem na miasto, dla bezpieczeństwa trzeba było się ogolić. Brakowało wody i wówczas Dawid i chwilowy współtowarzysz ucieczki pluli sobie wzajemnie w twarz; ślina była tak skąpa i tak drogocenna, że nie zbierali jej w dłoni, lecz od razu opluwali twarz naprzeciw, Dawid twarz kumpla, kumpel – twarz Dawida.

W tej scenie plucia – nazywam to już „sceną", bo co robić – dochodzi do przedziwnej wymiany pojęć i wyrażeń, których używamy na co dzień. Na przykład: „pluć komuś w twarz". Jest tu wzajemne obdarzanie się – przez udzielanie śliny, aby umożliwić ogolenie się – twarzą, jedyną, jaką można pokazać na zewnątrz. Jest tu szykowanie twarzy na pokaz, ale twarzy, która nie jest przecież tą prawdziwą twarzą, gdyż twarz na pokaz okazuje się maską tożsamości, zasłoną jej szczególności, podczas gdy prawdziwą tożsamością jest niepokazywalna nieogolona nietwarz. Jest więc tu od-twarzanie, stwarzanie twarzy przez od-twarzanie, przez pozbawianie twarzy twarzy, czyli przez odbieranie jej istoty, jej charakterystycznego wyglądu. I tym samym jest tu spotwarzanie twarzy, obnażanie, niejako opluwanie, splugawienie norm, ujmijmy to tak: cywilizacyjnych.

Oto pluje się na twarz, żeby była twarzą na pokaz, dla jej dobra; spluwa się na twarz, nie po to by, odebrać jej twarz, by ją pohańbić, lecz w dobrej intencji, po to, by stała się twarzą na pokaz. Nie zasłania się tu twarzy, to sama twarz staje się zasłoną tego, co jest tą prawdziwą istotą, co jest niepokazywalne i co staje się przez to nietwarzą.

Jest tu wreszcie spotkanie ludzi w absolutnym podobieństwie nietwarzy: ich wspólnotą, jedyną wspólnotą życia (poza wspólnotą śmierci) jest ich nietwarz, coś, co nie ma prawa mieć prawdziwego oblicza. Bo owa prawdziwa twarz, u każdego z nich inna, przestaje być pokazywalna i musi stać się nietwarzą, która powinna, aby życie trwało, pokryć się ludzką (to znaczy taką, jaką mają wszyscy inni ludzie – wszyscy ogoleni – dookoła) twarzą. Dlatego tak trudno jest patrzeć na fotografie Dawida (i tylu innych skazanych jak on), gdyż zdaje się, że bije z nich absolutna prowokacja: czym ja na ciebie patrzę, moją twarzą czy nietwarzą, moim ja, czy tym, co ze mnie, co na mnie widzisz?

Przypominam sobie jeszcze jedno, chwilę, w której Dawid przestał być uciekinierem. Na skrajach miasta pojawiły się pierwsze frontowe oddziały, nadchodziło tak zwane wyzwolenie. Dawid wyszedł na ulicę, wiedział, że już można; przed jednym ze szpitali zebrał się tłum; ludzie stali w miejscu i czekali jak sępy na chwilę, gdy będzie można wbiec i zacząć szaber. Ale bali się, bali się wyuczonym przez lata strachem. Wejścia do szpitala strzegł młody żołnierz z karabinem. Tłum trwał zastygły, nikt nie śmiał zrobić kroku, bo żołnierz, bo karabin. Tylu ich było i jeden tylko wartownik naprzeciw. Dawid wysunął się z szeregu, na strachu znał się lepiej niż ktokolwiek, podszedł i wyjął karabin z jego rąk, tak jak odbiera się zabawkę; zauważył, że ciało strażnika drżało, pomyślał o dziecku na zimnie. Tłum rzucił się do bramy, Dawid poszedł dalej. Miał teraz pod stopami tyle miejsca, ile dusza zapragnie. Ale ta dusza nigdy już wiele nie zapragnie.

Prawdziwym, światowej sławy mistrzem ucieczek był Harry Houdini, urodzony w Budapeszcie w roku 1874 jako Erik Weisz, syn rabina Mayera Samuela Weisza. Przede wszystkim uciekł z Europy do Ameryki, a później już uciekał zawodowo jako magik i iluzjonista. Miał w swym bogatym repertuarze wiele nadzwyczajnych numerów, umiał spowodować zniknięcie słonia, jeszcze przed chwilą spacerującego po arenie (pod spodem był basen z wodą), lecz wyspecjalizował się – najpierw sam, później na spółkę z bratem – w uwalnianiu się z więzów, kajdanek, łańcuchów i kaftanów bezpieczeństwa. A także z cel, z piwnic, zza krat, z różnych miejsc, gdzie go doświadczalnie zamykano; przeprowadzano eksperymenty z zawodowymi policjantami. Robił to tak doskonale, że zdawał się nadludzką, nadprzyrodzoną istotą albo maszyną, krewniakiem Golema; trójkąt Budapeszt–Praga–Lwów miał wyraźną smykałkę do kreacji dziwnych genotypów.

Również Dawida nazywam – jego wczesne życie mieściło się w tym samym trójkącie – wielkim artystą ucieczki. To skojarzenie nie do obrony ze względu na różnicę losów jego i Harry'ego, i zarazem nieodparte. Bo styka brata smutnego i brata wesołego, skrajne przeciwieństwa połączone wspólnotą miejsca i gestu.

Ale nazywam go tak nie tylko dlatego, że mu się udało, że był skuteczny, przemyślny, inteligentny, zdeterminowany. Także ze względu na gesty jak ten, wykonany przed szpitalem, w obliczu czyhającego tłumu. Gest, którym umiał niejako domknąć swoją ucieczkę, doprowadzić siebie spektakularnie? dobitnie? pogardliwie? pięknie? na powierzchnię, do świata ludzi. Jakby gestem tym przebijał stawkę, jakby swą wiedzą i mądrością wydreptaną przez pięćset dni pokazywał jakąś prawdę, jakąś pogłębioną praktykę życia, niedostępną innym.

Sto lat wcześniej z Syberii uciekł Rufin Piotrowski; to w naszej historii najbardziej może widowiskowa, najbardziej mistrzowska i najlepiej udokumentowana, dzięki pamiętnikowi, które Piotrowski napisał, ucieczka. Niewielu Sybirakom się to powiodło, ale prób nie było aż tak wiele, jak się sądzi. Kilku z nich zbiegło i przepadło bez śladu; nie zostali złapani, jednak poza mniej lub bardziej dowolnymi domysłami nic o ich dalszych losach nie wiemy. Może to ich ucieczki były zresztą najdoskonalsze, najbardziej artystyczne, skoro im właśnie, czy chociaż niektórym z nich, udało się zniknąć kompletnie, do cna, by zacząć nowe istnienie po drugiej stronie, czymkolwiek miałaby być. W innym miejscu, w innej postaci siebie, pod innym nazwiskiem, w innym wyglądzie – wiele można sobie wyobrażać, gdyż całkowite zniknięcie, wejście tutaj, aby wyjść tam całkiem przemienionym, nigdy nierozpoznanym należy do podstawowych ucieczkowych figur marzenia.

Ucieczka Rufina Piotrowskiego trwała kilka miesięcy; droga prowadziła od miejsca zesłania, Gorzelni Jekateryńskiej, przez pół Syberii, Ural aż do Archangielska, następnie do Petersburga, Rygi, Królewca, skąd Piotrowski dotarł do Paryża. W bucie trzymał sztylet; gotów był w razie czego zabić, innych, siebie przede wszystkim, gdyby został złapany. Dawid nosił przy sobie wykradziony pistolet. Pierwszych pięć kul dla wroga, ostatnia dla siebie; na samym początku ucieczki zdarzyła się sytuacja, gdy miał już palec na cynglu. Może to magiczno-romantyczne myślenie, ale tej gotowości przypisuję powodzenie obu ucieczek. Czy raczej część tego powodzenia, bo jak tu cokolwiek mierzyć, jak wykluczać przypadek i szczęśliwe trafy.

Jeden i drugi bardzo też racjonalnie przygotowywali swoje zniknięcie. Piotrowski dwa razy zawrócił, gdy okoliczności w tamtych decydujących chwilach wydawały mu się zbyt ryzykowne. Miał dwa fałszywe paszporty i przebranie godne najlepszego wodewilu, perukę z koziego włosia, „podwiązaną chustką przez uszy, niby od zimna, w rzeczy zaś samej po to, by lepiej się zamaskować", na to jeszcze czapka, podniesiony kołnierz, przewiązany kolejną chustą, syberyjskie nawarstwienie na syberyjską zimę – które pozwalało mu przetrwać noce w śnieżnych jamach wykopywanych pod drzewami. Przez całą kilkumiesięczną drogę będzie odgrywał komedię, strzegąc nawet własnych snów z obawy, że wygada się głośno po polsku. Przed ucieczką nadstawiał przez rok uszu, wysłuchiwał opowieści, przyglądał się zwyczajom, aby nasiąknąć lokalnym kolorytem i skutecznie odgrywać rolę syberyjskiego chłopa podróżującego w poszukiwaniu roboty. Podobnie jak w przypadku Dawida bije z jego wspomnień racjonalna inteligencja i ponadto, by tak rzec, rodzaj ogólnej pozytywności. Dobrego spojrzenia na życie, zachowania mimo tylu traum może nie promiennej, ale wyraźnej gotowości do istnienia dalej jakby nigdy nic, wkładania w nie dobrego serca, w którym groza pozostaje głęboko skryta.

Skuteczność to niewątpliwie artystyczny przymiot ucieczki: w skrajnej sytuacji trzeba wymyślać nowe sposoby istnienia, kreować jego nieznane możliwości, które dadzą nam inną szansę. Ale też wytwarzać, tak jak Dawid swoim gestem, nowe wyzwania, o których nieuciekający nie wiedzą. Lecz, gdy się o nich dowiedzą, gdy je dostrzegą, czują, że nic nie może być, tak jak było.

To piękne określenie, „wielki artysta ucieczek", ma też inne źródło; powtarza się w powieści *Życie i czasy Michaela K.* Coetzeego. Rzecz dzieje się w Republice Południowej Afryki sprzed ponad półwiecza, targanej wojną domową. Bohaterem jest tytułowy Michael K., zajęcza warga, człowiek-kupa nieszczęść. Półsierota, nędzarz, dla innych półgłupek, włóczący się po kraju w ogniu, najpierw z umierającą matką, którą wiezie na skleconym z niczego wózku do rodzinnych stron, później z jej prochami. Jedzący korzonki, robaki, próbujący osiąść w ruderach. Zatrzymywany, aresztowany, osadzany w szpitalach, w obozach pracy Michael K. ciągle ucieka, by kontynuować samotną włóczęgę. Odmawia wszystkiego, słów, jedzenia, towarzystwa, jest milczącym cieniem przemykającym przez świat.

O powieści Coetzeego napisano wiele komentarzy; najciekawsze z nich zebrali ostatnio Piotr Jakubowski i Małgorzata Jankowska w znakomitej, poświęconej *Życiu i czasom Michaela K.* książce pod przemyconym wyżej tytułem *Wielcy artyści ucieczek*. Takim artystą nazywa Michaela K. lekarz jednego z zamkniętych szpitali obozowych, do których Michael K. trafia.

Postać lekarza zwraca moją uwagę, gdyż tworzy wraz z uciekinierem szczególną parę, nieco smutny debel, w którym jeden czmycha, a drugi stara się zrozumieć czmychnięcie, jeden zwiewa, a drugi opisuje, jeden spływa stąd, a drugi nie może już normalnie żyć. „Twoja melancholia jest moją", mówi Toussaint do Zidane'a; lekarz zaś rzecze – w wyimaginowanej przez siebie przemowie – do Michaela: „chciałbym przemykać z cienia w cień twoim śladem, dotrzeć tak daleko jak ty i nie dać się złapać". „Ja jeden – wyznaje – dostrzegłem w Tobie coś więcej niż pozory, pomału, kiedy Twoje uparte NIE dzień po dniu nabierało wagi, we mnie narastało poczucie, że jesteś kimś więcej niż tylko kolejnym pacjentem (...) coraz bardziej umacniało się we mnie poczucie, że między tymi wszystkimi łóżkami nad jednym gęstnieje powietrze, tężeje ciemność, czarna trąba powietrzna wiruje z rykiem w całkowitej ciszy nad Twoim ciałem, wskazując na Ciebie". W przeciwieństwie do nas, innych, „Ty jeden dryfowałeś przez czas; jesteś ostatni ze swego gatunku, stworzenie, które pozostało po wcześniejszej epoce, niczym lameria czy ostatni człowiek mówiący językiem Yanqui". Michael K. ucieknie z obozowego szpitala, w którym lekarz praktykuje, i po jego zniknięciu lekarz wypowie te nadzwyczajne, a może tylko, przyznaję, nadzwyczajnie górnolotne słowa: „jesteś wielkim artystą ucieczek".

8

Nie chce mi się, a może nie umiem już zajmować się całą alegoryczną stroną powieści Coetzeego, w tylu świetnych tekstach wypowiedzianą, jej głębiami antropologicznymi, politycznymi, społecznymi. Od razu palę mosty między książką a doświadczeniem własnym, czytam o Michaelu K. i jego lekarzu, widzę, nie zachowując proporcji, Dawida i siebie samego, i znowu myślę o innych tego typu parach, i znowu czytam, wracam setny raz do Melville'a, by przypomnieć sobie Bartleby'ego, który – z tym swoim słynnym, uporczywym, niezdartym „wolałbym nie" – jest jak starszy brat Michaela, i by przypomnieć jego szefa kancelistę, który jest dla Bartleby'ego trochę tym, kim lekarz dla Michaela, niedoskonałym hermeneutą doskonałej odmowy.

Lekarz w powieści Coetzeego zdobywa się – w swym marzeniu o wspólnej ucieczce z Michaelem K. – na liczbę mnogą; „o świcie znaleźlibyśmy się na obrzeżach jałowej Niziny Kapsztadzkiej, brnęli po piasku i przez zarośla, omijali skupiska chat". Chociaż i tak dzieliłoby ich pięćdziesiąt yardów, lekarz szedłby wiernie za Michaelem, nie wiadomo, czy na zasadzie całkowitego utożsamienia, czy jednak na zasadzie cienia, kogoś, kto niemal wyrywa się z własnego bytu, niemal już tam jest, staje się w tej fantazyjnej wizji niemal sobowtórem, istnieniem prawie identycznym. Kancelista Melville'a również – na łagodniejszy, mniej elokwentny sposób – doznaje rozdwojenia, zdaje się wkraczać w miejsca, gdzie staje się cieniem Bartleby'ego. Napełnia się jego melancholią („twoja melancholia jest moją melancholią"), zostaje wytrącony z rutyny własnego życia, dosłownie zepchnięty z własnej drogi, gdyż nachodzą go halucynacje i zaczyna niepewnie, jak pijany, chodzić ulicami. Nie wypada jednak poza krawędź; choć grunt usuwa się przez chwilę pod nogami, to ostatecznie uratuje swoje status quo, swoje dotychczasowe życie. Do końca będzie odgrywał rolę opiekuna, filantropa, ojca. I rolę narratora, który o wszystkim, co zobaczył, opowie; rolę hermeneuty-śledczego, który zasugeruje nawet – niepewnie – hipotezę mogącą rozjaśnić tajemnicę Bartleby'ego.

W słynnym na uniwersytetach tekście o Melville'u Gilles Deleuze nazywa za samym Melville'em ten typ bohatera, jaki przedstawia Bartleby i jemu podobni Oryginałem – kimś, kto usuwa się poza świat, daje krok w bok; „oryginałowie" (inaczej określani też „duszami uniwersalnymi") jak Bartleby to „stworzenia niewinne i czyste, wyróżniające się słabością, ale także dziwnym pięknem. Z natury niewzruszone, wolą brak woli, nicość woli przedkładają nad wolę nicości. Stworzenia te mogą przetrwać, jeśli tylko przybiorą kamienną postać, odrzucając wolę i uświęcając same siebie w tym zawieszeniu".

Sam Melville w Oszuście, skąd pochodzi określenie „oryginał", użyty w szczególnym znaczeniu, aż tak dokładnie tego nie uściśla, lecz również podkreśla, że nie chodzi o powszechne pojęcie słowa w sensie „ależ z niego dziwak", czy „to prawdziwy oryginał". Melville pisze: „Cechy charakteru takiej postaci nie promieniują na jej otoczenie, gdy tymczasem postać oryginalna podobna jest obracającej się lampie wodorotlenowej, co rzuca z siebie snop blasku na wszystko dookoła: każda rzecz jest przez nią oświetlana, każda rzecz wyrywa się ku niemu, tak że w niektórych umysłach skutek, jaki pociąga za sobą trafne wyobrażenie sobie takiej postaci, pokrewny jest na swój sposób temu, który w Księdze Rodzaju towarzyszy początkowi wszechrzeczy".

Melville uderza w sedno, w sam splot problemu: ten, kogo „oryginał" przenika swą obecnością, odczuwa, że wszystko traci formę i się rozpada, że nastaje na nowo początek wszechrzeczy, że to, co było wcześniej, zostaje zatarte, i trzeba wobec życia stanąć na nowo w niepojętym obnażeniu i doznaniu bezsilności. Takich przygodnych słuchaczy czy obserwatorów, których dotyka postać uciekiniera, „oryginała", którzy przejmują się nimi aż do szpiku kości, Deleuze nazywa, nieco myląco, „prorokami". Prorokami w tym sensie, że umieją oni spojrzeć, wniknąć w doświadczenie naprzeciw, wejść po uszy nie tylko w rolę świadka, ale też interpretatora, narratora, kogoś, kto będąc z tej strony, po tej stronie pozostając, chce dogłębnie zrozumieć to, co przydarzyło się po stronie drugiej, i zobaczyć, co to dla przyszłości może oznaczać. Gdyż „prorok" sam nie tylko jest empatyczny, ale i wyposażony w jakąś wiedzę, w „kulturę", przez co zaczyna odgrywać rolę opiekuna, ojca, ale też (może się zdarzać) strażnika, kontrolera, kolonizatora.

Kiedy poznałem Dawida i słuchałem jego opowieści, którą sam wywołałem, szybko i bezwiednie, choć tyledziesiąt lat od niego młodszy, w taką rolę przewodnika w sobie samym i może nawet przed nim zacząłem się wcielać. Rolę tego, kto kiedyś innym opowie. Ja byłem tym spokojnym, tym zafascynowanym, tym słuchającym i rozumiejącym, on był tym niewinnym i czystym, tym słabym (choć wówczas, przed półwieczem, okazał taką siłę) – nawet w konkrecie życia codziennego, w którym go widziałem. Niski, bardzo, niemal skrajnie szczupły, niczego niepragnący, o niczym, miałem wrażenie, niemarzący, zajmujący się w życiu przyszywaniem guzików (tak, obchodziły go guziki), gotów, gdybym tylko tego potrzebował, dać mi wszystko, co ma, swój cały skromny dobytek. Na wszystko się zgadzający, mówiący na wszelkie moje zapytania i propozycje (gdzie pójdziemy, co zjemy) „jak chcesz", „co chcesz", „jak uważasz", co jest – myślę dzisiaj – przekręconą przez znak plus, ugrzecznioną postacią odpowiedzi „wolałbym nie". On śpiący – wówczas, w tamtą noc, w moim mieszkaniu – a ja gdzieś obok, czuwający.

Uciekał, uciekała, uciekali. Gdy było się obok nich, gdy ojcowskim niemal gestem wysuwało się rękę, miało się wrażenie, że tak należy, że trzeba ich wciągnąć na tę stronę, pomóc przeskoczyć wyrwę. Wydobyć ich z ich nie-ludzkości – niczego nie chcieli, do niczego nie dążyli, byli ptakami bez skrzydeł – i pogodzić ich z ludzkością: z tym, co tu jest, jakkolwiek to nazwać: oczekiwaniem na jakieś zdarzenie, chodzeniem gdzieś, liczeniem na coś, oczekiwaniem na obiad, na deser, metodycznym wystawianiem się na słońce. (To dziwne, z pogody prawdziwie lubili burze: stawali w oknie, wypatrywali błysków; miałem chwilami wrażenie – nadto filmowy pewnie wymysł – że to ich jedyna zemsta na świecie; gdy inni się chowali i złorzeczyli na pioruny, oni, niczym wysłannicy szatana, byli w tej chwili nietykalni i wiedzieli, że Czarny nadchodzi i wysadzi planetę. Ale, częściej, czułem, że odkrywali, tak patrząc

w ciemne niebo rozświetlane nagle do jasności, od-
pustową, a może wzniosłą kosmiczną scenerię, która nie
miała się nijak do niczego i wypełniała ich doznaniem
niepojętości, wypełniała do tego stopnia, że ich własne
życie stawało się przez chwilę słodko nierealne).

Wyznaczałem sobie takie zadanie, ratunkową misję
czerwonego czy kolorowego krzyża, stawałem się ku
własnemu zdumieniu przedstawicielem, jeśli nie podstawowych wartości, to przynajmniej racjonalnej akcepta-
cji tego, co jest. Święty Krzysztof od siedmiu boleści i od
ich miliona cierpień, przenoszący tutaj, na drugą stronę
rzeki ich niskie ciała. Jakim właściwie prawem, na mocy
jakiego nakazu?

Uciekł, uciekła, uciekli: gdy zadawałem im pytania,
gdy próbowałem odtworzyć jakieś ciągi dni, sekwencje
chwil, było mi łatwiej. Rzadko odpowiadali, wpadali
w milczenie, w nieznośną ciszę, która snuła się po pokoju niczym gęsty dym, nie do przebicia, nie do pokonania,
mgła wchodząca w trzewia niby spleśniałe powietrze; ich
ręka – od tego gestu można było oszaleć – kreśliła zakole
nad stołem, jakby gasiła lot słów, i dotykała ich twarzy,
stawała się bezwiedną zasłoną.

Tylko niekiedy, od wielkiego dzwonu, dawało się nagle odczuć, że ściana, którą nosili w sobie, zanika, robi
się przezroczysta; że na mgnienie oka, na godzinę, pół,
zaczyna przepuszczać i że w nich wytwarza się coś jak
negatywna uroczystość, która ich wypełnia i umożli-
wia mówienie półzdaniami, niekiedy zdaniami całymi.
Negatywna – gdyż drżąca i smutna; uroczystość – gdyż
przestawał w nich zalegać czas oddzielający ich od nich

samych: jego codzienne przypadki, zawirowania, przy-
krywające pamięć giezłami konkretów; można było
wręcz odnieść wrażenie, że oczyszczają im się twarze, że
dosłownie znika z nich kurz, biało-szara mąka zrobiona
ze znużenia, starości, obojętności i nieobecności. Przez
moment przezierała z nich niepojęta dawność, do której
nikt, ani oni, ani ja, nie mieliśmy dostępu; w ich twarzach dawało się dojrzeć chłopca, dziewczynkę. Gdzieś
obok leżała skakanka, ołowiany żołnierzyk, szmaciana
piłka. Pokój nagle tchnął głębią, jakby wyparta została z niego papierowa zwykłość, powierzchniowy wygląd z tymi starymi krzesłami, z tym stołem pokrytym
starym obrusem, z tą lampą o przetartym abażurze. Później, jakby w wyniku jakiejś optycznej operacji, wszystko na powrót się zasnuwało, wracało do wcześniejszych
kształtów. Któregoś razu Dawid, powiedziawszy parę
słów, o które pytałem, dostał nagle drgawek, bólu tak
silnego, że aż zdawał się fantomalny, obejmujący całe
wnętrze mieszkania; Dawid drżał od stóp do głów, i to
drżenie nie przychodziło z jego obecnej choroby, lecz
z pamięci ciała. Nigdy tej pamięci nie spostrzegłem tak
bardzo na zewnątrz, na drgającej skórze, była jak fizjolo-
giczny płyn albo zawiesista aura, te krople potu wylęgłe
spod spodu, to nagłe przebarwienie oczu; gdy ból wreszcie zelżał, gdy drżenie zanikło, wyszedłem w popłochu,
wtedy widziałem go po raz ostatni.

Albo bywało inaczej, można było odnieść wrażenie,
że całe powietrze w pokoju jest wsysane w ich ciała i nie
ma czym oddychać; kamienieli i kamień szedł od nich aż
po ściany i to miejsce, zwykłe miejsce w pięciopiętrowej

kamienicy czy w dwunastopiętrowej wielkiej płycie, czy dwupiętrowym domu nagle się ścieśniało, odrywało od zaczepów, lewitowało na wspak, do środka i trzeba było wychodzić z mieszkania, dosłownie łapać dech.

Umiało się oddychać; z wysokości własnego życia udawało się niekiedy patrzeć na nich jak na dzieci czy jak na istoty nie całkiem dorosłe – byli tak niskiego wzrostu, tak słabo odrośnięci od ziemi. Słowa, którymi mogłem o nich myśleć, o nich sobie i innym mówić, były może nadto widoczne niczym kolorowy bandaż, ale dawały dech, można się było nimi zasłaniać przed sobą, przed innymi lub machać nimi na zewnątrz, jak pacynki majtają łapkami w teatrze kukiełkowym. Później jednak, na zmianę ze słowami, w wiecznym ruchu pulsowania, przychodził od tamtych twarzy, od tamtych kamieni taki smutek, że słowa zanikały i zacierały się granice – tak dogłębne to było doznanie – między ciałem a niebem; życie fruwało w przestrzeni jak pył, niepojęty drobnoustrój. Koniec z rozumieniem i z wyrozumiałością, odsuń się od komputera, chowaj wyciągnięte dłonie, wyskakuj z butów „proroka" wpatrzonego w „oryginała", koniec z literackimi parawanami, byłem nimi, leciałem za nimi przez bruki, pola, przelatywałem przez płoty, otwierałem drzwi pędzących pociągów, pociągi pędziły od dziecka, przez całe życie.

9

Coetzee mówi w jednym z esejów: „Tylko w mało prawdopodobnym przypadku życia spędzonego w całkowitej samotności na pustyni i bez spojrzeń innych, autobiografia istoty ludzkiej mogłaby opowiedzieć absurdalną historię tożsamości nieukazanej, nieuwikłanej w żadne związki i bez świata".

Takie doświadczenie gadania do siebie próbował rozegrać na swój nieco teatralny sposób Jan Jakub Rousseau. Czasami wyobrażam go sobie nad brzegami jeziora Bienne w porannej mgle, widzę tę jego niemal niewidoczną, rozmazaną w wilgotnych drobinach sylwetkę, nieustannie przesuwającą się wzdłuż wody, stawiającą nieznużenie kolejne kroki, dalej i dalej. Nie miał już od dawna słuchaczy, więc mówił do nikogo, do siebie jako mary, w *Rozmowie Russo z samym sobą*. Świadek i dezerter zamieszkali w jednym głosie. „Tak tedy jestem dopiero na ziemi jeden, bez brata, bez krewnych, bez przyjaciół, zostawiony samemu sobie. W najwyszukańszych planach swej ku mnie nienawiści wynaleźli męki, jakie najboleśniej musiały dotknąć czułą duszę moją, i stargali wszystkie więzi, jakie mnie z nimi łączyły". Spaceruje nad jeziorem, niemal identycznymi słowami otwiera swoje *Przechadzki samotnego wędrowca*, odchodzi z dnia na dzień coraz głębiej, przemyka się gdzieś między własnym sercem, płucami, w mieście wewnętrznym, odrzucony, niechciany. Wiadomo, Jan Jakub to maniak, przewrażliwiony dziwak o porcelanowej skórze, obśmiewisko, wszyscy nad nim chichoczą, na dźwięk jego imienia machają ręką, robią miny, pukają się w swe wysokie czoło, trudno, może mają rację, lecz z lotu ptaka widać tylko – Szwajcaria mieści się w jednym spojrzeniu – jak odchodzi z Genewy, idzie duktem, po lewej majaczą ciemne wzgórza Jury, wreszcie schodzi z traktu w bok, jezioro jest mniejsze od Lemanu i puste, bez białych żagli na alpejskim wietrze.

Na jego ostatnie autobiograficzne teksty, w których już rezygnuje z przekazania innym, tu na ziemi, swojej prawdy, czymkolwiek by była, można spojrzeć jak na wynalezienie albo przeczucie nowego typu wypowiedzi, w której „oryginał" i „profeta" współistnieją w jednej przestrzeni, w jednym bycie. *Rêverie*, zamarzenie (trudno nie czytać tego słynnego słowa inaczej niż jako połączenie „errer", błądzić, i „rêve", sen. *Errevie*: tak brzmi we francuskim przekładzie pierwsze słowo *Finneagan Wakes*, w oryginale Joyce'owskim *Riverrun*, co jest prawdopodobnie echem błąkania się nad rzeką Liffey w Dublinie) łączy obie strony, stronę dezercji, odejścia w bok i stronę słowa, może i opowieści. Widać, z jednej samotnej przechadzki na drugą, jak Jan Jakub ciąży to ku jednej, to ku drugiej stronie, raz gadanej, bardziej eksplicytnej, innym razem gasnącej, milknącej, i widać, jak wytwarza się w coraz większej odległości od świata idea niemej szczęśliwości rozkwitającej w odosobnieniu, we wtopieniu się w pejzaż, w pulsujące w powietrzu pyłki, drobiny-drabiny słońca, w pragnieniu zamieszkania poza, na wyspie na środku jeziora, czy wniknięcia na drugą, nie-ludzką stronę przez bramę ogrodu, Zielnika.

Tak jak do swojego ogrodu – tyle że rozproszonego na tysiąc miejsc – dążył przez swój żywot Michael K., który powie na sam koniec: „Mój błąd polegał na tym (...), że nie miałem mnóstwa nasion, po oddzielnej paczuszce w każdej kieszeni: pestek dyni, pestek cukinii, ziaren fasoli, nasion marchwi, nasion buraków, nasion cebuli, nasion pomidorów, nasion szpinaku (...). Popełniłem także błąd, sadząc wszystkie nasiona razem na jednym polu. Należało je siać po kolei, w bezmiarze stepu, trzeba było narysować mapę, zawsze trzymać ją przy sobie, żebym co noc mógł obejść te miejsca i podlać je". Liście i gniazdeczka albo archipelag ziaren w bezkresnym stepie, niech powróci raz jeszcze obraz ostatniego, jedynego schronienia. Nawet najbardziej radykalna dusza uniwersalna, Bartleby, ma swoją skrytą mikrosiedzibę, której z czasem już nie chce opuszczać, parę metrów za parawanem w kancelarii, gdzie pracuje i gdzie gromadzą się okruszki z imbirowych ciasteczek, jedynego jego pożywienia.

Jan Jakub mówi do końca. Ponieważ gramy w literaturę, gramy dalej jak on, trzeba o tym mówić, próbować o tym mówić, choć nie da się mówić.

Do nich, do Dawida, mógłbym się więc zwrócić – zachowując wszelkie proporcje (ale czy koniecznie je zachowując?) – słowami Pereca z jego powiastki *Człowiek, który śpi*, czy raczej słów tych użyczyć, podać je na dłoni: „Wszystkiego musiałeś się nauczyć. Wszystkiego, co nie wymaga nauki: samotności, obojętności, cierpienia, milczenia. Od wszystkiego musiałeś się odzwyczaić: od widywania osób dotąd spotykanych, od regularnych posiłków i od wypijania kawy przy wspólnym stoliku (...). Byłeś sam jak człowiek samotny, uczyłeś się włóczyć, wałęsać, widzieć nie patrząc, patrzeć nie widząc. Uczyłeś się przejrzystości, znieruchomienia, nieistnienia. Uczyłeś się być cieniem i patrzeć na ludzi, jakby byli kamieniami".

Perec pisze tę powiastkę dla siebie samego, powiastkę-apostrofę, w której zwraca się do siebie samego – ty – w nomadycznej monadycznej włóczędze przez własną samotność. To historia (jeśli może być historią coś, co stara się nie tworzyć następstwa zdarzeń) człowieka, który wycofuje się – wycofuje się niejako z istnienia – z wrażeniem, że może się wymknąć światu, „nie dając mu żadnego punktu zaczepienia", „odwołując własne życie". O kimś, kto wciąż śpi albo snuje się po mieście, z którego mieszkańcami, przestrzenią i zdarzeniami nie nawiązuje żadnego kontaktu, jako dostarczyciel listu bez adresu (to oczywista aluzja do Bartleby'ego; cała opowiastka okazuje się także echem Melville'owskiego opowiadania, jego pastiszem na poważnie).

Lecz później wraca, wraca do miasta, wraca do jakoś wspólnego życia, nadając swemu dryfowaniu „jarzmo codziennej dyscypliny", wprowadzając w swoją włóczęgę powtórzenie, przeto i czas, zatem instancję, która stawia wszystko na nogi, gdyż mówi ona: jutro, pojutrze, za tydzień.

Gdy jednak przypatrzyć się bliżej tej tak bardzo intymnej opowiastce Pereca, dostrzeże się, że używa on mnóstwo parafraz i pobiera mnóstwo cytatów z innych dzieł, od tylu autorów, nie tylko Melville'a, opisujących każde na swój sposób indywidualne, niepowtarzalne doświadczenie dezercji. Poruszające słowa o odchodzeniu, niebyciu tutaj, okazują się w dużej mierze kolażem, zlepionym ze słów innych, co jednak niczego autentyczności tego doświadczenia nie ujmuje, gdyż literackie zapośredniczenia, to desperackie pójście w literaturę, tworzą dezerterską wspólnotę. W szczególny sposób bezcelowa włóczęga po ulicach paryskich i podróż wokół własnego pokoju, wokół własnej biblioteki, spotykają się i łączą.

10

Literaccy dezerterzy skaczą w bok własnych narracji, gatunku, w którym piszą. U Fernando Pessoi (chociażby) impuls dezercji rozgrywa się w nieskończonym schodzeniu z linii własnego rozumowania i własnych odczuć, w tekstowym dryfowaniu na wszystkie strony naraz; tekst buduje przestrzeń dla szczęśliwej czy bolesno-szczęśliwej w nim ucieczki od niego samego; miejsce dostawiania odchodzącego echa do własnych wrażeń i myśli. „Istotą życia – mówi – jest nie być nigdy protagonistą, co najwyżej koczownikiem w świadomości siebie".

U Piotra Sommera, który tak nadzwyczajnie, jak nikt inny, dotlenia polszczyznę, że krew dopływa do zwykłych, nawet najbardziej, zdawałoby się, błahych słów, impuls odejścia rozgrywa się wyjątkowo mocno w języku, tak jakby odchodząc, trzeba było się przedzierać przez jego ospałe złoża, wydobywać się z jego pancerza, torować sobie drogę przez jego bryły i rozrzedzać je, tak by można było przejść i się uwolnić. W jednej z rozmów, zatytułowanej *Ucieczka w bok* (zamieszczonej w zbiorze pod tym samym tytułem) Piotr Sommer wspomina krótko o dramatycznych przeżyciach wojennych swej rodziny, o swej wiedzy na ten temat. „A mocne uwewnętrznienie potrafi chyba zamienić wiedzę w autopsję – tak się stało w moim przypadku". W autopsję, czyli nogi w bok.

Perec, któremu wojna zabrała najbliższych, gdy sam miał ledwie kilka lat, w nieco pokrewnym geście przebijania się przez język, torowania drogi wymyśla czy raczej wynajduje figurę oszalałej permutacji: wielowariantowego wyliczenia, czystej formy melancholii, nieskończonego wyliczenia (przedmiotów, nazw, czynności, czegokolwiek), które odwodzi tekst od jakiegokolwiek postępu, rozwoju, kresu, co sprawia, że tekst bawi się z własną opowieścią, strasząc ją widmem nieopowieści, odmowy opowieści. I nie wiemy, czy tysiące wyliczonych rzeczy w różnych ich postaciach gęstnieją we własnej pustej znakowości jak porzucone wraki, czy rozpraszają świat na tysiące cząsteczek, czy może też odtwarzają mozolnie w swym nagromadzeniu, w swym nowym skomasowanym porządku świat rozsypany.

To są różne literackie odejścia, kopanie tuneli i podkopów przez zastały język, ucieczki od zastałych gatunków. Chciałoby się wymyślić literacki gatunek fugi, odpowiednik poetyki Bacha, lecz i od niego trzeba by zmykać w bok. Ale jak, skoro Dawid uciekł dokładnie o piątej. Więc tak, tak wypadałoby zacząć: „Dawid uciekł o piątej po południu".

11

Nie ma ucieczki bez chwili paniki i histerii; obie krzyczą: już, już, bo zaraz będzie za późno. „Przyszłość otruta, rozczochrana idzie", wciąż wracają wersy z *Marii* Malczewskiego, naszej najpiękniejszej powieści poetyckiej o ucieczce. Czasami wydaje mi się, że przyszłość jak ciężka pokrywa spada na całą ludzkość i wszyscy jesteśmy plemieniem Czejenów, którzy powinni wymknąć się – ale dokąd? – z rezerwatu Ziemia.

„Czy łatwiej jest ułożyć utopię niż apokalipsę? – pytał Emil Cioran, jeden z najbardziej wyspecjalizowanych w panice pisarzy. – I jedna, i druga mają swoje zasady i klisze". Pamiętam tamten kwiecień w hiszpańskiej Walencji, po raz pierwszy zaczęto krzyczeć w mediach o epidemii świńskiej grypy, przyszedł czas układać apokalipsę, dobrze mi szło. Cóż to za dotkliwa przyjemność, dawno temu przez Europę utracona, liczyć każdą sekundę i w każdej dostrzegać zdarzenie. Od świętego Jana i pierwszych millenarystów czas, zdawało mi się, nigdy tak dobrze nie płynął; wreszcie odzyskał swoje właściwości, trzeba było znowu się z nim liczyć. A znaki nie myliły. Byłem w kraju, do którego w panice powróciło poprzedniej nocy z Meksyku cztery tysiące dwustu Hiszpanów. Tak mówiono. W przeddzień stwierdzono trzy pierwsze przypadki świńskiej czy ptasiej grypy, przy nazwie miasta w telewizyjnych mapach pojawiło się czerwone, drgające światełko. Na dole mojego hotelu, w sali balowej, grała głośna muzyka; jakiś wędrowny kongres świętował swoje zakończenie, za rok mieli debatować na Sycylii. Zszedłem, sycylijska orkiestra dęta grała jak szalona, połączenie Bregovicia z rytmami spod Etny, ludzie zjedli i teraz tańczyli bez opamiętania. Na ścianie powieszono wielki transparent: „Arrivederci a Palermo, 2010". *Arrivederci.*

Tylko kilka osób przechadzało się wzdłuż ścian leniwie, w zamyśleniu. Patrzyliśmy sobie w oczy tym znanym obojętnym wzrokiem szpicli. Wydawało mi się, że oni wiedzą i że tworzyliśmy małą wspólnotę wtajemniczonych: tych, którzy poznali już, przed innymi, prawdę. Dźwięki saksofonów szybowały coraz wyżej, widać było, że nawet muzycy bawili się lepiej niż zazwyczaj, tańczyłem przez chwilę z resztą, chciałem być tylko człowiekiem, czyli tym, kto zapomina. Wyobraźnia podsuwała kolejne obrazki, wszystkie pasowały. Najpierw *Kabaret* Fossa, na scenie śpiewają, grają, deklamują, opowiadają skecze, publiczność zarykuje się ze śmiechu, a z tyłu czai się już zagłada. Później oczywiście obraz balu na *Titanicu*. I ta konieczna scena ze *Śmierci w Wenecji* Viscontiego, kolejny raz ją wspominam, szczerbaty, z kilkoma pieńkami w gębie rudzielec z gitarą wyśpiewujący prześmiewcze kuplety w mieście już zżeranym przez dżumę.

Układanie apokalipsy nie może się obejść bez analogii, opowiadania – nawet przed sobą samym – Nieznanego przez pośrednictwo tego, co było. Przez pośrednictwo filmów i książek, od *Dekameronu* Boccaccia i *Dziennika roku zarazy* Daniela Defoe po *Dżumę* Camusa. Wizję katastrofy buduje się najpierw z cząstek przeszłości. Ale ta przeszłość nagle zaczyna przebijać spod estetycznych masek, mówić blisko i wprost. Jechałem samochodem przez wieczorne, pustawe miasto i zwariowane budynki Santiago Calatravy w jeszcze większym stopniu wyglądały na karnawałową dekorację nałożoną na pustą przestrzeń; wystarczy (myślałem) podnieść te pudełka, by zobaczyć w tym samym miejscu rzędy ognisk i ludzi tańczących sześćset lat temu *danse macabre* w morowym powietrzu. Apokalipsa operuje skrótem myślowym i skrótem wyobraźniowym: nadchodząca epidemia

341

zdawała się późnym echem wczorajszej zarazy. W nędznej dzielnicy portowej, wśród rozpadających się budynków, wśród uciekających spod nóg kotów, nic nie trzeba by zmieniać; połączony smród złej kanalizacji i gnijącego morza był jak zmysłowe wspomnienie *tamtego*. Nic nie trzeba było zmieniać w małym, średniowiecznym miasteczku Villena – kilkadziesiąt kilometrów od miejsca pierwszej w Hiszpanii infekcji – gdzie wieczorem na wąskich uliczkach rozsiadła się fiesta; ludzie w średniowiecznych strojach tłoczyli się w nieprawdopodobnym ścisku, żrąc pieczyste, a prawdziwi lub fałszywi mnisi na straganach sprzedawali autentyczne relikwie. W restauracji odesłałem korkowe wino; po co, więc jeszcze liczą się detale?

Memento mori wysyłane z dawnych wieków dochodziło teraz dosłownie; raptem stało się boleśnie dotkliwe. Tamci zmarli zaczynali schodzić ze stronic książek, podręczników do historii i powieści, stawali się zadziwiająco konkretni, a ich liczebna przewaga nad nami, żywymi, przerażająca; byliśmy wobec nich ledwie wysepką niepochłoniętą jeszcze przez ciemny ocean. Boccaccio, Defoe, Camus, inni. Na ich przykładzie najlepiej czuło się śmieszność – dotychczasową śmieszność – naszego języka, który nigdy, wydawało się teraz, nie dociera do rzeczywistości nadto dosłownie. *Dekameron*: niekończące się dysputy o to, czy jest to pierwsza powieść w dziejach, o jej nowatorską poetykę; *Dziennik roku zarazy* – dywagacje nad prawzorem reportażu, pierwszej w dziejach poetyki „chłodnego oka"; *Śmierć w Wenecji* – medytacja nad kondycją artysty; *Dżuma* Camusa – wieczne alegorie ludzkiego losu. Do diabła z poetykami i do diabła z alegoriami ludzkiego losu. Za ich fasadami dostrzegało się wreszcie żywe doświadczenie, tysiące zmarłych na brukach Florencji i w rynsztokach Londynu, wreszcie zaczynało się w opisy prawdziwie, realnie wierzyć, wreszcie zaczynały one znaczyć.

Tysiące, dziesiątki tysięcy; epidemia nieubłaganie narzuca liczebniki zbiorowe, myślenie o masie. Nie z medycznego, lecz ze społecznego i egzystencjalnego punktu widzenia próg krytyczny zostaje przekroczony i epidemia wybucha w chwili, gdy zaczynamy myśleć jak masa, a nie jednostka; gdy przechodzimy w sobie próg, za którym przestaje się liczyć nasza indywidualna osobowość i czujemy, że zachowujemy się niczym wszyscy, stajemy się liczbą. Jak „wszyscy" poddajemy się panice, jak „wszyscy" chcielibyśmy uciec na wyspę, mieć w domu całą szufladę tamiflu (bo na pewno zabraknie), jak „wszyscy" umierać będziemy statystycznie, o wiele bardziej statystycznie niż w przypadku innych, „zwykłych" śmierci. Od własnego losu, od naszej społecznej pozycji przechodzimy na stronę powszechnej, zrównującej żywych *vanitas*.

Czy wraz z nastawaniem epidemii zaczyna się prawdziwe życie? Takie, w którym przed prawdą nie ma ratunku? Nagle cała nasza codzienność wydaje się tysiąc razy wyraźniej niż kiedykolwiek inscenizacją: inscenizacją kłamstwa w miejsce prawdy. Widzimy, jak praca, zakupy, rozmowa, lektura prawdę zagadują; wszystko to są cienkie dykty, które przysłaniają oczywistość. Wracałem do hotelu przez miasto i rosło we mnie zdziwienie: co to jest, ten szaleńczy głos płynący z radia i wykrzykujący „Raul, gooooool!", co to jest, te dziwne napisy „Santander", „Banco Español" przy trotuarach, co to jest, te kolorowe, pomazane ściany, wzdłuż których przesuwał się samochód, ta woda tryskająca z fontann na rondzie, co to tu w ogóle robiło? Oczywisty pożytek płynący z paniki i histerii polega na doprowadzeniu nas do skrajności i ostateczności, do wrażenia, że wreszcie dotykamy nagiego, niczym niezamaskowanego sedna istnienia. Jak łatwo widać wtedy kruchość każdego naszego wysiłku, jak łatwo wyobrazić sobie, że wszystkie przesłony runą, po trotuarach będą się walały – nagle miga przed oczyma obraz karnawału w Rio – porzucone uniformy żołnierzy, strażaków, stewardes, beznadziejne garnitury urzędników bankowych i ich modne buty z długim noskiem, że pozostaną z nas puste miasta, puste krzesła i skrzypce rzucone w kąt, że „ciemności pokryją ziemię", a „wszystkie plemiona na ziemi podniosą lament".

To są klisze apokalipsy dla szczęśliwych – czy raczej – nieszczęśliwych wybranych, którzy poczują je na swym ciele, gdyż, jak ironizuje Cioran, „nie wszystkim jest dane liczyć na kosmiczną katastrofę, kochać jej język i sposób, w jaki się ją zapowiada i obwieszcza". Ale działanie wyobrażeń apokaliptycznych ma tę zaletę, że nastawia zegar od zera, mówiąc, że wszystko, co dotąd było, jest nieważne. Bogaczowi obśmieje bogactwo, wegetarianinowi miłość do soi, pisarzowi jego styl i tekst, który pisze. Lepszy jest może metafizyczny wstrząs, którego apokaliptyczna imaginacja dokonuje, niż diagnozy sytuacji, do której zjawisko epidemii skłania. Bo cóż można o epidemii świńskiej grypy, eboli, jakiejkolwiek innej powiedzieć? Jeśli się nie chce kpić, obśmiewać panikarzy i zwalać wszystko na media albo żarłoczność firm farmaceutycznych? Interpretacji można dawać bez liku i w różnych kolorach. A to, że narodziła się w kraju o najbardziej rozwiniętej kulturze śmierci. A to, że jest karą i dopustem za różne cywilizacyjne strategie, na przykład za całościowy pakiet immunologiczny – od systemu zabezpieczeń społecznych przez antybiotyki, subwencje po strzeżone osiedla – likwidujący stopień ryzyka i oduczający organizm walki. Itd., itp. Sama w sobie epidemia nie ma jednego, mocnego znaczenia, jest faktem w istocie słabo interpretowalnym albo wręcz poza interpretacją. Natomiast stwarzając wrażenie, że coś się może zdarzyć, zdarzyć się może coś, co przerasta wszystkie wyobrażenia i przynosi niewymowną grozę, wprowadza nas w doświadczenie szczególnego uniesienia, zimnej werwy. To święte i okropne doświadczenie zarazem, z wymiennym licznikiem. Pod epidemię podstawić można wojnę (te ciężkie zeszłoroczne chwile oczekiwania, gdy Rosja wkroczyła na Krym i szykowała się na Donbas; czas znowu przeświecał spod porannych mgieł jak nagie sprężyny spod starej tapicerki; wyczekiwanie było niczym niewidzialny gaz, powietrze od niego gęstniało, miałem wrażenie, idąc do kuchni po kawę, że muszę się przez nie przeciskać); terroryzm (dzień bez wybuchu czy strzelaniny to dzień cudownie odratowany), czy po prostu światową gospodarkę i czający się w jej wnętrzach krach wszystkiego. Bo nie mówcie, że tego nie czujecie, że zaraz coś nie rąbnie, że niebo nie wisi nad nami jak ciężka pokrywa i nie zsyła nam dni ciemniejszych niż noce. Butelka wody, odzież na zmianę, cztery kanapki do chlebaka. Uciekać, trzeba uciekać.

12

Jünger mówił o piramidzie czy katakumbach, Virilio o dziwnych świątyniach, tak, archetypiczne skojarzenia wiązały bunkry z prapoczątkiem, z jaskiniami, z czeluściami czasu, w które się zaglądało. Traciły na chwilę swój realny rodowód, zamieniały w skamieliny, przechodziły na geologiczną stronę, pół cementowe, a pół mineralne jak złoża rudy. Z nadania ludzkiego i z nadania przyrody zarazem, stop niepojętej konieczności. Coś, co musiało powstać w sposób nieunikniony; smutny i bezwzględny: skoro był człowiek i skoro była ziemia. Skoro człowiek pojawił się na ziemi. Były obrazem wszystkiego i nic nie dawało się zrobić. Inaczej nie mogło się potoczyć. Zakleszczałem się w nich jak w próżni, widziałem jaśniej w przerażeniu czy może w chorobliwej ekstazie, że nic nowego i innego nie może się zdarzyć. Kto powiedział: pokój? Kto powiedział: dobro? Do bunkra nie kleiły się żadne idee, jego ściany nie przepuszczały żadnej opowieści. Widać było kres ziemi i dalej już tylko ocean, nie było więcej ruchu, tylko granica piasku i wody. Atlantyk był zimny jak sto tysięcy lat. Wchodziłem do bunkra, opierałem o mur; czułem się jak w kapsule poza światem, odłączonej od statku-matki, rzuconej w przestrzeń bez grawitacji.

Któregoś dnia stałem w tym bunkrze przy granicy belgijskiej. Zmierzch nadchodził wcześnie, dałem się zaskoczyć jak wampir na wspak. Noc zmieszała się z murami, wcisnęła w nie ciemną maź. Gdzie byłem, gdzie byliśmy? Zszedłem do początku nocy, do źródeł czasu, który jeszcze nie rozpoczął biegu i zarazem w proroctwie wystawił na pokaz te betony wokół mnie, budowle przyszłości. Nie mogłem stąd wyjść, bo wszystko zaraz ruszy i stanie się to, co już się stało. Tak jakbym przytrzymywał tu, stężoną wewnątrz bunkra, tej betonowej puszki Pandory, dzieje, których lepiej stąd nie wypuszczać. Samotność była dojmująca i zarazem upojna, szczęśliwa. Stałem w ciemności gęstej i kleistej, do świtu brakowało wiele, wiele dzieliło od dnia, gdy znowu wszystko wskoczy w starą koleinę i czułem się pierwszym pulsem w chwili, kiedy jeszcze nic nie było, a ciała dopiero się formowały.

13

Znowu w domu, nic się nie dzieje, przede mną leży rysunek Sempégo: budynek w mieście, głęboka noc, w oświetlonym oknie na ostatnim piętrze widać wielkie koło sterownicze, a za nim mężczyznę w średnim albo starszym wieku. Prowadzi, jak łatwo zgadnąć, okręt w pobliżu Wysp Wielkanocnych, U-boota w Cieśninie Magellana albo parostatek w dolnym biegu Missisipi. O świcie pewnie pójdzie spać, ululać na materacu Ikei wampirki swej wyobraźni. Więc i nam trzeba się kłaść, a od południa na powrót sklejać czas w jedno nośne pasmo.

Długa jest noc, więc myślę znowu o moich Czejenach, ich krokach szeleszczących na świeżo opadłych liściach; i wraca sprzed wielu lat obraz z kina 1 Maj, na widowni niemal nikogo, siedzę wbity w fotel pod kosmicznym sklepieniem sufitu (bo do kosmosu należą sufity w kinach), czemu, cienie, odjeżdżacie. Czemu, cienie, muszę iść za wami kocimi brukami, klonowymi alejkami, rudymi miedzami, krajowymi szosami.

Ale też myślę o tym innym plemieniu, Wronach i ich wodzu Wiele Przewag, zwłaszcza tak, jak przedstawia ich dzieje Jonathan Lear w pięknej książce *Radykalna nadzieja. Etyka wobec kulturowego spustoszenia*; otwiera ją wyznanie wodza wypowiedziane przed białym dziennikarzem Lindermanem, gdy ten spisywał jego dzieje w latach 20. zeszłego stulecia: „odkąd odeszły bizony, nic się nie zdarzyło". To lektura na całkiem inną i długą opowieść, a na teraz jest jej tytuł, nadzieja, nadzieja radykalna.

Wronom, plemieniu niewielkiemu, całkiem inaczej udało się urządzić swój los w chwili, gdy inne i potężniejsze plemiona zachodnich prerii traciły swe terytoria i były zmuszone osiąść w rezerwatach. W naszych dziecięcych, indiańskich czasach nie warto się było nimi zajmować; Wrony, *Crows*, były kacerskim plemieniem odszczepieńców, żadnego wśród nich Koczisa, Szalonego Konia czy Siedzącego Byka, legendarnego zwycięzcy bitwy pod Little Big Horn, żadnego podobieństwa z Siuksami czy Czejenami. Bo też wódz Wiele Przewag, prowadząc swój lud, zrezygnował z walki. W sytuacji bez wyjścia – widział lepiej niż inni, że sytuacja jest bez wyjścia i nic dobrego nie może już się zdarzyć, a bitwy wygrane i tak są przegrane – wymyślił strategię przeżycia. Przeżycia przez Wrony niejako własnej śmierci tak, by po tym, jak „bizony odeszły", po tym, jak wszystko się skończyło i dla Indian rzeczy przestały się wydarzać, po tym, jak uległy zniszczeniu wszystkie pojęcia, wedle których układali kiedyś swe życie, po tym, jak ich kultura została zdewastowana, można było żyć tak, by powstały nowe pojęcia i czas znowu zaczął się dla Wron toczyć. Bo choć po „odejściu bizonów" nic już się nie zdarzyło, nic nie było tak, jak przedtem, to jednak coś innego zdarzać się w sposób sensowny mogło zacząć.

Niech historycy oceniają, w jakiej mierze to się udało; jak rozpatrywać Wron postępowanie w kategoriach etyki, jak wiele ziem zachowały Wrony (zachowały więcej niż inne plemiona) i na ile uratowały dziedzictwo (były w XX wieku najlepiej zorganizowaną i najbardziej spójną wewnętrznie społecznością indiańską). W przeciwieństwie do Czejenów, nie musieli uciekać od rozpaczy, szukać nieistniejącej przyszłości w nieistniejącej przeszłości, „radykalna nadzieja" stworzyła inne pole możliwości.

Czym ona miałaby być? Nic wspólnego, mówi Lear, ze „zwykłą" nadzieją ani z optymizmem. Właściwie nie wiadomo, na czym ona polega, gdyż radykalna nadzieja tworzy się w pustce, w której nie ma żadnego nawet przeczucia tego, co może przyjść, nie ma celu, który można by jakkolwiek określić. Jest radykalna, gdyż kieruje się w stronę przyszłości, o której nie można nic powiedzieć i której nie można nawet sobie wyobrazić; mówi, że w obliczu utraty sensu przez kulturę, w której żyliśmy, powstać może jakieś rozwiązanie, lecz takie, które nie pozwala się w żaden sposób uchwycić i wyrazić, i nie wiadomo, czym będzie.

Czas spać, odwrócić się na bok, porzucić czuwanie. Myśli się rozmazują, krążą bezładnie, odwiązują się od siebie, radykalna nadzieja spływa z książki Leara jak ciepła derka, wyrywa się ze swych skomplikowanych kontekstów filozoficznych i psychoanalitycznych, czytanych za dnia, i staje materią, mogę się nią przykryć aż pod brodę; w półśnie książki mięknął i otwierają się w trzech wymiarach: zdają się obecne przy nas jak zwierzęta, milczące, lecz żyjące, wysyłające ze swych ciał fale promieniowania, niekiedy łagodnego, niekiedy tak silnego, że aż drażniącego i niedającego zasnąć.

Teraz łagodnego: jest więc coś wśród uczuć, co choć nie ma żadnej treści, gładzi obrazy w głowie, odbiera im krzyk. Stopy Czejenów przesuwają się coraz ciszej, tłumi się chrzęst ich kroków szukających miejsc, których nie ma; czyż Wiele Przewag nie miał racji, tworząc równie mężnie czy nawet jeszcze mężnej trwanie tam, gdzie ono jest, choć po odejściu bizonów nic już się nie zdarza?

Długa jest noc i wiem, że tamto będzie powracać, te kroki nie przestaną się posuwać, deptać jesiennych liści w swym marszu donikąd, prowadzić w miejsca, których nie ma, przechodzić przez klonowe lasy, przez strumienie, przez rzeki *of non return*. Jak to jeszcze było, wtedy za bramą, kiedy już udało się stamtąd wydostać? Którędy wyszedł, wyszła, wyszli? Którędy poszedł najpierw, co mu wsunął w rękę mężczyzna w białym płaszczu, czekający nieopodal? Jak przedostał się do stajni, w której spędził pierwszą noc, czym pachniało siano, w którym się zagrzebał? Gdzie się przebrał, przebrała, przebrali, na której ławce w tamtym tramwaju usiadła, usiadł, usiedli?

Jak dostał się do pierwszej piwnicy? I szedł cały dzień, lecz którymi ulicami?

I co było przed oczyma, gdy je zamykali, tak bardzo zmorzeni, że nie mogli już dłużej czuwać i zdawało im się, że odchodzą w wieczną ciemność? Co było przed oczyma, gdy nieskończonymi latami szli w sen, odwracając się na bok? Absolutne nic, znużenie graniczące z omdleniem, z czarną nieprzytomnością, czy obraz, przed którym nie da się uciec: tych, których nie ma, lecz których kochaliśmy.

Długa jest noc, niech skończy się wreszcie jej świat osobny.

Niepocieszony i wesoły

1

Co do miotły nie ma wątpliwości, ale czarodziejska różdżka też istnieje. Oczekiwaliśmy ponad półtorej godziny na noworocznej słocie, posuwając się żółwim krokiem po wąskiej alejce wyznaczonej przez metalowe barierki, było zimno i stąpający mieli ponure gęby. Z niedowierzaniem patrzyłem na ludzi wychodzących z wnętrza Hôtel de Ville, do którego ustawiła się ta długa kolejka. To była inna rasa, buzie uśmiechnięte od ucha do ucha, chichoty i raźny krok. Ani chybi, tam w środku dokonywała się cudowna przemiana, przemiana ponurych w zadowolonych i życzliwych. Nie, to nie ówczesny prezydent miasta, Jacques Chirac, częstował szampanem; paryski ratusz miał lepszy pomysł: urządzić w jego salach wystawę Sempégo. Myślałem, że śnię: człowieka da się jednak przeanielić.

2

Z Sempém jest jak z pogodą albo z futbolem; co można o nim pisać (więc właściwie niemal nikt nie pisze), skoro wszyscy i tak wiedzą, o co chodzi. Wszyscy Francuzi i kawałek globu; u nas pokazały się ledwie dwa jego albumy. Nie wiem, czy śmieszą tak bardzo jak nad Sekwaną, gdzie uchodzi za arcymistrza: niekiedy trzeba łapać konteksty kulturowe. Najłatwiej jest z przygodami Mikołajka, którym zawdzięcza sławę; szkoła, do której Mikołajek chodzi, nie istnieje nigdzie, więc łączy wszystkich; wszyscy (wszyscy zachwyceni) chcieliby być jej uczniami, bo taki powinien być świat: urwisowaty, komiczny, trochę gapowaty, a trochę sprytny, lecz ostatecznie słodki. Tekst jest Goscinny'ego i Sempé właściwie tylko sekunduje rysunkami, czego trzeba żałować, bo posiadł dar opowieści. Nie jestem wielkim fanem tych książek, ale lubię imię bohatera. To Sempé je wymyślił, jadąc metrem i oglądając reklamy sieci sklepów winiarskich Nicolas. Wziął imię, wina miał własne – dostawał je z Bordeaux, gdzie w młodości dorabiał jako ich dostawca.

Miał czas temu wylew, z którego długo nie mógł się wylizać; pewnego dnia zaczął rysować i później zaskoczyło; wskrzesił życie nie słowem, a kreską; coś takiego przydarzyło się Goi po jego wypadku. W najnowszej, bodaj ostatniej drukowanej rozmowie (z Markiem Lecarpentierem) mówi głównie i fantastycznie o swym bordoskim dzieciństwie. Widać dobrze, że jest o czym gadać. Komentują jeden z rysunków, mężczyzna biegnie po plaży i udaje samolot. Już chyba nawet leci, bo ramiona skrzydeł czy skrzydła ramion są przekrzywione. Sempé wyjaśnia rozmówcy: to moja chorobliwa skłonność do ucieczki. Od zawsze, od dziecka. Dziesiątki ucieczek ze szkoły, z domu.

Z domu częściej, surowy ojczym zamieniał go nieraz w celę psychicznych tortur; no i pił, wiadomo. Sempé łazikował, snuł się po ulicach, udawał, że wyszedł na spacer, albo udawał, jak Tomek Sawyer malujący płot, że znalazł świetną zabawę, dajmy na to liczenie ławek w parku. Lubię wspomnienie o tym, jak pewien dorosły znajomy zaprowadził małego Sempé do sklepu i powiedział: wybierz, chłopcze, na co masz ochotę. Rekomendował jakiś rower, nowy, dobry model. Ale Sempé i tu się wymknął, wziął duże pudełko gumek aptekarskich; do dzisiaj, mówi, źle się czuje, jeśli nie ma paru recepturek w kieszeni. Które zawsze mogą się do czegoś przydać; nie ma sensu pytać, do czego, bo i tak się nie zrozumie.

Oglądam zatem dużo Sempégo, bo zawsze pociągały mnie postacie melancholijnych błaznów, niepoważnych, dających krok w inną niż wszyscy stronę, wsadzających w kieszenie recepturki. Zachowujących tajemne mosty łączące ich z dzieciństwem, wagarowiczów z natury, dezerterów z własnych ról. I nawet z siebie samego. Bo jak u Sempégo mówi na jakimś przyjęciu, pewnie paryskim, lecz to bez znaczenia, jedna postać do drugiej: „Wszyscy powtarzają to samo: «trzeba być sobą». Przyjaciele rodziny, mój psychoanalityk, «trzeba być sobą». Bardzo mnie to smuci: co za brak ambicji!".

Do dzisiaj lepiej go nie sadzać w szacownych gronach, na pewno z czymś wyskoczy, zawodowy prześmiewca. Poważnego zdania nie powie, od razu w bok,

355

szukaj wiatru w polu, wypowiedzi w powietrzu. Albo powie tylko jedno, a drugie już po wałęsowsku wprost przeciwnie, dalej uciekamy ze szkoły. Albo z pracy. Albo ze światowego przyjęcia. Na jego rysunkach sporo jest dorosłych, którzy dają dyla: zapominają, kim są i ile mają lat; przemyka myśl, że to są ich najlepsze chwile. Zapominają, zachowują się nie jak oni, łypną okiem inaczej niż zwykle albo biegną gdzieś szaleńczo, machają łapami, wypuszczają latawce z zabawną uważnością chirurga, są niczym dzieci, są dziećmi. Dzieci z kolei (rysuje ich mnóstwo, rozhukanych albo smutnych) nieraz uciekają od bycia dziećmi, mają nadzwyczajny dar imitacji werbalnej starszych, układania swych ciał w pozy ciał większych. Bohaterowie Sempégo, duzi i mali, są nieraz na wylocie, w no man's landzie graniczącym z ich istnieniem, przesunięci, wyniesieni poza własną granicę, może nieco śmieszni, lecz przez chwilę zadowoleni.

Czy na paryskich uliczkach, czy nadatlantyckich plażach sylwetki często – ma się wrażenie – wzbijają się do lotu, chcą czegoś więcej. Sempé jest poetą gestu, fantastycznym obserwatorem ciał, tego jak coś w nich wzbiera, chce się wyrwać na wolność, w szczęśliwość, w miłość, w nieskończoność, w rozanielenie, przed siebie. Drobny ruch dłonią, ułożenie głowy, nieznaczne przesunięcie sylwetki. Wszystko nieznaczne, bo Sempé nigdy nie wali z pięści i głośno nie rechocze – może dlatego bardziej pozostanie w pamięci, a przynajmniej w historii rysunku niż wielu innych, bezpardonowych humorystów; rysuje kreskę, dwie, ledwie sugeruje, a reszty trzeba się domyślić, ma temperament pisarza, a nie karykaturzysty. Jest królem elipsy, czyli daje nam szansę. Bo po to mamy gesty, by kiedy zabraknie odwagi, okazji czy możliwości, wyrazić niemożliwe, wylecieć z nas samych, przez chwilę nie być sobą czy być wbrew sobie. Sempé pokazuje, że choć jest to w nas śmieszne i odrobinę żałosne – owo nagłe rozmarzenie, nagła na coś chętka, rozwarcie ramion czy wzniesienie głowy ku nieboskłonowi – zarazem jakoś ładne, wręcz niewinne. Chichot i akceptacja w jednym, ironia i dobrotliwość, kpina i jednocześnie coś, co ją unieważnia, daje odczuć powszechną łaskawość. Cud przyjemności. Tak właśnie mówi, dosłownie, w wywiadzie, cud przyjemności, cud nagłego uniesienia, tylko on się liczy. Duch Rabelais'go, duch Zachodu w jego najlepszej postaci, najbardziej szczodrej i tolerancyjnej. Nie ma żadnej świętości, lecz w samym istnieniu jest coś świętego.

3

Może dlatego najbardziej chyba lubię u Sempégo rysunki bez legend. Po innych można zwijać się ze śmiechu, długo chichotać, tymi bezsłownymi można się przejąć. Nic się na nich nie dzieje, zgoła nic nadzwyczajnego, gość na plaży udaje, że jest samolotem, inny wpatruje się w bezkres morza i uchyla z szacunkiem kapelusza. Ktoś inny klęczy na łące i z najwyższą atencją i petem w gębie obserwuje tysiące mrówek, a cała jego niezbyt zgrabna postura wyraża fascynację i zdziwienie. Ktoś jeszcze z lękiem i zaciekawieniem zagląda w ciemną alejkę drzew połączonych na górze skłębioną gęstwiną gałęzi, pan Józio w krainie czarów. Ktoś po prostu idzie ulicą i oddycha, to czuć, całą piersią, z nagłą przyjemnością. Często ktoś idzie i nic, dosłownie nic; jest – ale to bycie ma coś nieodpartego i koniecznego. Ktoś jedzie rowerem i dłonią pozdrawia radośnie niebo – scena jak z filmu Tatiego, który z wzajemnością uwielbiał Sempégo, gdyż uważał, że rysuje on to, co sam filmuje, wakacje pana Hulot i inne przypadki zwykłego człowieka, nie całkiem rozumiejącego logikę świata wokół.

My mamy sceny „jak z Mrożka", ci, co znają albumy Sempégo, mają sceny „jak z Sempégo", to też już weszło do języka. Tylko garstce wielkich udało się wbić w rzeczywistość takie charakterystyczne pieczątki, „jak z Kafki", „jak z Gombrowicza". Kto zna twórczość Sempégo, nie będzie chodził po francuskiej prowincji i zwłaszcza po Paryżu, nie dostrzegając wszędzie wokół obrazków i ludzi „jak z Sempégo". Prowincja łagodnieje, miasto widziane „jak u Sempégo" wraca w swe dawne koleiny, odzyskuje urok, jest wymyślone na nowo. Od tak dawna traciło swój charakter, pogrążało się w niwelującej wszystko anonimowości, no i wszędzie żołnierze z karabinami, a teraz znów, wydaje się, widać pojedynczych ludzi w typowych paryskich miejscach.

Ktoś śmiga na rowerze i ma minę zdobywcy; ktoś siedzi na ławce i wystawia policzki na wiatr i odłożona na bok teczka (a w niej zapewne niezwykle istotne papiery zawodowe) wygląda jak przypadkowa i zbyteczna rzecz; starsza para przystaje na moście i wpatruje się, trzymając się pod ręce, w przepływające statki; ktoś w parku ćwiczy tai-chi i czuć rosnącą nieśmiałość w jego ruchach, gdy tylko jakiś spacerowicz przechodzi obok. Czy turysta usiłujący sfotografować wieżę Eiffla komórką i cofający się w nieskończoność, by zmieścić ją całą w ekraniku. Albo ci ludzie stojący w ogromnej kolejce do muzeum, na którego frontonie wywieszono płótno z malunkiem ogromnej, bezkresnej pustyni. „Jak z Sempégo": tysiące nieznacznych, drobnych, najbardziej banalnych szczegółów, wyrazów twarzy, niewielkich, lecz uderzających ekspresji ciała, niekiedy odwiecznych, od zawsze wpisanych w nasze ruchy, niekiedy wymuszonych przez nowoczesność jak aparat fotograficzny w komórce. Prawie nic, lecz to „prawie" tutaj istotnie czyni różnicę, bo przywraca nam wzrok, znowu widzimy drobiazgi, drobne ziarenka soli życia.

Dużo jest u Sempégo nieba z gwiazdami, zapatrzenia w górę; ktoś siedzi nocą w ogródku, w swoim niewielkim wymoszczonym światku, a nad nim miliony gwiazd świecą niepojętym, własnym trybem, i tyle, nic więcej; ktoś inny, wpatrując się w takie niebo, wyzna: „czuję się znakiem zapytania". Natura, mimo troskliwych wysiłków jej udomowienia, jest obca, nieskończoność przestrzeni kosmicznych łagodnie porażająca. Trudno nie wyniuchać tu nastrojów Pascalowskich, metafizycznego drżenia przełamanego przez prozaiczną codzienność czekającą na boku rysunku. No ale jednak: „tak niewiele znaczymy", słowa jednej z postaci, poruszonej ogromem kosmosu nad głową, wiszą nad rysunkami Sempégo jak na drzeworycie Dürera wstęga z napisem *Melancholia*. Małe ludziki wobec wszechświata i natury, które przerastają ludzkie zrozumienie. Niepojęty ogrom oceanu, niepojęte świecenie gwiazd i wobec nich nagłe przystanięcie, zatrzymanie się w biegu, nieporadne zapatrzenie i nieporadne, śmieszne zdania: uczucie wzniosłości przyłapane na gorącym uczynku jest groteskowe. Z samego objętościowego nadania rzeczy to śmieszy, ludzka drobina wobec kosmosu. A jeszcze do tego drobina czy trzcina próbuje coś myśleć, coś od siebie powiedzieć, czy z braku słów coś zrobić. Więc macha do kosmosu kapeluszem. Lecz mimo tego, mimo całej jej śmieszności, chwila nie przestaje być wzniosła; choć jakby wykpiona, to zarazem jest uświęcona.

Albo w innej tonacji: idzie plażą dwóch gości, niższy prosto przed siebie, odwraca ku drugiemu głowę, za to wyższy bez przerwy coś gada i po to, by go było słychać, lekko zachodzi drogę pierwszemu. Z tyłu pozostały ich ślady: prosty szlaczek pierwszego spacerowicza, stopa prawa, stopa lewa i obok pokrętny szlaczek tego wyższego, gdy stopa lewa zachodzi na prawą. Można długo chlapać jęzorem albo piórem, a i tak nie wypowie się tej, że tak powiem, syntezy naszego życia zamkniętego w ciele, tu ujętej pod postacią śladów na piasku. Syntezy przedstawionej z kompletnie innej strony, „od czapy", ktoś by powiedział, lecz przecież prześmiesznie trafnej, uderzającej w punkt.

Czy, nieco podobnie, na plaży mężczyzna i jamnik, cokolwiek, jak to bywa z psami i właścicielami, do siebie podobni. Idą w dal; zostawiają ślady. Człowiek (bo człowiek, zapatrzony przed siebie, może zamyślony, kierujący się w jakąś stronę) kreśli prostą ścieżkę. Pies (bo pies, nie widzi horyzontu i nie dla niego linie proste ani kierunki) pozostawia na piasku beztroską plątaninę ścieżek, od lewa do prawa, z tyłu do przodu i z powrotem.

I już. (Człowiek w tym porównaniu gatunków wydaje się ciut śmieszniejszy).

4

Sempé jest bardzo dobrym rysownikiem, widać to choćby po jego rysunkach miejskich: Paryż, Nowy Jork. Przeważają u niego dwa rodzaje pejzaży miasta. Idealistyczne, zwłaszcza Paryż: to miasto, jakim było kiedyś (jakby lata 50. i 60.), a może nigdy, przewiewne, pustawe, malowane gdzieś przy Sekwanie czy nieco wyludnionych dzielnicach „burżujskich"; Paryż ładny, poetycki, „najpiękniejsze miasto świata".

I pejzaże ciężko urbanistyczne, portrety cywilizacji: miasta zatłoczone, duszące się od samochodów i z przeludnienia. Niekiedy z tych gęstych tłumów, z tych zbitych w jedną kupę betonów, z tych ulic nie do przejścia wysnuwa się pojedyncza zagubiona sylwetka, poszukująca drogi ratunku, sposobu wymknięcia się. Częściej wszyscy, podobni do siebie jak krople wody, są skazani na powtórzenie tego samego gestu, tej samej sytuacji, i przy okazji na złudzenie, że są niepowtarzalni i jedyni. Ogromnie bawi w tej sekwencji stary rysunek, przedstawiający ulicę gęstą od ludzi i każdy trzyma przy uchu komórkę. A papuga siedząca wysoko na balkonie skrzeczy: „Gdzie teraz jesteś?". Albo z nowojorskich bodaj wieżowców wysypują się tysiące identycznych ludzików; to godzina fajrantu. Jeden z nich mówi do drugiego: „Wpadnij dzisiaj do mnie na kolację. Poznasz kogoś niezwykłego".

Mógłbym opowiadać tak bez końca, zresztą opowiadam, łapię ludzi za guziki, słuchajcie, jest taki rysunek

Sempégo... To trochę lepiej niż opowiadać własne sny, ale gorzej niż plotkować. Dziesiątki rysunków mówiących celniej o nowoczesności niż tyle długich analiz czy powieści. Sempé jest wielkim artystą, kimś, kto umie nazwać w jednym fenomenalnym skrócie to, co widzimy wszyscy. Odrabia zaniedbanie współczesnej powieści francuskiej, słabo władającej (z takimi wyjątkami jak Benoît Duteurtre, zresztą przyjaciel Sempégo, czy może Michel Houellebecq) sztuką mówienia o realności przyziemnej, o banalności, o technologiach codzienności zmieniających nasze życie.

Widać u niego wpływy szkoły amerykańskiej, szkoły literatury codzienności i szkoły rysowników „New Yorkera" (z Saulem Steinbergiem na czele), dla którego robił okładki. Czy nawet może jazzu, na którym się świetnie zna; czyż standardy jazzowe – jego ulubiona muzyka – nie są jak jego rysunki: powtórzeniem tego samego w niewielkim odbiciu, w wariancie, który leciutko przemieszcza pierwowzór? Tak, Sempé leciutko przemieszcza rzeczywistość. Kiedy zaczynał poważnie rysować, na przełomie lat 50. i 60., francuska estetyka, od nowej powieści po Nową Falę i po nową architekturę, rozbrykała się teoretycznie i awangardowo i tak Francuzom zostało, zawsze mieli tendencję do teoretyzowania. A Sempé nie odrywa się od ulicy, trzyma się realizmu, własnego realizmu magicznego.

Magicznego, bo jego rzeczywistość, taka „realistyczna", jest zbawiona czy do odratowania; jakby została przez nią przewleczona złota nitka. Owszem, przynosi ona na równi z nami, z naszymi prywatnymi „ja", niepojęte absurdy; czy to rodem z Kafki, czy to rodem z Camusa, czy najczęściej z codziennego splotu okoliczności. Absurdy nie opuszczają nas na krok, nie ma przebacz. I zarazem jest przebacz. Albowiem nie duszą nas one swoją niepojętością, skandalicznością, grozą wołającą o pomstę do nieba. Raczej są śmieszne niż potworne, wywołują zdziwienie, a nie oburzenie. Ocierają się nieraz o Chaplinowskie gagi (mężczyzna uniesiony widokiem gór rzuca w przepaść kamienie, które spadają na jego samochód; inny z hukiem otwiera na majówce wino i urwisko pod nim się zapada), bo gag nie jest wygłupem, tylko możliwością doprowadzoną do skrajności, czyli prawowitą częścią świata realnego.

Lekko u Sempégo nie ma, a już zwłaszcza nie mają lekko literaci, artyści, snoby aspirujące jak u Prousta do salonowego uznania, burżuazyjna inteligencja szóstej dzielnicy Paryża (w której Sempé mieszka) i okolic, dawny pępek świata, europejski odpowiednik Manhattanu i pokrewnych Sempému bohaterów Woody Allena. Niektórzy krytycy woleliby, by mówił o kimś innym, ale ci z Boulevard Saint-Germain też są naszym *pars pro toto*, cząstką wszystkich, nawet jeśli zarabiają więcej.

Na rysunku pisarz pochylony nad kartką, notuje w swym dzienniku: „16 marca, godz. 22, przeczytałem ponownie pierwsze rozdziały mojego *Eseju o obiektywności*". Bardzo dobre. Albo starsze małżeństwo w solidnym mieszczańskim apartamencie. On wchodzi do pokoju, ona prasuje koszule: „Czy chciałabyś usłyszeć mój śmiech przeogromny, nietzscheański?". Czy też na nieco podobnym rysunku: on siedzi bezradnie w salonie, ona się krząta: „Colette, co uczyniłaś, co uczyniliśmy z naszej zwierzęcości?". Albo inna, starsza mocno para, ona zmywa, on w pokoju gościnnym zrywa się z krzesła z marsem na czole i wpatrując w podłogę, woła: „Kim jesteście? Gdzie jesteście? Wy, siły ciemności, które nie pozwoliłyście mi się spełnić!".

Ludzie Sempégo wygłaszają swoje absurdalne teksty, niekiedy długie tyrady, przedziwnym nieraz językiem, jakby przez niego wymyślonym, wykwintnym idiomem przeszłości przełamanym przez żargon nowoczesny; przyjmują wciąż teatralne – w ich odczuciu naturalne – pozy. Są na scenie, wystawiają siebie samych, lecz w tych inscenizacjach jest tak często coś naiwnie dobrodusznego, eksplozje nagłej nadziei albo błyskają w nich rozbrajające przebitki dziecięcych pragnień, nagłej wiary we własne odczucia i marzenia. Aczkolwiek komiczni, nie wychodzą na kompletnych durniów; są co najwyżej żarliwymi wyznawcami swoich ślepych plamek. Znowu porządne paryskie mieszkanie, pani domu sprząta, pan staje na balkonie, przyjmując pełną godności postawę i mówi w stronę ulicy: „Dzień dobry, piękna nieznajomo (bo możesz być tylko piękną nieznajomą), René-Gustave Balavin, który został właśnie mianowany kierownikiem służb ochroniarskich w przedsiębiorstwie Benoît Beriscau Frères czuwa nad tobą, jak zawsze czuwał nad kruchą i niekonsekwentną kobiecością".

Czas na plotki: byłem u Sempégo na kolacji jako przyjaciel jego przyjaciół. Kroił indyka i bez przerwy dowcipkował, i droczył się do upadłego ze swą piękną Aleksandrą; była bliską znajomą Ciorana: to sensowny zbieg okoliczności. Później spotykałem go w dzielnicy, witaliśmy się, uśmiechali i rozchodzili bez jednego, najmniejszego słówka. Bałem się otworzyć usta, bo wiedziałem, że cokolwiek wystękam, wyjdę na miłego idiotę i moje zdanka będą od razu gotowe do umieszczenia pod jego rysunkiem. I trochę tak zostało. Cokolwiek mówię, cokolwiek twierdzę, wydaje mi się od tamtych czasów idealne pod jego śmiech, dopasowane do albumu jak ulał, po prostu „jak z Sempégo".

5

Myślałem sporo o Sempém, tyle w nim łatwości bycia oczarowanym i zarazem tyle Stańczykowej samotności. Pisałem o nim w wyjątkowo ciężkim dniu, gdy najstraszniejsze rzeczy działy się na świecie, choć jak tu porównywać jedne okropieństwa z innymi, wszystkie dni wokół nas są do siebie dość podobne. Tak czy owak trudno było pisać dalej. Marc Lecarpentier we wspomnianej rozmowie pyta Sempégo: „– Człowieka stać na potworności? – Oczywiście. – To dlaczego więcej jest u Pana podziwu dla niego niż potępienia? – Bo inaczej… byłoby mi smutno".

Zastanawia się nad odpowiedzią, waży słowa. I wspomina jeszcze o *Życiu i losie* Wassilija Grossmana, powieści, którą wielbi, gdyż mimo całej grozy jest w niej światło i „wiara, że dobro zbawi świat". Po czym mówi, że ma jedną definicję człowieka, którą uważa za genialną i najświetniejszą, jaka może być: „zwierzę niepocieszone i wesołe". Tamtego zabójczego dnia wydawało się tylko niepocieszene. Ale tej definicji nie wolno dzielić na pół.

VI

Zakończenie

Eseje i jesienie

Chodziliśmy tamtego dnia po mieście, ulica Prosta (no, jednak nie Prousta), ulica Próżna, obie jak siostry syjamskie, jak lustrzane odbicia, jak alegorie życia – jego czy mojego? nie wiedziałem: dzień był chłodny i czysty, i nazwy łatwo odklejały się od bruków. W owych latach w kwartale osiadło zagłębie zapięć i zatrzasków, tym Dawid zawodowo się zajmował, dopinaniem kurtek, spajaniem pół. Zaglądaliśmy do hurtowni i sklepów, szukał nowinek, myślał, niezbyt żarliwie, o przejściu na rzepy, aczkolwiek jako stary wyga galanterii cenił trzask wkleszczających się w siebie metalowych wypustek. Uznawał rzecz jasna dziurki na guziki, nie lubił natomiast pętelek łapiących drewniane czy metalowe sztabki i kołki, coś mu w nich nie pasowało, może niewystarczająco ścisłe połączenie.

Mieliśmy już sporo kilometrów w nogach, nie chciał jeszcze obiadu, jednym z mostów wracaliśmy na piechotę przez Wisłę, a później przez park, który podchodzi niemal pod rzekę. Był październik, na kortach tenisowych już wyrosły szare balony i docierały do nas głuche uderzenia i stęknięcia, tak jakby wewnątrz karcono kogoś lub pieszczono, różnica nie wydawała się jasna. Słońce dochodziło do samego asfaltu, było tak ciepło, tak bajecznie i pogodnie jak w czerwcu, który zapomniał odejść, że zrobiliśmy dodatkową rundę; świeżo spadłe liście nie zdążyły jeszcze zamoknąć i szliśmy śmiało, nie obawiając się poślizgu. Barwy powtarzały na wietrze swój doroczny, zachwycający balet; trudno było im nie przyklasnąć, poczuliśmy chyba obaj błogą wspólnotę, prostotę i próżnię październikowych dni. Pokazałem mu mój ulubiony zakątek nad wyschniętą sadzawką, jeziorko, po którym kiedyś pływały kajaki, i małą, kamienną pieczarę, tam gdzie niegdyś zakładałem wigwam. Kilka świerków dookoła, którym zawsze wszystko jedno, i parę szkarłatnych dębów, buńczucznych przed zimą. Mój Marginal Park.

— A co ty właściwie teraz piszesz? — spytał Dawid, gdy już wychodziliśmy z parku i mieliśmy przed sobą drobne, jasne pagórki Kamionka.

— Eseje — odpowiedziałem. — Czy podobnie.

Nie dosłyszał, słuch miał już słaby, albo też nie znał słowa.

— Jesienie? — powtórzył. — Coś o jesieni?

— Może być — powiedziałem z zakłopotaniem i dotknąłem jego niskiego ramienia, był rzeczywiście o dwie głowy niższy. — Tak, piszę jesienie.

370

Szliśmy jeszcze dłuższą chwilę, pagórki opadły na wąskie ulice, przed sklepami warzywniczymi wyległy na bruk dynie, pomarańczowe kule wyjęte z jakiegoś baśniowego, nierealnego łożyska.

Dos gardenias para ti

Zapadło w pamięć to jeszcze. Nie były to co prawda gardenie, a narcyzy. Lecz właśnie na tamtą melodię, która wypłynęła nagle z zakamarków ucha, dobrze jest nucić obraz. Narcyzy, nieskończone pole żółtych narcyzów ze lśniącymi kroplami rosy.

Pewnie nie miała nawet pięciu lat, ledwie tysiąc pięćset dni na koncie, i gdy tylko wstała, wyszła sama – z domu? z budynku? z namiotu? – na zewnątrz. Nikt jej nie powstrzymał, nie przywołał, jakby wszelka rodzicielska czujność, tak bardzo później uciążliwa, na chwilę odstąpiła albo sprawowała nadzór z dala. Albo też blask letniego poranka poraził wszystkie przyzwyczajenia, oślepił powinności. Olga szła przed siebie, czuła, że dzień będzie gorący, gdzieś za bliskim zakrętem nagle, ni stąd ni zowąd, jakby ukryta wcześniej w czyjejś kieszeni, zaczynała się łąka. Kwiaty rosły tak gęsto, zdawały się skupione w jakimś czułym, najczulszym punkcie okolicy, które słońce prześwietlało teraz aż do niepoznania, aż do przetarcia oczu. Wkroczyła do środka, zapamiętała wyraźnie wrażenie, że przekracza próg, wstępuje wyżej, w nieznane jej miejsce. Narcyzy rosły wysoko, rosły równo, rosły gęsto, posadzone, zdawałoby się, przez mądrą rękę, wielką jak las wokół. Pachniały niewiarygodnie głęboko, raczej głębiej niż mocniej, zapach nie tyle się unosił, co tworzył nowy wymiar, jeszcze jeden, obok samych kielichów i łodyżek, kształt do dotknięcia. Nigdy oddech nie był taką rozkoszą, nigdy widok nie był jeszcze takim dobrem. Czuła się wniebowzięta, bezgranicznie szczęśliwa, pełna, ale żadne z dorosłych słów nie odda nigdy później tego doznania. Nie wiedziała, czy zamknąć oczy, czy otwierać je jak najszerzej. Kiedy je zamykała, czuła nieznany zawrót w głowie i chciało się jej lecieć albo czołgać po ziemi. Kiedy je otwierała, żółta połać wciągała ją do środka, okrążała, głaskała, z jej skóry robiła przejrzysty parawan. Zamknąć oczy czy otworzyć, nie wiedziała, oczy otworzyć czy zamknąć, zamknąć czy otworzyć, *dos gardenias para ti*, a dla Was wszystkich żółte kwiaty.

Lektury

Dłonie na wietrze

Marcel Proust, *W poszukiwaniu straconego czasu*, t. I–V, przeł. Tadeusz Żeleński (Boy), Warszawa 1974.

Tomasz Szerszeń, *Melancholia Zidane'a*, „Konteksty" nr 3–4/ 2012.

Ollivier Pourriol, *Éloge du mauvais geste*, Paris 2010.

Milan Kundera, *Nieśmiertelność*, przeł. Marek Bieńczyk, Warszawa 2002.

Jean-Philippe Toussaint, *La Mélancolie de Zidane*, Paris 2006.

Jean-Philippe Toussaint, *Łazienka*, przeł. Barbara Grzegorzewska, Warszawa 2001.

Elias Canetti, *Głosy Marrakeszu*, przeł. Maria Przybyłowska, Gdańsk 2014.

Giorgio Agamben, *Uwagi o geście*, przeł. Paweł Mościcki, w: *Agamben. Przewodnik „Krytyki Politycznej"*, praca zbiorowa, Warszawa 2010.

Dobre wróżki

Fiodor Dostojewski, *Potulna*, przeł. Gabriel Karski, Warszawa 1974.

Roland Barthes, *Twarz Garbo*, przeł. Jan Błoński, w: Roland Barthes, *Mit i znak*, Warszawa 1970.

Aleksander Nawarecki, *Dalida. O muzyce i anagramach Zbigniewa Herberta*, „Antropos?", nr 8–9/2007.

Marcel Proust, W *poszukiwaniu straconego czasu*, t. II, *W cieniu zakwitających dziewcząt*, przeł. Tadeusz Żeleński (Boy), t. VI, *Nie ma Albertyny*, przeł. Maciej Żurowski, Warszawa 1974.

Marcel Proust, *Les Plaisirs et les Jours*, Paris 1894.

Zbigniew Herbert, *Epilog burzy*, Wrocław 1998.

Zbigniew Herbert, *Elegia na odejście*, Paryż 1990.

Claude Delay, *Giacometti Alberto et Diego, l'histoire cachée*, Paris 2007.

Marilyn Monroe, *Marilyn Monroe: fragmenty, wiersze, zapiski intymne, listy*, przeł. Agata Kozak, Kraków 2011.

Monroerama, pod red. Françoise-Marie Santucci, Paris 2012.

Gruba

Czekolada India; Mieszanka Wedlowska; Ptasie Mleczko, Zakłady im. 22 lipca, dawniej E. Wedel.

Aleksander Minkowski, *Gruby*, Warszawa 1968.

Georges Vigarello, *Historia otyłości. Od średniowiecza do XX wieku*, przeł. Anna Leyk, Warszawa 2012.

Richard Lourie, *Wstręt do tulipanów*, przeł. Mieczysław Godyń, Kraków 2013.

Théophile Gautier, *Sur l'obésité dans la littérature*, Paris 1848.

Milan Kundera, *Zasłona: esej w siedmiu częściach*, przeł. Marek Bieńczyk, Warszawa 2006.

Szczęśliwa jedenastka

W jednym z fragmentów korzystałem z maszynopisu tekstu Jana Sterna, *Le poids de la langue maternelle* (dziękuję Martinowi Petrasowi za jego udostępnienie)..

Eduard Bass, *Klub jedenastu*, przeł. Zdzisław Hierowski, Katowice 1947.

Adam Bahdaj, *Do przerwy 0:1*, Łódź 2011.

Adolf Rudnicki, *Kartki sportowe*, Warszawa 1952.

Leopold Tyrmand, *Zły*, Warszawa 1966.

Dany-Robert Dufour, *Le Divin Marché: la révolution culturelle libérale*, Paris 2012.

Péter Esterházy, *Niesztuka*, przeł. Elżbieta Sobolewska, Warszawa 2010.

Stawiać na Ciamciarę

Marcel Proust, *W poszukiwaniu straconego czasu*, t. III, *Strona Guermantes*, przeł. Tadeusz Żeleński (Boy), Warszawa 1974.

Gérard de Nerval, *El Desdichado*, przeł. Adam Ważyk.

Lucy Montgomery, *Wymarzony dom Ani*, przeł. Joanna Zawisza-Krasucka i Stefan Fedyński, Warszawa 1968.

Bolesław Leśmian, *Klechdy polskie*, Warszawa 1959.

Munakir, *Dziwożony – demoniczne porywaczki*, labiryntycieni. blogspot.com.

Edmund Niziurski, *Sposób na Alcybiadesa, Księga urwisów* i inne, wyd. różne.

Adam Bahdaj, *Do przerwy 0:1, Stawiam na Tolka Banana* i inne, wyd. różne.

Oczarowani

Gérard de Nerval, *Śnienie i życie*, przeł. Ryszard Engelking i Tomasz Swoboda, Gdańsk 2012.

Philippe Muray, *Le 19 siècle à travers les âges*, Paris 1984.

Sarah Kofman, *Nerval: le charme de la répétition*, Paris 1979.

Paul Bénichou, *L'Ecole du désenchantement*, Paris 1992.

Georges Poulet, *Trois essais de mythologie romantique*, Paris 1966.

Jarosław Iwaszkiewicz, *Panny z Wilka. Opowiadania*, Warszawa 1969.

Umberto Eco, *Sześć przechadzek po lesie fikcji*, przeł. Jerzy Jarniewicz, Kraków 1995.

Przez okno

Marcel Proust, *W poszukiwaniu straconego czasu*, t. II, *W cieniu zakwitających dziewcząt*, przeł. Tadeusz Żeleński (Boy), Warszawa 1974.

Filip Lipiński, *Hopper wirtualny*, Toruń 2013.

Andrzej Stasiuk, *Dziewięć*, Wołowiec 2009.

Ivo Kranzfelder, *Edward Hopper 1882–1967, Vision of Reality*, London 2002.

François Bon, *Dehors est la ville: Hopper*, Paris 2001.

Edward Hopper au Grand Palais, Beaux Arts Editions, Paris 2012.

Żółta ściana

Marcel Proust, *W poszukiwaniu straconego czasu*, t. II, *W cieniu zakwitających dziewcząt*, t. V, *Uwięziona*, przeł. Tadeusz Żeleński (Boy), t. VII, *Czas odnaleziony*, przeł. Julian Rogoziński, Warszawa 1974.

Wojciech Bałus, *Efekt widzialności*, Kraków 2013.

Georges Didi-Huberman, *Przed obrazem. Pytania o cele sztuki*. przeł. Barbara Brzezicka. Gdańsk 2011.

Gustaw Herling-Grudziński, *Sześć medalionów i srebrna szkatułka*, Warszawa 1994.

Raphaël et Jean-Paul Enthoven, *Dictionnaire amoureux de Proust*, Paris 2013.

Małgorzata Łukasiewicz, *Rubryka pod różą*, Kraków 2007.

Bolesław Prus, *Lalka*, Warszawa 1952.

377

Wyjście Czejenów

Wielcy artyści ucieczek. Antologia tekstów o „Życiu i czasach Michaela K" Johna Maxwella Coetzeego w trzydziestą rocznicę publikacji powieści, pod red. Piotra Jakubowskiego i Małgorzaty Jankowskiej, Poznań 2014.

John Maxwell Coetzee, *Życie i czasy Michaela K.*, przeł. Magdalena Konikowska, Kraków 2010.

John Maxwell Coetzee, *Białe pisarstwo. O literackiej kulturze Afryki Południowej*, przeł. Dariusz Żukowski, Kraków 2009.

Aleksander Nawarecki, *Mały Mickiewicz*, Katowice 2003.

Herman Melville, *Kopista Bartleby. Historia z Wall Street*, przeł. Adam Szostkiewicz, Warszawa 2009.

Gilles Deleuze, *Bartleby albo formuła*, przeł. Grzegorz Jankowicz, w: Herman Melville, *Kopista Bartleby. Historia z Wall Street*, Warszawa 2009.

Georges Perec, *Człowiek, który śpi*, przeł. Anna Wasilewska, Kraków 2011.

Georges Perec, *Miejsca ucieczki*, przeł. Jacek Olczyk w: Georges Perec, *Urodziłem się. Eseje*, pod red. Jacka Olczyka, Kraków 2012.

Georges Perec, *Ellis Island. Historia pewnego projektu*, przeł. Ewelina Kuniec, w: Georges Perec, *Urodziłem się. Eseje*, pod. red. Jacka Olczyka, Kraków 2012.

Paul Virilio, *Bunker archéologique*, Paris 2008.

Andrzej Stasiuk, *Wschód*, Wołowiec 2014.

Wiktor Szkłowski, *Lew Tołstoj: biografia*, przeł. Romana Granas, Warszawa 2008.

Wikoria Śliwowska, *Ucieczki z Sybiru*, Warszawa 2005.

Rufin Piotrowski, *Ucieczka z Syberyi*, Kraków 1902.

Ryszard Koziołek, *Trzy ucieczki Boga*, „Tygodnik Powszechny" 51–52/2014.

Jonathan Lear, *Radykalna nadzieja. Etyka wobec kulturowego spustoszenia*, przeł. Marcin Rychter, wstęp: Piotr Nowak (gorąco dziękuję Piotrowi Nowakowi za wskazanie mi tej książki), Warszawa 2013.

Niepocieszony i wesoły

Jean-Jaques Sempé, *Enfances*, pod red. Marca Lecarpentiera, Paris 2011.

Benoît Duteurtre, *On dirait un dessin de Sempé*, „L'Atelier du roman", septembre 1999.

„Philosophie" Hors-série, *Sempé*, décembre 2013–janvier 2014.

Nota blibliograficzna

Kilka fragmentów zamieszczonych w tekstach *Dłonie na wietrze, Werwa i drżenie, Gruba, Przez okno* ukazały się w „Tygodniku Powszechnym" (podziękowania dla Piotra Mucharskiego i ekipy).

Kilka fragmentów zamieszczonych w tekstach *Dobre wróżki, Stawiać na Ciamciarę* ukazały się w wydawnictwach Agory (podziękowania dla Anety Borowiec z „Wysokich obcasów" i Łukasza Grzymisławskiego oraz Juliusza Kurkiewicza z „Książek"). O słowie „ordynus" pisałem dla wydawnictwa Czarne (podziękowania dla Magdaleny Budzińskiej).

Duży fragment tekstu *Oczarowani* ukazał się w „Literaturze na świecie" (podziękowania dla Ani Wasilewskiej i Piotra Sommera).

Duży fragment tekstu *Szczęśliwa jedenastka* ukazał się w „Kontekstach" (podziękowania dla Tomasza Szerszenia).

Spis rzeczy